JN095003

古代政治史の死角

松尾 光

花鳥社

はじめに

山の頂(いただき)に向けて歩いて行くと、しだいに風景が変わってくる。左右の森林が針葉樹(しんようじゅ)になり、足下(あしもと)の草花が高山植物などに変わって行くことに気付きもするが、標高が高くなるとともに遠くに見える絵柄(えがら)が違う。いままでまったく見えなかったものが視界に入り、それまでしげく見てきたものでも俯瞰(ふかん)するとまた違った形に見える。

このことから、ひとがある分野・職場での地位を上げて行くと、しだいに課題が変わり、考え方が変わっていくことにも例えられる。運動選手(アスリート)ならば未踏(みとう)の地平(ちへい)での勝負に対応するために鍛え方のレベルを根本的に変えねばならないし、下の地位にいたときには不満であってどうしようもない差配と思えたものが、上の地位に立ってみるとその意味や正当性が理解できるようになる、というような類(たぐ)いである。

といっても、筆者は高い地位になど一度も上(のぼ)っていないから、その適切な例を実体験として話すことができない。だから、まことに些末(さまつ)な例になる。教職に在ったとき、校長・教頭は一学年の担任をかならず気の合わない同士で組ませた。学年に配当された教員たちはみずからの思いが通らず、たがいに動きにくくて仕方ない。だが管理する側からすれば、自然な形の相互監視によって愚痴(ぐち)・苦情の形で適宜こまかい情報が入るし、学年も一方に引きずられて暴走しないで済む。たしかに後年、ある傾向の担任だけで指導した学年は教員の性向（せいこう）を見抜いた生徒側の反発を抑えきれず、ものの見事に崩壊してしまった。管理者の高みにいる人の知恵はさすがだな、と思ったものだ。

　しかし、褒められることばかりでもない。高みに立ってしまうと、その位置からは決して見えない部分が出来る。振り返っても、覗（のぞ）き込んでも、目先の岩が邪魔して下の道を行く人の姿は目視（もくし）できない。そのなかで不用意に落とした缶詰は、踏み損（そこ）なって崩した石の欠片（かけら）は、これから上がろうとしている人たちにとってどれほどの脅威であろうか。副次的に連鎖的に起こる出来事まで考えれば、何人を傷つけることになるだろう。だが高みに座ってしまうと、その缶詰や石がどのような結末を齎（もたら）したかを知ることもなく、かりに事実を知ったとしてもそれが自分たちの所為（せい）だと気づきすらしない。世の中の出来事は、おおむねそんなものだ。

「死角（しかく）」とは、「鉄砲の射程（しゃてい）内にありながら、地物（ちぶつ）の障害及び鉄砲自身の構造上どうしても射撃し得ない区域」（『広辞苑』第二版二十二刷、一九六七年）のことだが、いまはそもそもの鉄砲から離れて、ある角度では見えない範囲にあること、さらに気付けない事柄の意味にまで広がった。いまの私たちの日常でも、生活している時や身を置く場所、その立場などによって情報量が著（いちじる）しく異なってくるので、見えているものが違い、死角の内容が違う。国会議員や商社社長などに比べれば、市井（しせい）の一商店主や一隠居の見ているものなど取るに足らない。筆者などは、まさに死角だらけの場所にみずから身を潜（ひそ）めた「井の中の蛙（かわず）」である。いや、そう例えては蛙に悪いかもしれない。

　おそらく古代の為政者たち、とくに下層からの叩き上げでなく、生まれながらに貴族層・支配者層に属している人たちにとって、被支配者たちの実生活はその死角にあったのではなかったか。藤原不比等は大宝律令・養老律令の制定に尽力し、その完全な履行を求めた。藤原広嗣は、みずからの指揮下に入った兵士を率いて政府に叛旗を翻した。この二人の眼に、率いられている人たちの実像が映っていただろうか。不比等は一律に法律を制定してその基準をおしなべて通用させようとした。だがその眼は、被支配者の人々の、現実のなまの暮らしぶりに触れたことがあったのか。広嗣が大宰府配下の兵士を動かせるのは、制度のなかに組み込まれていたからだったのに、それを自分に備わっている力だと勘違いしていた。兵士が眼の前から脱走していく姿を見て、はじめてそのことに気付いた。彼の眼からは、兵士が意思を持っているとの感覚すらなかったのかも。対象として十分に注視しておかねばならなかったはずの存在が、彼らの死角に入っていたのでは。そんな気がしてならない。

そうであれば、私たちは不比等を律令国家を作り上げ「積善の藤家」を樹立した比類なき歴史功労者などと持て囃してよいのか。あるいは、聖武天皇は奈良に東大寺を創建し、全国に国分二寺を建立させた。その文化的な価値は高く評価され、奈良県の観光の目玉でもある。だが、その施工に従事した人たちは、天然痘に苦しんできた人たちである。鎮護国家を口にし高い理想に燃えてのことだったとしても、じっさいにその実現のために働いた人たちは病み上がりの体を酷使させられた。聖武天皇を礼賛する声は高いが、呻吟する人々の思いは叙述されない。そのなかで発された橘諸兄・奈良麻呂の村長への呼びかけは、時代の差をどう読み込むかもあるのだが、責任回避の見当違いな政治批判あるいはただのはぐらかしに過ぎなかったのか。そこを死角にしない為政者の、優しい思いからではなかったか。また高僧の呼び名高い行基は、だれがどの立場から下した評価なのか。物部守屋は、誰の眼で叙述されているのか。史料を残しているのは支配者層で、その人たちの叙述をもとに描いて行くために、素直に読み取れば彼らと死角をそのまま「共有」してしまう恐れは大きい。

そうではあるが歴史上の事柄は、幸いなことに、たった一人でも、その見る位置を自在に変えながら観察することが可能だ。かれらが当時死角に置いたであろうものを、何年かかるかはわからないが落ち着いて描き出すことができる。死角だらけの人たちが残した史料からでも、その死角の共通性をかいくぐれれば、死角に入ったものに近付けるのではないか。

といってもしょせんこの文集は一つのテーマのもとに書き下ろしたものでなく、ひとの求めに応じてこの六年ほどのおりおりに書き綴った著作の集成である。切れ切れのテーマのなかに共通したものを見るのは難しいと思うが、あえていえば時代を導いてきた人たちの輝かしい政績を並べて記述するよりも、「死角に入ってしまう事実を、この手で摑み取りたい」と日ごろ願って書いてきた。そういう思いの飛行機雲である。

古代政治史の死角——目次

I　国家・施策

Ⅱ　氏族・人物

Ⅲ　社会・慣習など

I

国家・施策

近江大津宮の遷都理由と選地

一　なぜ遷都が必要になったのか

振り返って見れば、倭国にとって、ことのはじまりは隋による高句麗遠征だった。

隋の文帝は、五九八年（開皇十八）に二重外交・二股外交をとり続ける高句麗の裏表の甚だしい敵対的な外交姿勢を非難して三〇万の征討軍を派遣した。六一二年（大業八）、文帝の子・煬帝も公称一一三万三八〇〇人という大軍を[1]、六一三年・六一四年にも大規模な軍勢を立て続けに送り込んだ。二股といえば、いかにも非難されそうで聞こえは悪い。だが、東海の小国である。国として生き延びるためにはやむをえない外交上の駆け引きである[2]。清廉潔白・忠誠一途はよいが、尽くしているのに相手の気分や都合が変わっただけで国を滅ぼされたら、たまったものじゃない。相手の背信・裏切りの危険性を回避するための保険も、一国の主としてはつねにかけておかねばならない。それだけの、生活者として普通の、あるいは弱者としての知恵だ。しかしそう弁明してみても、「そんなことだから信を置けない」といわれれば、小国の論理が大国の同意を受けることなどない。起きてしまっている隋軍との戦いという現実に対応すべく、六〇一年（仁寿元）に高句麗は百済と連携し、百済とかねて友好関係にある倭との三ヶ国連合を結成した。

隋による遠征の目的が、のちの唐による遠征のように、朝鮮半島全体の制圧だと看破していたのなら、あるいはそのように看破できると説き伏せていれば、新羅をふくめた四カ国連合で対応する途もあったろう。だがそのときの高句麗は、朝鮮半島全体でなく、自国を守ることのみ課題とした。高句麗を支えるために、倭をふくめた三ヶ国だけでの連合を求めた。そしてこの三カ国連合は、かねてこの三ヶ国を脅かし続けてきた新羅への憎しみをただ一つの繋ぎ目として団結していた。

推古天皇十年（六〇二）に倭は来目皇子を撃新羅将軍とする二万五〇〇〇の派兵を計画したし、敗北に終わったものの百済も新羅攻撃を激化させた。そのなかで、高句麗は隋軍の猛攻によく耐え、隋の方がかえって内乱に陥って滅びてしまった。しかし中華の主である天子に従わなかったものが生き残ることは、あたらしく中華の主となった唐の天子にとって容認しがたいことであり、高句麗を滅亡させて終わることはもはや中国王朝の既定路線であった。

六三〇年（貞観四）までに唐・太宗は国内の旧勢力と東突厥を打倒しており、六四八〜九年には安西四鎮を置いて西突厥も臣属させた。北部戦線への大軍の投入作戦は、一段落する。[3] そのなかの六四四年、三〇万の唐軍が高句麗の遠征へと向けられた。しかし六四五年・六四七年・六四八年と攻め立てたが、高句麗はなお屈しなかった。その持久戦の一方で三カ国連合は新羅を攻め続け、窮鼠となった新羅は敵の敵となる唐に援けを求めた。そして、六五四年（永徽五）に唐・高宗から冊封を受け、遠征軍と連携するようになった。おりしも六五九年（劉慶四）、唐は西突厥を鎮圧して北部戦線を引き払ったため、兵力に余裕が生じた。高句麗遠征に本腰をいれることとした高宗は、六六〇年水軍の大部隊を動かしたものの、意外にも高句麗沿岸を素通りさせてその南にある百済を襲わせた。王都・泗沘（扶余）にいた義慈王と世子隆が捕らえられ、百済王室はここにいったん滅亡した。唐としては、高句麗を軍事支援する百済をまず滅ぼして、南北から陸路で高句麗を挟み撃ちにする戦略である。

滅亡したはずの百済だったが、各地で百済遺臣たちが蜂起した。王は拉致され王室はいったん滅びていても、遺臣たちの経営基盤も兵力も温存されたままで、無傷だった。王室についても、倭国に人質として滞在していた王子・余豊璋（義慈王の子）を擁立すれば再建できる。倭国も王室再建のこの案を支持し、豊璋王と百済遺臣たちを応援しつつ唐軍本体と直接対決することに覚悟を決めた。あくまで百済を支える倭と唐・新羅の思惑が衝突して行き着いたのが、六六三年（龍朔三）の白村江の戦いであった。

倭国では、斉明天皇がみずから率先して派遣軍の陣頭指揮に当たるべく九州の朝倉宮（福岡県朝倉市）まで出張ってきた。那ノ津の官家を兵站基地・参謀本部とし、朝倉宮を総司令部とする予定だったのだろう。しかし斉明天皇七年（六六一）七月、斉明天皇は病死した。代わって、中大兄皇子（のち天智天皇）が即位する間もなく称制（大権の代行者）のままで全軍の指揮を執ることとなった。

国家存亡・絶体絶命の危機に立たされているというときなのに、百済王室は要害の地・州柔城（周留城）から物資調達に便利な避城へ移った。軍事防衛的観点より、飢えないことを優先する決定だった。しかしそれは兵力を損なうだけの無益な費えで、新羅軍の攻撃にさらされて州柔に戻った。その州柔に東から陸ぞいに新羅軍が、白村江から錦江（熊津江か）を溯って西から唐軍が迫ってくるなかで、天智称制二年（六六三）八月、万余の倭軍は唐軍の上陸を阻みかつ百済奥地に入り込みすぎている新羅軍を一気に殲滅すべく、四〇〇艘以上の大船団を組んで白村江に向かった。倭としては乾坤一擲の戦端を開いたのだが、一七〇艘もの大船を擁した唐水軍に惨敗し、百済は名実ともに消滅。百済に味方して唐を敵に回した倭国は、今日明日にも唐軍からの追撃を受ける危機的状況に陥った。もとより唐軍は高句麗遠征・朝鮮半島の経略に来たのであって、寄り道して倭国と雌雄を決しに行くつもりなどなかった。しかしそれは当時の倭国の知りうることでなく、倭国としては唐軍の報復的な遠征・侵攻を受ける恐れを強く感じていたろう。

そうした危機感を懐きつつ、天智称制三年、対馬・壱岐・筑紫での上陸阻止の戦いに備えて防人を配し、敵軍の進攻をいちはやく通報させるための烽火台を筑紫から大和まで配備した。また最前線司令部となる施設（筑紫大宰府）を従来の軍事拠点であった那ノ津官家から大きく南下させ、その大宰府の西と南に築いた長堤の前に貯水する水城という防御施設も作らせた。さらに翌年には長門城・大野城・椽（基肄）城など朝鮮式山城を、百済遺臣たちに監督させて築かせている。各地に残る神籠石などという石積み遺跡も、このときの邀撃用のまたは逃げ城を兼ねた要塞施設だったろう。

恐れていたように、唐からの使者の来日が現実になった。天智称制三年五月に唐の百済鎮将・劉仁願が郭務悰を派遣し、翌年には唐使・劉徳高も来た。もっとも受け容れがたいのは無条件降伏の勧告だったろうが、百済救援の責任論、責任者の引き渡しや唐への臣従・高句麗遠征への軍事協力なども思い浮かんだろうか。ただ残念ながら、何が交渉課題とされてどう折衝したのかの内容は不明である。その後の状況などを勘案すると、おそらく唐側は唐軍とふたたび戦うことの無益を説き、むしろ唐軍の麾下に入って高句麗遠征に協力するよう説得してきたのだろう。それも倭軍の助力など必要としてはいない。だから、「多少の軍事力の提供または兵器の調達などの要請を形だけでも受け容れよ」という内容が穏当なところだ。それより軽ければ、高句麗に味方しない中立的・傍観者的な立場でいるように求めたかで、白村江での倭国側の戦備などから推して、いずれにせよそれほどに国力・軍事力を評価されてなどいなかったろう。倭国はこの年に守大石・坂合部石積らを第五次遣唐使として遣わしているが、彼らは戦後処理をめぐって問われたことについて、唐側に「最大限譲歩して中立。対高句麗戦への派兵には協力しない」と強気に回答するための使者であった蓋然性が高い。

高句麗はまだ残っていたが、倭国にはすでに唐・新羅軍を敵にしながら朝鮮半島に出て行ける国力などなかった。高句麗が滅亡した後に、百済に味方してきた倭国に対して、唐・新羅がどのような制裁を加え、どういう要求を突きつけてくるか、どう構えていたらよいかが分からないでいる緊張した状況が続いていた。

天智称制六年三月、こうした軍事衝突の緊張感が漂うなか、中大兄皇子は近江大津宮への遷都を決行した。この遷都には反対の趣旨の諷刺が多く、諷刺を込めた童謡も民間にことさらに流された。古代的な政治批判のありようである失火、つまり放火騒ぎも多くあった、と『日本書紀』(日本古典文学大系本)に記されている。その一方で、大和盆地の北西部には高安城、讃岐国には屋島城、対馬には金田城が築かれ、対唐戦での抗戦準備が着々となされていた。

こうした流れで考えるならば、近江大津宮への遷都は対唐・新羅戦争の準備の一環だったと考えるのがよかろう。

高句麗遠征をちかぢか終えたならば、高句麗・百済と連合していた倭国に対して、三〇万の唐軍と新羅軍が手を携えて侵攻してくる。唐軍に倭国平定などという計画などはなっから無くとも、倭国は侵攻されることまで考える。そうしたそれぞれの思惑は、違っていても自然である。想定される唐・新羅の大軍の攻撃を、筑紫大宰府の指揮する九州在地軍がどれほど持ちこたえられるか。瀬戸内海を通過中の唐・新羅軍に対して山城を拠り所に挟撃するとして、どれだけ足を留めさせ消耗させられるものか。そして摂津・河内・大和では地の利を活かしたとしてどこでどう邀撃し、上陸戦でいかに有利に戦っていけるか。しかしそれでも、それが破られたあとはどうするのか。王室はどこに置き、どこにあたらしく防衛戦を張って、どこに集まれと指示して徴兵するか。そこまで立案せざるをえない状況が、目前に迫っていたのだ。

二　なぜ遷都先に大津が選ばれたのか

『日本書紀』の記す大津宮以前の大和王権の王宮は、基本的にのちの畿内の範囲内にある。(4)

実在性が定かでない大王は別として、継体天皇の樟葉宮（枚方市楠葉）・筒城宮（京田辺市多々羅）・弟国宮（向日市井内）・磐余玉穂宮（桜井市池之内）、安閑天皇の勾金橋宮（橿原市曲川）、宣化天皇の檜隈廬入野宮（高市郡明日香村桧隈）、欽明天皇の磯城嶋金刺宮（桜井市金屋）・泊瀬柴籬宮（桜井市初瀬）、敏達天皇の百済大井宮（河内長野市大井）・訳語田幸玉宮（桜井市戒重）、用明天皇の池辺雙槻宮（桜井市池之内）、崇峻天皇の倉梯宮（桜井市倉橋）、推古天皇の豊浦宮・小墾田宮（明日香村豊浦）、舒明天皇の飛鳥岡本宮（明日香村小山）・田中宮（橿原市田中）・厩坂宮（橿原市大軽町）・百済宮（広陵町百済）、皇極天皇の飛鳥板蓋宮（明日香村岡）、孝徳天皇の難波長柄豊碕宮（大阪市東区法円坂町）、

斉明天皇の飛鳥川原宮（明日香村川原）・後飛鳥岡本宮（明日香村小山）は、いずれも大和・山背・摂津・河内に立地する。例外は、斉明天皇が百済救援の前線指揮のために出張ったときの朝倉橘広庭宮だけである。伝承的で実在性に不安はあるが、応神天皇以降では（水野祐氏説）、応神天皇の明宮（橿原市大軽町）、仁徳天皇の難波高津宮（大阪市東区法円坂町）があり、履中天皇の磐余稚桜宮（桜井市池之内）、反正天皇の丹比柴籬宮（松原市上田町）、安康天皇の石上穴穂宮（天理市田町）、雄略天皇の泊瀬朝倉宮（桜井市黒崎）もあるが、どれも大和・摂津・河内の範囲を出ていない。

とはいえ畿内はもともと国という単位で範囲を決めたものでなく、『日本書紀』大化二年（六四六）正月の大化改新の詔に「凡そ畿内は、東は名墾の横河より以来、南は紀伊の兄山より以来、西は赤石の櫛淵より以来、北は近江の狭狭波の合坂山より以来を、畿内国とす」とあるように、三重県名張市の名張川・和歌山県かつらぎ町の背山・兵庫県明石市・滋賀県逢坂山の四つの点を結ぶ線（道）で囲んだ内側をいう。

もちろん王畿では、高徳の天子が住む場所（王宮）を起点とした遠近によって、及ぼされる徳に濃淡がある。王宮に近いほど受ける恩恵が大きい、という中国の思想によって定められた境域観である。だが、大和王権も以降のどの政権もそうだろうが、王権発祥の産土、始祖創業の地には特別な思いがある。鎌倉・室町政権では鎌倉、江戸幕府は三河・江戸というように、それぞれ思い出のある地を持っている。大和王権では、それが畿内だった。ならば、そこからは離れがたいはずである。

ところが近江大津宮は、その範囲を外れたところにある。畿内の外、逢坂山の東側に当たっているのだ。

それがただの思い出に過ぎないのなら、それほど大したことにならない。ある企業が、発展のためとはいえ創業の地を捨てて本社を移転するとなれば、創業時の苦労も思い出されて、その閉鎖には悲しみを覚えるだろう。それでも、それは気持ちの処理という問題にすぎない。だが、大和王権を支えた豪族たちにとっては、拠って立つ経営基盤・支持基盤から離れることであり、古代の豪族としては死活問題であった。できれば大和・河内のなかで、離れても摂津・山背の範囲で、一日で往来できるていどの場所に遷都して貰いたい。それが中央豪族としての許容範囲で、暗黙のうちにそのように諒解されてきたはずだった。

中央豪族はそもそも一定の土地・人民を支配下に収め、そこから経済的収益を受けるとともに、そこにいる人たちを動員して軍事などに従事する。王権からの指示があればその用務に従い、あるいは必要となれば随時戦闘に赴く。そのさいに動員される中核部隊はもちろん氏族員だが、加えて彼らを支える部民が物資調達や輸送などを担わなければ軍事行動を維持・展開できない。そのための供給センターが、大和にある彼らの本拠地である。そこから離れるとは、資金は大量に持っているが、すべてスイス銀行に預けてあって、今は小銭しかない、というようなもの。つまり歩いている自分のじっさいの姿としては非武装で抵抗不能な丸腰状態になる。連絡がつけばいずれは動員できようが、すぐに連絡がつかない状態では何の軍事力も持っていないのと同じである。氏族経営の中枢に位置する自分が近江にいたのでは、大和盆地で経営に当たっている者たちがサボっても、横領しても、独立しようと画策しても、止めようがない。不在地主のように、供給品の到来によってしか支配が確認できない。遷都が畿内の範囲であればこそ、すぐに連絡できて不正も防げる。王宮は大王が誕生し育った場所になることが多いから、これまでも即位とともに母方の居所に移動していた。だから微動だにするなともいえず、反対はしていない。それは、その移動範囲が知れていたからだ。しかし畿内の範囲から一歩踏み出た近江大津宮にゆけば、豪族はいわば丸裸で大王に付いて歩かされるようなもの。襲われれば自分の身を守ることすら危く、遠すぎて財政基盤を管理することもままならない。多くの中央豪族は反対であり、不満は大きい。放火などによる政権批判は、その表出である。

とはいえ中大兄皇子からすれば、「だからこそ大津宮に遷都させた」ともいえる。

白村江の敗戦によって、高句麗・百済との同盟にそって百済救援を選択したこれまでの大王家の政治的見通しの誤まりが鮮明となり、敗戦の指導責任も問われる。だがその問責にいちいち対応していたら、差し迫った対唐・新羅戦の準備ができない。ここで内紛を起こして唐への内通者を生み出してしまったら、唐・新羅軍にやすやすと上陸・占領され、漁父の利を得られるだけだ。そこで、遷都によってまずは中央豪族の批判の力を殺ごうと、中大兄皇子は計画した、と。遷都という行為は、すべからく政治的なものである。なぜ遷都するか、どこに遷都するか。それには政治的思惑がかならず働く。近年の副都心構想も、一極集中は地方過疎化に拍車をかけ災害時にもよくないとするが、その論議の根っこは政治家の思惑にある。少なくとも国民全体の便益からの発想などでない。国民にとっては、かりに遠くても、一ケ所で手続きが終わる方がよいに決まっている。選挙地盤の経済活性化・選挙民への利益導入、あるいは建設・土木などの業界向けの需要作り。つまるところ、次回選挙での自分の当選のためである。

中大兄皇子の立場からすれば、大津宮に遷都させられれば、中央豪族の批判・反発をともかくも抑え込んだことになる。遷都に付いてくれれば、もはや抵抗する力は失われて、大王の執政に協力していくほか途がなくなるからだ。

ただしこうした理解では、中央豪族の勢力地盤と都のありかを切り離せばよいだけだから、遷都先は大津でなくほかのどこでも、たとえば姫路・有馬（有間）や南紀白浜でもよかったことになる。遷都の動機は説明しえても、大津に決めた理由を説明できていない。

その意味では、唐・新羅の侵攻に備えての退避・避難とする理解にも同じ問題がある。

唐・新羅軍は九州北部を攻めたあと、瀬戸内海を通って大和政権の中枢部の置かれている河内・大和に向けて兵を進めてくる。倭国ではそう思っているから、長門・屋島・高安などに山城を築かせた。このコースは『日本書紀』『古事記』に描かれた神武東征譚の、また応神天皇を擁する神功皇后が香坂王・忍熊王を討伐したときの、大和中枢への進撃路でもある。

この通りの道筋で来たとして、はじめは摂津・河内の水際での上陸戦で阻むが、阻止線が破られたなら生駒・葛城を天然の要害・楯として戦う。そのために高安城を築いている。倭国の海外派兵の最大人数は近江毛野の率いた六万だが、このころに動員できる兵力がどれほどあったか。それは不明だが、律令国家体制下の人口が五〇〇万人とすれば、男女比率が十：十二で正丁が四割とし、その三人に一人が兵士となれば三〇万三〇〇〇人動員できる。それより集権化が進んでいない時期なので、ざっと半分として一五万くらいだろうか。あるいは令制下の戸が一人の兵士を出すための単位だったとすれば、『律書残篇』掲載の四〇一二郷をもとに一郷五十人として二〇万人。[5] どちらにせよ、白村江の戦いまでで数万人が傷付いているので、一五万人前後で邀え撃つこととなろう。

一方、侵攻してくる唐軍は三〇万人で、新羅軍が三～四万人か。倭には地の利があるとしても、主力軍同士の軍事衝突になれば数で勝てまい。これらと戦って敗れたら、どこに退却するのか。

このとき近江にいれば、ルートとしては琵琶湖を北上して若狭から北陸・東北地方へと落ち延びられる。あるいは瀬田川を渡って美濃・不破関以東のいわゆる東国に入り、東山道の山岳地帯を逃げながらゲリラ戦法で遠征軍の消耗を待つか。

しかしもしも若狭から北陸・東北地方に落ち延びたとして、そこには敗戦した大和王権を迎え入れてくれるような支持基盤があるのか。蝦夷勢力との鬩ぎ合いが続く不安定な軍事情勢下だったはずで、反攻の拠点として期待できるような政治的・軍事的基盤を築き終えていたとは思えない。唐・新羅軍の瀬戸内海進入を想定していたのなら姫路や有馬など都の西側は不適当だが、東国に逃げ込むつもりならむしろ企図を明確にして尾張・美濃に遷都するのもよい。近江経由だけでなく、伊賀・伊勢を経ても東国に入れる。

「近江は遷都先・落ち着き先として適当でない」というのは、若狭が日本海に面しているために上陸した新羅軍から直撃される危険性があるからだ。どういうわけだか、倭国側は唐・新羅軍が瀬戸内海を通ると思い込んでいる。たしかに唐軍は高句麗を西から攻め、百済も西岸から上陸されている。しかし新羅軍にとって、倭国は眼前にある。新羅水軍が東岸・南岸の港から出撃し、倭国の中国地方北岸を伝って若狭に上陸し、唐軍を導いて一気に南下すれば大和王権の中枢部に早く辿り着ける。環日本海文化交流圏があったのならば、そのまま日本海が何ら遮るもののない海の戦場と化すだろう。そんな情勢下の近江に遷れば、敵将にみずから首を差し延べに行くようなもの。ここは、退避・避難するにふさわしい場所じゃない。かりに大和から東国への逃げ道の一つと考えるとしても、あらかじめ遷都しておく必要性などない。新羅軍からの視点がなく、警戒感が希薄すぎる。

三　大津宮は恒久施設か臨時施設か

近江に遷都するとこだわったのなら、そこには何らかの理由があったはずだ。

山尾幸久氏[6]のいわれる高句麗との連携・連絡のためとする説明は、その意味で理解できる。前述の通り近江は地理的に日本海岸に近く、だから大和に留まっているより情報がすくなくとも一日は早く入る。そういう利点はある。白村江敗戦後の同盟国はもはや高句麗しかないのだから、高句麗と連絡を取り合おうとするのはごく自然である。しかもここには「六世紀前半から中ごろにかけて、百済王朝から、ヤマト国家を運営すべく派遣されて住みつくことになった、南朝系の中国人またはその二世」（二四五〜六頁）たちである志賀の漢人が居住している。彼らを通じて高句麗使を受け入れ、軍事同盟を維持しようと大津に遷った。戦後状況を踏まえ、なおも唐・新羅と戦おうと身構える倭国の一貫した政治姿勢が窺えて、納得しやすい説明である。

しかも、これならば大津宮が京域を持たないらしいという事実も受け容れやすくなる。

大津宮は俗に近江「京」といわれることもあり、恒久的な宮都にふさわしい広大な京域が附設されたかのようにいわれてきた。だが京域があったと思わせるような言葉は『日本書紀』などの古代史書に見られず、現地の地名としても伝わっていない（したがってＪＲ西日本・湖西線の大津京駅という名は地名の捏造であり、まことに不適切である）。それに当時の琵琶湖の水量をどう推定するか、も決定的でない。つまり湖岸線をどう引くかで陸地の広狭は大きく動くが、それをどう想定するにしても左京域は湖内に入ってしまう。藤原京や平城京のような、広域の長方形の条坊区画線は描けそうもない。そこで縦長にして復原してみせたり、左右不対称としてみたりとさまざまな案が出るものの、どうにも決め手がない。

それが「戦時下の臨時・仮設的王宮であって、前線の要塞都市のような出先機関的な存在」という理解となれば、こう諒解できる。高句麗の抵抗の前に唐・新羅軍が撤退していくか、または高句麗が滅ぼされるまでであって、どのみち宮廷人をここに定着させるほど長居するつもりなどもともとなかったからだ、と。

しかしそういう理解で押し通せるかとなれば、これでも疑問はなお氷解しない。

高句麗と連携するために近江国大津に遷ったのだと解釈しようとしても、そもそも高句麗の使者と情報を交換しつつ両国または三国が戦略協議や軍事行動をともにして唐・新羅軍と戦いに臨んできた過去など、思い当たるような事例がない。

白村江の戦いの前でも百済に対しては数万の援軍を何回か出しているのに、高句麗にはわずかな援兵すら送った記録がない。そうであればとうぜんだが、新羅を敵視することは一致していても、だからといって共同作戦をとるための実務協議までしたという形跡は見られない。白村江敗戦後ではさらに疎遠となり、倭国は自国防衛だけに忙しく、窮地に陥っていることは百も承知のはずなのに高句麗援助のための派兵を検討する気配もなく、史書からは連携を図ろうとする姿勢がおよそ読み取れない。そもそも高句麗にとって、百済はともあれ、倭国をどれほど恃みにしていたものか。倭国は百済の救援には積極的だったが、高句麗についてはつとに見放していた。高句麗と共同作戦で唐に当たるという気持ちなどそもそもない。

それならば、出撃拠点としてまた物資の集まりやすい場所を確保するために、それに便利な場所に遷都しておくなどという必要はまったくない。「高句麗のその後をただ知りたかった」という話では、遷都に同行した中央豪族も納得するまい。白村江敗戦後に高句麗との関係が希薄になるのは、唐軍からの要求を受けて、高句麗への援助を控えたせいかもしれない。だが、もしもそういう話になっていたのなら、そもそも軍事的な緊張が存在していなかったこととなり、遷都の必要性がなくなる。高句麗のその後の情報が欲しいとしても、情報の入手が一刻を争わないのだったのなら、大和にいたままでよかったではないか。

しかも唐側の情報でも、倭国と高句麗との連携・共同作戦を懸念していた様子がない。『旧唐書』（新人物文庫）列伝・劉仁軌伝には「百済の土地を棄ててはならない。余豊璋は北（高句麗）におり、余勇は南（倭）にいる。百済・高句麗はもともと相党んで助け合っていた。倭人は遠いとはいえ、亦おたがいに影響しあっている」と指摘した上で「扶余勇は扶余隆の弟である。白村江の戦いの時に戦場から逃れて倭国におり、それによって余豊璋の応援をしている」とある。

このなかの余勇がのちの百済王禅広（善光）なのか明瞭でないが、唐側は倭国と旧百済勢力の動きを警戒しているだけである。「倭国が高句麗軍と共同作戦をとるんじゃないか」とか「じかに高句麗軍と連携して倭国が軍を興すか」などと懸念しておらず、倭国と提携している相手はあくまでも百済残党としかみていない。「禰軍墓誌」（新人物文庫）にも「日本の餘噍、扶桑に拠りて以て誅を逋がる」

とあるだけで、倭国内に残存する旧百済勢力への唐側の警戒感しか読み取れない。つまり倭国が高句麗とじかに連携して共同作戦を取ろうという動きなど、もとからしかもたぶん同盟時から一度もなかった。そうだとすれば、渡来人の持っている情報網や連帯感を足がかりにするために大津宮に遷ったとするのは、根拠となるべきそもそもの意味を失う。

以上の検討からして、筆者はまず、大津宮は仮設的なもので、恒久的な都城施設でなかった、と思う。遷都先の選地は、高句麗との連帯などに配慮したものでない。唐・新羅軍の侵攻を受けたら戦況によっては信濃など東国内に立て籠もるつもりであり、侵攻が止まったら大和に戻る気だった。近江はその通過点にすぎず、客観的にみれば近江では若狭から南下する新羅軍に直撃される怖れもある。そのはずだったが、倭国の政権担当者（じつは江戸時代まで）には外国勢力は筑紫・瀬戸内海を東行して大和に来寇するはずだという先入主・思い込みが強くあり、近江の地理的な危険性は考えていなかった。そこで東国に近い仮設の王宮設営地として近江を選択したもの、といまは考えておく。

四　大津宮跡はどんなものか

大津宮の位置は、『扶桑略記』（新訂増補国史大系本）天智天皇六年二月条に「天皇の夢に法師があらわれて、近江大津宮の乾（北西）の山中に霊窟があると告げ、そののち十余丈の火焔に導かれて勝れた寺地を見付け」てそこに崇福寺を建立したとあるので、逆に辿れば崇福寺の南東に大津宮があることとなる。また『今昔物語集』（日本古典文学大系本）『元亨釈書』（新訂増補国史大系本）には、滋賀山中金泉谷に崇福寺がある、とする。場所探しの最大の手がかりとなる崇福寺跡は滋賀里西方の山中にあるので、その南東方向の錦織・南滋賀・滋賀里・穴太が有力候補地とされてきた。また『日本書紀』『懐風藻』（日本古典文学大系本）『藤氏家伝』（寧楽遺文本）などには内裏・宮門・大殿・仏殿・漏刻台・内裏西殿・大蔵省・浜楼などの建物名が見られ、大雑把にはその施設のありようを摑めている。このさきは発掘調査によってじかに詳細を確かめるほかないが、当該地は稠密な住宅地であって、建て替えや売却などのおりの工事の事前調査しか手の入れようがない。発掘調査の進捗は、そう容易に図れそうにない。

　そのなかだが、昭和四十九年（一九七四）に大津市錦織一丁目の御所之内遺跡で内裏南門と見られる柱穴を発見。出土した須恵器・土師器も飛鳥IIないしIIIに編年されるもので、大津宮時代にふさわしく、宮跡はここと断定された。

　現在は内裏南門から東西に連なる複廊、南門の中軸線上の北九十メートルに四面庇を持つ内裏正殿、その北に東西に細長い内裏長殿、その北に庇のある東西棟を確認。南門複廊に接した北側の左右に一本柱列の塀で囲まれた方形施設があり、内裏正殿を大きく包み込んで板塀が立てられていた。また内裏南門の南側は朝堂院で、中央を広くあけて、東西に官人の待機する朝堂が並んでいたものと推測される。現在のところ、西第一堂・東第一堂と見られる南北棟のみ検出されている。

　詳細な全体像を摑んでいるわけでないので、試みの見解が出されては修正を受けるという過程を辿ると思うが、いまのところこの形は先行する孝徳朝の難波長柄豊碕宮跡と推測される前期難波宮と似ていてその変形・縮小版と見られる。[7] 例えば南門北側の方形施設は、難波宮の八角殿院にたしかに類似している。

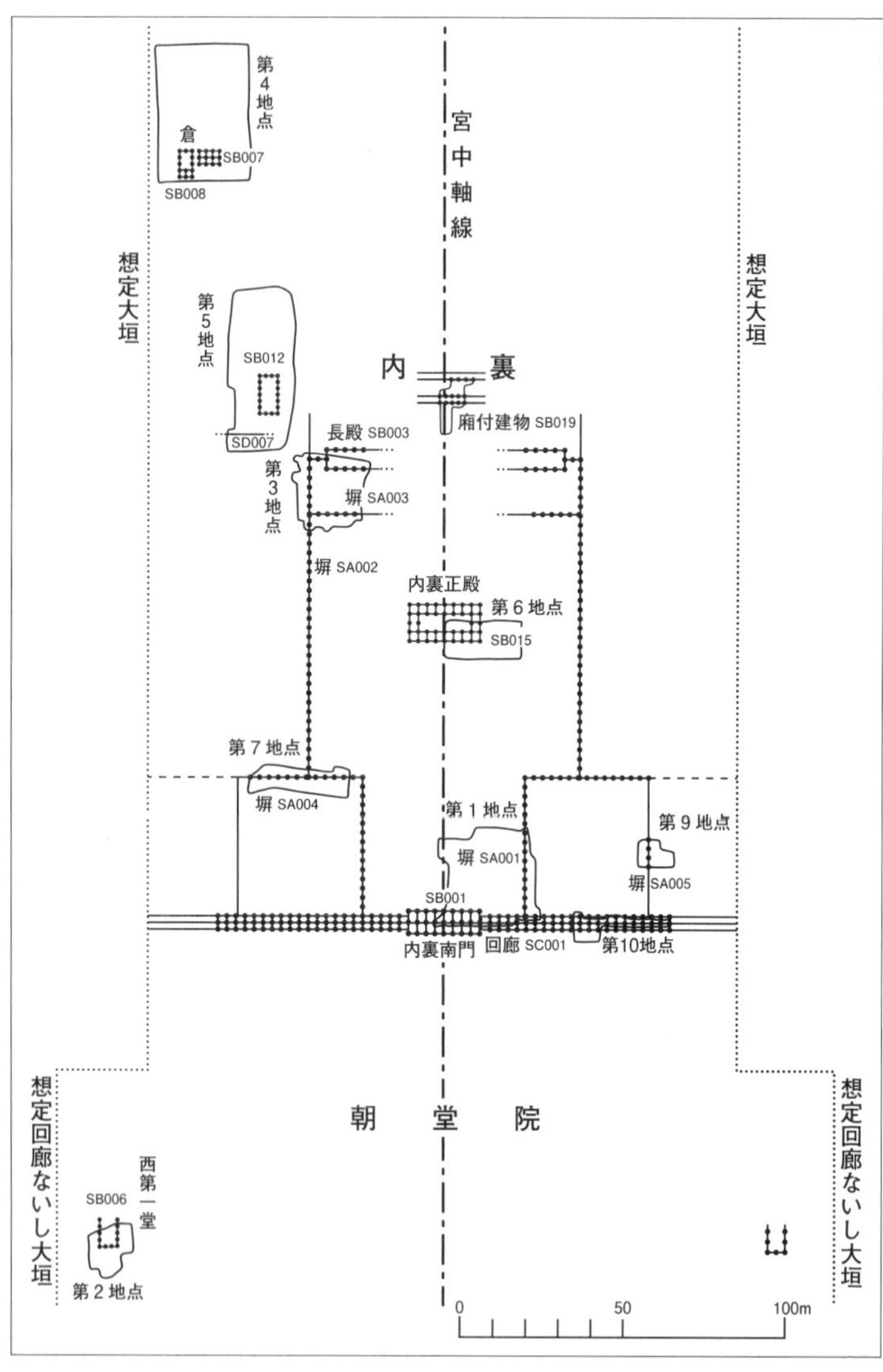

大津宮中枢部復元図
（林博通氏「近江遷都と壬申の乱」「別冊歴史読本」24巻5号より）

五　大津宮の古歌の解釈の誤りとは

大津宮を取り上げたついでに、『万葉集』（日本古典文学全集本）の歌の解釈の食いちがいと誤りを紹介しておこう。

近江宮を詠んだ柿本人麻呂の著名な歌に、

近江の海　夕波千鳥　汝が鳴けば　心もしのに　古思ほゆ　（巻三—二六六）

という一首があり、べつの人麻呂歌には、

大宮は　ここと聞けども　大殿は　ここと言へども　春草の　しげく生ひたる　霞立ち　春日の
霧れる　ももしきの　大宮所　見れば悲しも　（巻一—二九）

とある。この歌が詠まれたとき、大津宮はすでに殿舎の形跡すらない廃墟となっていた。その廃墟を前にして、人麻呂が詠んだ歌である。大津宮の話ではかならず採り上げられる著名な歌であるが、これほどよく引かれている著名な歌でもいまだに定まらないさまざまな解釈がある。

多田一臣氏(8)によれば、こうだ。

たとえば「夕波千鳥」とは、夕波と千鳥がどうなっていると受け取るべきなのか。

千鳥の群れが夕波の上を飛んでいる風景なのか、赤く染まる夕波を背景として手前の岸辺に千鳥が飛ばずにたむろしているのか。あるいは千鳥を魂魄のたとえと見なして大宮人の魂の浮遊と受け取るのか、すでに鳥そのものでしかないという境地に立ち至った、と受け取るか。これらの問題は、いまだに解釈が揺れていて一致を見ていない。

また下の句の「古思ほゆ」の思ほゆは「思う」の自発形であるので、「心もしなへるように」「しんみり、しみじみと」と解釈してはならず、「意識せずとも、対象に心が引き寄せられて思わされてしまう」「古に依り憑かれた状態になってしまう」という意味である。「しんみり」と解釈している人たちは多く、それは「しのに」を「萎ゆ」に当ててしまうからだ。だがここは、しのふという別な言葉だとみなすべきである。ついでながら古と昔は意味が異なり、古は今に続いている過去である往にし方であり、昔は今とは断絶して一つ彼方なる向こう側の時空にある世界である、という。

人麻呂が歌に詠み込んだ心と共感したいと願うのならば、彼が見た光景とその言葉遣いをその当時のままに再現しなければならない。その意味で、正しい語句の解釈は必要であり、共感しようとするさい前提となる最低限の基礎作業である。そうであるのに、詠んだ本人の思いがどこにあったかを斟酌せず、それを解釈している側が名人の詠んだ名歌だと思い込めば、読み間違えこそが名人らしく秀逸・崇高な歌として妥当な解釈だとされてしまうことがありうる。こうした誤りにも、心しておかねばなるまい。

【注】

（１）宮崎市定氏著『隋の煬帝』（中公文庫、二〇〇三年）。

（２）拙稿「白村江の戦いと朝鮮三国」（『闘乱の日本古代史』所収、花鳥社、二〇一九年）二、高句麗の国内事情。

（３）廣瀬憲雄氏著『古代日本外交史』（講談社、二〇一四年）。

（4）八木充氏著『古代日本の都』（講談社現代新書、一九七四年）。「都宮・都京一覧」二一三～四頁。

（5）下向井龍彦氏「日本律令軍制の基本構造」（『史学研究』一七五号、一九八七年六月）。ただしそうした理念上の意図が制度施行の発端にあったとしても、大宝二年御野国戸籍では、本簀郡栗栖太里の戸主・刑部稲寸の戸口は男子四人（正丁二人）・女子十五人（『大日本古文書』一、四〇頁）とほとんど女性ばかり。また大宝二年筑前国戸籍の嶋郡川辺里の戸主・卜部羊の戸口も男子二人・女子三人の五人（同一二六頁）。兵士を出しようがなくても、一戸としている。その一方、同里の戸主・肥猪手の戸口は一二四人で、正丁が十三人いるのに兵士は一人（同一〇五頁）。一戸から一人以上出さないのかと思えば、同里の戸主・物部牧夫の二十七人の戸からは兵士を二名採っている（同一四二頁）。現実の結果を見る限り、「戸別に兵士一人を徴発しよう」という原則での編戸などされていない。

（6）「大津宮の興亡」（水野正好氏編『古代を考える　近江』所収、吉川弘文館、一九九二年）。

（7）林博通氏著『大津京』（ニュー・サイエンス社、一九八四年）、一二九～三〇頁。

（8）「国語教育の危機」（梶川信行氏編『おかしいぞ！国語教科書』所収、笠間書院、二〇一六年）。

（原題「近江大津宮遷都の基礎知識」「歴史研究」六五一号、二〇一七年五月）

日本書紀編纂の材料と経緯

一　『日本書紀』編纂の企画

『日本書紀』の編纂がはじまったのは、天武天皇十年（六八一）三月である。『日本書紀』（日本古典文学大系本）天武天皇十年三月丙戌条によれば、

天皇、大極殿に御して、川嶋皇子・忍壁皇子・廣瀬王・竹田王・桑田王・三野王・大錦下上毛野君三千・小錦中忌部連首・小錦下阿曇連稲敷・難波連大形・大山上中臣連大嶋・大山下平群臣子首に詔して、帝紀及び上古の諸事を記し定めしめたまふ。大嶋・子首、親ら筆を執りて以て録す。

とあり、天武天皇が飛鳥浄御原宮の大極殿に出御し、川嶋皇子以下十二名に「帝紀及び上古の諸事」を定めて記すようじきじきに命じた。どういう書物を作るのかという記定の重要な方向性と具体的にどの記事内容を選んで採るかなどは上位の十名で議論しながら決定することとし、じっさいの記述は下位に記されている中臣大嶋と平群子首が当たるという割り振りであった。

しかし編纂にさいしては、材料の選定、記事の当否、利害対立の調整などで、一行も書けないまま

で長い年月を過ごしたことだろう。その間病気・体調変化などによる交替もあったろうし、また具体的に執筆しはじめるとなれば膨大な作業内容を前にして増員も求められたはずだ。

それゆえ『続日本紀』（新訂増補国史大系本）和銅七年（七一四）二月戊戌条には、

> 従六位上紀朝臣清人・正八位下三宅臣藤麻呂に詔して、国史を撰せしむ。

とある。記事だけから見れば、国史編纂がここから始まったように見えなくもないが、貴族でもない六位已下の官人たちに任せて独自に国史を撰録させるはずがない。この記事は、かねて継続的に進行していた『日本書紀』の編纂事業にあらたに関わらせた実務職員の補充人事と見なしてよかろう。

そして六年後の養老四年（七二〇）五月癸酉条に、

> 是より先、一品舎人親王、勅を奉りて日本紀を修す。是に至りて功成りて奏上す。紀卅巻・系図一巻なり。

とあり、総裁・舎人親王のもとで『日本書紀』本文三十巻・系図一巻として完成した。ただしこのうちの系図一巻はいつの間にか失われ、今に伝わっていない。

当初の編纂事業の最上位者つまり今日にいう総裁は、天智天皇の子である川嶋皇子であった。この人選は、当時の人たちにとって、やや意外でなかったか。

というのも天智天皇の子では、壬申の乱にかかわる記述などで意見が対立しかねないからである。反乱を起こした天武天皇側に都合好く改変・加工されれば、いやその蓋然性が高いので、天智天皇の子としては不本意であろう。もとよりこうした部分について意に反した決定がなされても、自分の信念を貫いたり口出しなどできようはずもないが、それが分かっているのならば、この職務を担当したくなかったろう。

もっとも川嶋皇子は、自分の立場を理解し、割り切れる人だったのかもしれない。

天武天皇の子・大津皇子と親交があったが、大津皇子の謀叛計画を持統天皇に密告している。『懐風藻』（日本古典文学大系本）の編者（三船王、淡海三船か）はその密告を、

朝廷其の忠正を嘉みすれど、朋友其の才情を薄みす。議する者未だ厚薄を詳らかにせず。然すがに余以為へらく……但し未だ争友の益を尽くさずして、其の塗炭に陥ることは、余も亦疑ふ。


とし、つまり親友という私情よりも朝廷の大事を優先したのは朝廷からすればよいことだが、情が薄すぎる。忠告するなど十分に友を善導すべく働きかけることもせず、友を究極の苦しみに陥らせるとは、（伝記を執筆している編者として）疑念が残る、としている。

自己保身のために、権力者（持統天皇）に阿ったのである。この時点の、天智天皇の子という立場での振る舞いとしては仕方ないが、人として情けない。騒動に巻き込まれることをたくみに避け、安逸・平穏な日常を好む政治姿勢であったから、国史編纂を委ねられたのだろうか。

とはいえ天武天皇側からすれば、悩んだ挙げ句でもなく、この起用は単純な理由からだったようだ。

川嶋皇子は斉明天皇三年（六五七）生まれで、天武天皇十年時点で二十五歳。天武天皇の子では高市皇子が二十八歳、草壁皇子は二十歳、大津皇子は十八歳。忍壁皇子は第四皇子なので、十八歳以下である[1]。すでに高市皇子は壬申の乱で手腕を見せており、草壁皇子・大津皇子は皇位継承候補者で、政務総覧者。忍壁皇子はまだ二十歳になっておらず、総裁に据えるには無理がある。そうなると、かねて吉野会盟で、

吾兄弟長幼、并て十余王、各異腹より出でたり。然れども同じきと異なりと別かず……朕が男等、各異腹にして生れたり。然れども今一母同産の如く慈まむ。

（『日本書紀』天武天皇八年五月乙酉条）

と誓い合ったように、天智系・天武系の皇子を区別しないとした建前がある。そこで年齢順で川嶋皇子が選ばれ、行政手腕を発揮する場を与えられた、ということのようだ。

選抜過程はどうであれ、持統天皇五年に三十五歳で死没しており、編纂の完成時にはいなかった。任命記事は見られないが、次席に位置してすでに十年も編纂に携わっていた忍壁親王がそのあと繰り上がって編纂事業を総括するのは順当で、おそらく総裁職についたろう。だが、その忍壁親王も慶雲二年（七〇五）五月に死没。このために、その後任として、皇族内で忍壁親王に次ぐ位置にあった舎人親王が編纂事業を引き継いだ。

ところで『日本書紀』の筋立てや記事の採否などその記述の全般にわたって、藤原不比等の強い関与を推測する向きがある。(2)しかし不比等という一個人が編纂委員でもないのに修史事業を主導したり地位を濫用してあれこれ容喙したといえる証拠などなく、本文のどこなりとも自在に書き換えられたかのように見るべき理由はない。にも拘らず研究課題の核心に迫って辻褄が合わなくなると、「不比等が関与して捻じ曲げた」「不比等が指示して無理強いした」という解釈で乗り切ってしまおうとする、不比等が関わるとしていわば思考停止してしまう傾向を生じてきた。

筆者はこうした思考停止の研究状況を憂慮し、かつては不比等の政治構想の枠内であれこれと解釈されていた元正天皇の即位について、持統天皇による皇位継承策であったことを論証した。(3)

また持統天皇が孫・珂瑠皇子に皇位を継承するためにその祖型として天照大神が孫・瓊瓊杵尊を地上支配に遣わしたという話を作り出したとするいわば「天照大神＝持統天皇モデル説」についても、祖母と孫という関係以外の周辺の人々の役回りは現実の政界地図とまったく一致しないと分析した。(4)いま考えても、天照大神の孫の瓊瓊杵尊は天皇となっておらず、この相関関係ですらモデルケース・前例の役を果たしていない。不比等の描いたとされる構図は、実現されていない。

あまりに権力者の個人的意思に収束させると、当時の政治が合議制であったことすら忘れ去られた論議になりかねない。それにもしも不比等がそこまで『日本書紀』の構図や記事内容に介入したかったのなら、和銅七年二月の増員人事のときに紀・三宅などでなく、不比等自身は無理としても、三十五歳の武智麻呂、三十四歳の房前、二十一歳の宇合などを兼任の編纂官として送り込ませていたろう。筆者は、藤原氏として利害ある見解の竄入は全体に及ぶものでなく、藤原氏としての業績の範囲に留まり、命じられて提出した「藤原氏祖等の墓記」で父・鎌足の功臣譚を嵌入・反映させたのがせいぜいだったと思っている。(5)

二　『日本書紀』編纂の材料

『日本書紀』の編纂に当たっては、当然ながら記事のもととなる文献が必要になる。いったい何を編纂材料としたのか。

まずは『帝紀』『旧辞』がある。いつごろ成立したのかわからないが、『古事記』（新編日本古典文学全集本）序文に、天武天皇が「邦家の経緯にして、王化の鴻基」とすべく撰録しようとして「旧辞の誤り忤へるを惜しみ、先紀の謬り錯へるを正さむと」思った「諸の家の齎てる帝紀と本辞」が、すでに各氏族の間に流布して所蔵されていたとある。

　このうちの『帝紀』は帝皇日継・帝王本紀ともいわれる大王家の皇統譜であり、それには大王と后妃・王子女の実名、大王の宮居・在位年・享年と崩年干支・墓所と治世下のざっとした事績などが書かれていたようだ。また『旧辞』は先代旧事・本辞などとも呼ばれ、氏族たちが大和王権にかかわっておりなした物語である。『帝紀』は朝廷に保存されていたか、または専門の係によって伝承されていたろう。これに対する『旧辞』は、各氏族の伝承を纏めただけのように見えるが、はたしてこの時点ではじめて集めたものだったろうか。

　江戸幕府は家康政権確立過程を描いた『武徳大成記』（林信篤等撰、三十巻。貞享三年［一六八六］成立）を編纂するために、総裁を老中の阿部正武・堀田正仲とし、そのもとで諸大名・幕臣から庶民までの家伝・系譜などの記録を「貞享書上」として提出させている。そういう編纂時の手順は当然あってよい。しかし『帝紀』はともかく、『旧辞』は『日本書紀』編纂のはるか以前に出来上がっていたようである。『武徳大成記』でも創業以来の歴史書が一つもなかったわけでなく、その先駆けとしては『三河記』（編者不詳、十七世紀前半の成立か。現存本巻数は三巻から二十巻まで多様）があった。大和王権下でも、創業以来何度かそうした史書を纏めようとした歴史があっただろう。

　かねて篠川賢氏は、大和王権側が造り上げた「王権の物語」の存在を想定されている[6]。その物語とは、各氏族が伝来してきた話を単純に寄せ集めて造り上げられたものでなく、王権側の意図のもとに一本化して造り上げられた王権を中心にする物語があらかじめ出来上がっていた。各氏族が大和王権を支持または屈して傘下に加わろうというとき、王権の物語のなかに彼らの祖の話が組み込まれる。王権側で造り上げてある物語のなかに埋め込まれ位置づけられることによって、はじめて王権側の一員として迎えられるのだ、とされた。

筆者がこの筋書きに付加すれば、王権への服属時に、氏族たちは自分たちが代々伝えてきた祖先伝承説話を棄て、あるいは大幅に改竄・曲筆して大和王権側の物語に擦り寄せ、王権側から提供された物語のなかに入り込まされた。そうしてできあがっていった「王権の物語」がつまり『本辞（旧辞）』となる。『古事記』序文に「諸の家の賷てる帝紀・本辞」とあるのだから、各氏族には物語の全体像を記した『帝紀』『旧辞』が王権からすでに頒下されていて、諸家は自分の祖先の名が取り込まれた『帝紀』『旧辞』をそれぞれ持たされていた。そういうことになる。

しかし鶏と卵のどちらが先かという話になりかねないが、「王権の物語」もその成立までのどこかで諸家・諸氏族の物語を集めて、汎用性のある「王権の物語」へと仕立て上げられたのではないか。最初から完成していて一つも譲れない「王権の物語」なるものを持っていて、諸家・諸氏族の話など無視して、自分に都合好い話のなかに組み込む。それを無理に承認させ、かつて聞いたこともない物語を各氏族に押しつけて覚えさせるというような筋書きは想定しがたい。そもそも、その「王権の物語」の原初形はどんなものと想定されているのだろうか。それが見えない。

筆者としては、もしも王権の物語が王権内で造られて一方的に強引に押しつけられたものだったとすれば、『旧辞』はまったく一語すら変化しえなかったと思う。氏族の伝承に基づかないのなら、一字一句暗誦して押し戴くほかないからだ。しかしそれはなかろう。そうした不動の物語ではなく、傘下に入る氏族側の伝承を巧みに採り入れながら擦り合わせ、そうした氏族を糾合するたびに成長していく物語だったろう。

それ以上の推測はしがたいが、少なくとも各氏族は自家の伝承を誇り高く維持しており、王権の物語で擦り合わせをされたとしても、なお大王家が保存する「王権の物語」の内容には満足しなかった。採用されないで終わった「諸氏族の物語」記事の伝承を安易に捨てたりしなかった。だから頒下された『旧辞』に、みずからの氏祖たちの豊かな物語を、もちろん他氏に勝るように、あれこれ書き足したりしてきた。

こうしたために「王権の物語」が保存していた状態、あるいは目指していた創業譚とはしだいに形が違ってきていた。この再統一か再々統一かまたは再々々統一のため、推古朝に『天皇記』『国記』の編集を企てた。だがその事業は馬子の代に完成できず、未完成のままで蝦夷の邸内に留められていた。大化元年（六四五）六月の乙巳の変のさい、放火された蝦夷邸とともにこれも焼滅してしまうところだったが、船恵尺が『国記』のみ取り出して中大兄皇子に献上した、と『日本書紀』は語る。

そのとき持ち出された『国記』が基礎となったかどうか不明であり、編纂に挫折している『国記』などなくても、そのもととなった『旧辞』をまた提出させればよかったろう。ともかく何回目かになる『帝紀』『旧辞』の記事の統一のため、また今回は『帝紀』『旧辞』を合体させて、かつ和語で記憶されてきた全文を漢文に置き換える試みも加えた。それが、天武天皇十年三月下命の『日本書紀』編纂事業なのだろう。

『日本書紀』編纂材料の中核をなしたと思われる『帝紀』『旧辞』の全貌は、いまやわからない。だが『帝紀』『旧辞』を討覈してできたとされる『古事記』の現状から、若干偲ぶこともできそうだ。

ざっといえば『古事記』では仁賢天皇記から推古天皇記までの記事が大王にかかわる記録のみで、廷内の動きについての記事が欠落している。この仁賢天皇記以下の記事のあり方が、『帝紀』本来の姿であろう。それ以前つまり顕宗天皇記以前の記事には物語的な話が見られるが、その物語的な部分こそが『旧辞』だったこととなる。つまり現存の『古事記』は仁賢天皇記以降に『旧辞』の記事をつけ終えていない未完成形であって、本文を確定してきた天武天皇が死没したために編集作業が停止された姿。だから天武天皇遺撰という由緒がありながら、長らく奏上できないでいた、という次第なのだろう。

天武天皇の眼前には中央集権化が進んできた推古朝あたりからの下達文書が残っていたろうし、また王室に保存されてきた「王権の物語」や焼け残った『国記』もあり、それらを編纂資料の中核とするのは自然である。しかし「王権の物語」を適宜改造して出来ていた「諸の家の齎てる帝紀・本辞」も厳然と存在していたし、「王権の物語」には採用されなかったけれど、各氏族が「王権の物語」を徐々に書き変えてしまうもととなる独自な伝承も左記のようにともにあり、その存在も無視できない。とくに近江朝の滅亡時の騒ぎで王宮の書庫には被害があったはずで、そのなかで各氏族の手元にある資料はあてにできる材料である。

編纂委員としては、もちろんただ資料を集成すればよいわけでない。また異説の正邪を究めるといっても、現代的政治状況での利害・適否を勘案しつつその正邪を判断しなければならなかった。

そこでまずは『日本書紀』持統天皇五年（六九一）八月辛亥条に、

十八の氏大三輪・雀部・石上・藤原・石川・巨勢・膳部・春日・上毛野・大伴・紀伊・平群・羽田・阿倍・佐伯・采女・穂積・阿曇に詔して、其の祖等の墓記を上進らしむ。

とあるように、各氏族の独自伝承をふくむ「祖等の墓記」を上進させた。

この資料によって書かれた記事には、たとえば天武天皇元年（六七二）六月の壬申の乱の挙兵にさいし、大海人皇子（のちの天武天皇）が挙兵に先んじて大伴氏に指示を出した部分がある。『日本書紀』の大海人皇子の言葉では、高坂王に駅鈴を請わせたあとの舎人・黄書大伴の行き先が書かれていない。何も指示は出されていなかったようにも見えるが、別条で大伴馬来田とともに大海人皇子の一行を追っているので、大伴氏に連絡を取りに行かされていたとわかる。つまり黄書からの連絡があったから、馬来田の弟・吹負は倭京の占領に赴いたのである。大海人皇子側の出した資料には大伴氏への連絡記事などなかったが、大伴氏の上進した「大伴氏の祖等の墓記」によって「挙兵と同時に大伴氏が倭京の占領をはじめる」と大海人皇子とで事前に謀っていたことが知られるのである。[7] 王権側が触れたくなかった記事が、大伴氏の家記の採用で復活してしまったともいえる。また、これもそうだ。大化五年（六四九）三月、右大臣・蘇我石川麻呂は誣告されたのに使者への弁明を拒んだ。そのために政府からの追っ手を受け、建設中だった氏寺の山田寺で自害した。そのときの石川麻呂と子・興志との遣り取りや「今我身刺に譖ぢられて、横に誅されむことを恐る。聊に望はくは、黄泉にも尚忠しきことを懐きて退らむ。寺に来つる所以は、終の時を易からしめむとなり」（大化五年三月己巳条）などの言葉は蘇我氏の「石川氏の祖等の墓記」がなければ、追手方となる政府側の記録だけでは記しようがない。さらに筆者は鎌足功臣譚の大半を捏造と考えているが、中大兄皇子との密議や諫言・献策、蘇我入鹿暗殺時に弓矢を携えて待機していたとかの不自然な逸話、内臣への就任や大織冠を授けられたとかの同時代のほかの方法で確認しえない話などは、子・不比等が「藤原氏の祖等の墓記」におおむね書き込んで提出したもののようだ。この捏造記事を採ったか採らされたために、何一つ鎌足自身の政治的・軍事的功績と確信できるものがないというのに、鎌足が天智天皇の懐刀だったかのように私たちは思わされているのである。(8)

右の資料を基軸にして編纂したろうが、外交関係については、百済王朝滅亡・白村江の戦いの前後に亡命してきた百済人たちから、百済王権幹部の遣り取りなどについてかなり正確な情報が提供されている。それが百済三書と総称される『百済記』『百済新撰』『百済本記』で、『百済記』は神功皇后紀・応神天皇紀・雄略天皇紀に、『百済新撰』は雄略天皇紀・武烈天皇紀に、『百済本記』は継体天皇紀と欽明天皇紀に用いられている。たとえば継体天皇の死没年については『百済本記』の記載が『日本書紀』本文に採用されており、日本の伝承より重視している。百済関係記事では、『日本旧記』が雄略天皇紀に引かれている。なお『魏志』が神功皇后三十九年・四十年・四十三年条に、『晋起居注』が六十六年条に見られるが、本文記事がなくて、注文だけが書かれている。異例中の異例な注文であり、筆者が思うところでは、おそらく後人が「この年の出来事」のつもりで行間に書き入れておいた参考資料を、のちに転写した人が本文と誤解して書き込んでしまったのであろう。

役に立つと思われれば個人的な記録の提出も臨機応変に要請していたようで、斉明天皇五年（六五九）度の遣唐使の随行者が記した『伊吉博徳書』が白雉五年（六五四）条・斉明天皇紀、『難波吉士男人書』が斉明天皇五年条に見られ、『高麗沙門道顕日本世記』も斉明天皇紀・天智天皇紀に四条引かれている。対外関係資料に携わった個人の見聞も、適宜採っている。書名はあげられていないが、壬申の乱の記述にさいして、『安斗宿禰智徳日記』『調連淡海日記』を引いていることも『釈日本紀』の記述でわかるとされている。

その一例を示せば、斉明天皇五年七月戊寅条に引かれた『伊吉博徳書』には、以下のような記述が見られる。

坂合部石布を大使、津守吉祥を副使とする遣唐使船二隻が遣わされたが、石布は遭難・漂流して南の島で殺害された。吉祥の方は唐帝（高宗）に面会して蝦夷びとを献上したり国ぶりについて会話したりしたものの、一行の傔人（随行者）の讒言により韓智興が流刑となり、日中間に緊張が走った。その讒言の件は博徳が釈明して免罪となったが、遣り取りに時間がかかってしまった。すでに高句麗遠征の時期が迫っており、軍事機密が漏れることを恐れた唐朝は「汝等倭の客、東に帰ること得ざれ」として、一行を長安に移して軟禁した、などと記されている。遣唐使の隻数や辿った行程などがわかり、また唐朝の内情や使節への処遇もこまかく知られて、貴重な政治資料となっている。

このほかに、寺院からも縁起などの資料提供があって、敏達紀・崇峻紀・推古紀に飛鳥寺の、崇峻紀に四天王寺の、欽明紀に吉野比蘇寺の、用明紀に南淵坂田寺の寺伝が使われているとされている。(9)筆者としては、これに加えて推古紀の聖徳太子関係記事は、法隆寺の寺史・由来書が多く用いられているものと思っている。

筆者は、聖徳太子（厩戸皇子）の事績とされている『三経義疏』は、中国に留学した朝鮮系学僧の書を入手した人がいて、法隆寺に寄進した。その納入・受領後に法隆寺僧が太子撰と仮託したものと思っている。同様に十七条憲法も、法隆寺を創建した厩戸皇子の顕彰のために七世紀後半に捏造した遺文で、「法隆寺の寺伝」という触れ込みを鵜呑みにしたまま『日本書紀』に採用されたもの。法隆寺近くの片岡山で太子が遭遇したという飢者説話も、法隆寺の寺伝に聖蹟と記された逸話がもとだった、と考えている。[10]

三　『日本書紀』の編纂過程

『日本書紀』の編纂事業は、どのように進められたのか。巻別の担当者がいたのか、数巻を一括担当したのか。事柄別に専門の担当者を置いたのか。記事として書き込むとき、誰がどのような過程で取捨選択したのか、などなど疑問はつきないが、編集体制も作業過程もほとんどわかっていない。

昭和六十年（一九八五）三月の飛鳥京跡一三〇次調査（奈良県立橿原考古学研究所）で出土した木簡（削屑）に、

・辛巳年　・大乙下□□　・小乙下　・□大津皇　・阿直史友足

・伊勢国　・大友　（「木簡研究」十二―三六頁）

などとあり、その言葉は『日本書紀』の壬申の乱を中心に「伊勢国」「大津皇子」「大友皇子」などの記事が散見でき、辛巳年は『日本書紀』編纂を命じた六八一年にあたる。これらの重要な単語をまず木簡に認めて順序を決め、それらを点綴する文を書いて壬申紀などが作られていったのだろうと想像されている。だが編纂過程をさらに窺うに足る資料はなく、完成されている『日本書紀』の姿からその作業工程を推測してゆくほかない。

社史でもそうだが、まずはどこから書き始めるかが問題となる。創業を祖父の町工場時代からとするか、先代が株式会社としたところからとするか、などだ。『日本書紀』ならば、最初となる神武天皇の即位つまり大和王権の創業を何年のこととするか。それが、一番の難問だったかもしれない。

それについては、中国伝来の革命思想により理論的に解答が出されたものらしい。三善清行の「革命勘文」（群書類従本、二十六輯・雑部）によれば、天帝は天子に地上支配を委ねる命を出すが、辛酉年にはその命を出す相手を革める。すなわち天帝の意を体した他姓者が革命を起こすとされ、しかも「廿一元を一部と為す。合わせて千三百廿年」（二十一元なら一二六〇年になるはずだが）に一度は大変革の年になるとされていた。だから斉明天皇七年（六六一）から一三二〇年前か、推古天皇九年（六〇一）から二十一元前か、いずれにせよ紀元前六六〇年の辛酉年を画期となる国家創業・王権創立の年と定めた。そしてこの一三〇〇年ほどの長さに、当時知られていた大王名と治世下の事績などを配置した。ここまでの推測には、おおむね異論がない。

だが、大和王権が知っていた伝承にはそもそもそんな多数の大王名などなく、もちろん各王それぞれにもそんなに多くの事績がなかった。それでも長さを決めた以上、あらたな大王を創り出し、その治世下の事績をいかにまばらになろうとも割り振らざるをえない。そういうことだろうが、そのもともと伝承されていた大王とはいったい誰で、誰があらたに案出されたのか。また大王の事績をどう振り分けたのかなどについて、説得力のある根拠をもって答えられるかとなればそう簡単でない。

水野祐氏ははじめて、編纂の当時に近現代的だった大王名（和風諡号）をもとにして、実在しない古い大王の名を作ったと推測し、大王家は二度途絶していたという三王朝交替説を提唱された。その構想では、崇神、成務・仲哀、仁徳から允恭、軽王子・雄略・飯豊王女、継体以降の各大王は実在し、あとは大和王権（または律令国家）の史官による捏造とする。(11) しかし筆者の考えでは、だから三王朝の交替が読み取れるというが、新王朝が滅ぼしてしまった前王朝の大王名から新王朝まで連続させて語り伝える必要性がどこにあるのか。王朝交替ではなくて、同一王朝内の王系交替とみなしておくのが穏当かと思う。それはそうとしても、どの大王が捏造なのか、水野祐氏の書のなかでも時によって揺らぎがあるほどで、まして論者の間ではほとんど一致を見ていない。

事績記事の編纂当初の残存状況や採否の選択の仕方などはなお不明なところが多いが、記述の仕方なら判るところがある。それは、中国古典の剽窃による文飾である。たとえば、雄略天皇が吉野に赴き、御馬瀬で狩猟に興じたという話がある（雄略天皇二年十月丙子条）。狩りののち、せっかく苦労して獲ったのだから、鳥獣の肉をその場で膾にして食べたいものだと大王が思い、狩り場に宍人部という料理人を置くことになる。ところがその話の過程で、大王が要望していることを周囲の者たちが忖度できなかった。大王はそれに腹を立て、近くにいた馭者を八つ当たりで殺してしまう。有徳ともいわれる雄略天皇の、一面にある専制者としての暴君ぶりが描かれている。その二面性の理解などは別として、狩り場で狩猟を楽しんでいる状態の表現に、『日本書紀』編者は中国の『文選』（南梁・昭明太子撰。八〇〇の秀篇の集成で、作詩・作文の基本文例集とされた）の文をまるごと取った。書き下しにすると近似の度合が判りにくくなるので、漢文のままで記すと、

虞人縦猟。凌重巘赴長莽。未及移影、獮什七八。毎猟大獲。鳥獣将盡。遂旋憩乎林泉。相羊乎藪澤、息行夫展車馬。（実線は同一表現、破線は類似表現。以下同じ）

と『日本書紀』にあり、これは『文選』西京賦に、

虞人掌焉……縦猟徒赴長莽。……白日未及移其晷、已獮其什七八。……陵重巘……鳥獣殫、目観窮……息行夫、展車馬。……相羊乎五柞之館、旋憩乎昆明之池。

とある記述の剽窃である。傍線部は共通しており、晷（ひかげ）は影に、殫（つきる）は尽とされ、字面は変わってみえるものでも同じ意味の字である。大きく入れ替わっているところもあるが、それは日本に五柞之館・昆明之池がないから藪澤・林泉に置き換えたのである。『文選』の完成された表現を下敷きに、少し改竄して『日本書紀』に嵌め込んでいる。この華麗な描写によって、広い野原を駆け巡って、一日狩猟に明け暮れ、十分満足するほどの成果を上げた。そういう雰囲気はたしかに鮮やかに醸し出されている。だが、ここの判断が難しい。『日本書紀』の記載がまったく『文選』からの剽窃でできたものとすると、この狩猟はほんとうにあったことなのか。宍人部が設置される理由を説明するために、架空の狩猟の場面を描く必要にせまられ、狩り場の情景をまるごと中国古典から取った。何も狩り場の記事はなかったのに、無からここまで捏造した。『日本書紀』編纂時の材料には「雄略朝に宍人部を置いた」としか記事がなく、雄略天皇の遊猟の話はほとんど中国での出来事を読まされているのかもしれない。

同様の事情の著名な例は継体天皇二十一年（五二七）八月辛卯条で、

八月辛卯朔、詔曰、咨、大連、惟茲磐井弗率。汝徂征。物部麁鹿火大連再拜言、嗟、夫磐井西戎之奸猾。負川阻而不庭。憑山峻而称乱。敗徳反道。侮嫚自賢。在昔道臣、爰及室屋、助帝而罰。拯民塗炭、彼此一時。唯天所賛、臣恒所重。能不恭伐。詔曰、良将之軍也、施恩推恵、恕己治人。

攻如河決。戦如風発。重詔曰、大将民之司命。社稷存亡、於是乎在。勗哉。恭行天罰。天皇親操斧鉞、授大連曰、長門以東朕制之。筑紫以西汝制之。専行賞罰。勿煩頻奏。

廿二年冬十一月甲寅朔甲子、大将軍物部大連麁鹿火、親與賊帥磐井、交戦於筑紫御井郡。旗鼓相望、埃塵相接。決機両陣之間、不避萬死之地。遂斬磐井、果定疆場。

とあって、継体天皇は麁鹿火に厚い信頼をかねて寄せており、麁鹿火を深く信じて九州の統治を委ねた。そして濛々たる塵埃の立ちこめるなか、白兵戦を制して麁鹿火が勝った、とある。しかし『芸文類聚』武部には、

咨禹、惟茲有苗弗率。汝徂征。……嗟夫呉之小夷。負川阻而不廷。憑山阻水……敢行称乱。反道敗徳。侮慢自賢。在昔周武、爰曁公旦、載主而征。救民塗炭、彼此一時。唯天所讃、……良将之軍也、推恵施恩、恕己治人。士力日新。攻如河決。戦如風発。……大将民之司命。社稷存亡、於是乎在。今予発惟恭行天之罰。夫子勗哉。主親操鉞、授将軍曰、……閫以内寡人制之。閫以外将軍制之。軍功爵賞皆決於外。旗鼓相望、埃塵相接。決機両陣之間、不辞萬死之地。

とあり、八月条は戦伐条・将帥条の、十一月条も将帥条後魏温子昇広陽王北征請大将表の剽窃と知られる。ここまで日本史料独自の原文の痕跡が見られないと、大王と麁鹿火との緊迫した遣り取りも、筑紫での白兵戦も、すべて文飾かも。編纂時の史料には、坂本太郎氏のいわれるように(12)、『古事記』の「此の御世に、竺紫君石井、天皇の命に従はずして、多く礼无かりき。故、物部荒甲の大連、大伴の金村の連二人を遣はして、石井を殺したまひき」（三三七頁）というていどの短い記事しかなかったのかもしれない。ともあれ中国古典を多用し、記事を膨らませて修飾していたのは事実といえる。

表記法の微妙な違いから編集過程の解明に迫る方法もある。

たとえば用語例の偏在が手がかりになる。鴻巣隼雄氏によれば、「貢職・先（祖先の意）・群臣」という用語は巻十四（雄略天皇紀）から巻二十一（用明天皇紀・崇峻天皇紀）にしか見られず、皇祖母は巻二十四（皇極天皇紀）から巻二十七（天智天皇紀）にしかない。「因以・群卿」という用語は巻十三（允恭天皇紀・安康天皇紀）までと巻二十二（推古天皇紀）から巻二十九（天武天皇紀）にしかない。[13] ここから、巻十三まで、巻二十一まで、それ以降の三つに区分される。

二十一の巻々に分布する歌謡のなかにある仮名の用字からの分析もある。「ヤクモ」の三字に椰・区・茂を使うのが巻十三まで（巻十二［履中天皇紀・反正天皇紀］を除く）と巻二十二・二十三（舒明天皇紀）、耶・矩・謀を使うのが巻十四から巻二十七（巻二十二・二十三を除く）である。[14] たんなる偶然でも、趣味や癖でもあるまい。編集・記載の方針にそれなりの纏まりがある、ということだ。

また分注の偏在・疎密からの分析もある。

『日本書紀』の分注は後世の識者が書き込んだもので、それを筆写したときに、『日本書紀』にあったものと誤解されてそのまま残された。そう考えられたときもあったが、注文がなければ本文が成立しがたい記載があり、もともと付けられていたものだった。[15] この分注の表記が巻十三以前では一書・一曰、巻十四以降は旧本・一本・別本・或本とあって、書き分けられている。また巻別の施注数も巻十三以前は平均十五・五件、巻二十二・二十三が八件。これに対し巻十四以降では三十一・五件、巻二十四から巻二十七は四十三・三件ときわだった差がある。[16]

こうした表記上の特色を総合すると、巻一（神代上）から巻十三までと巻二十二・二十三、巻十四から巻二十七まで、それ以下、とがそれぞれ群をなしていることが判明する。これらの纏まりは、担当者あるいは担当者のグループが異なったせい。だからこういう偏りが生じたのだ。

纏まりがあることは分かったが、つぎの問題は、そうした事実が成立順とどう関わっているのかだ。この点について、森博達氏[17]は近年果敢に切り込んで見せている。

その切り口は、中国に生まれた人が書いた漢文と学んで覚えた外国人の書く漢文の違いを見極めることから開かれる。たしかにノンネイティブイングリッシュの日本人は after survice といって憚らないが、ネイティブイングリッシュの言葉では customer survice しかない。日本のなかだけで通用する誤用の英語（和製英語）が多数見られる。こうした痕跡を見極めて、それが見当たらなければネイティブの、それが多出するようならノンネイティブの筆記といちおう考えてよかろう。

中国漢文の専門家の立場にある森氏が『日本書紀』を読むと、本来の漢文なら決してしないような誤った表記がここそこに見られるという。

たとえば「是玉今在石上神宮」と書くべきところを「有石上神宮」（巻六、垂仁天皇八十七年二月辛卯条）としている。有と在は日本語なら同じくアリと読めるが、「〜にアリ」の文意ならば在を使わなければならない。これは日本に限ったことでなく、新羅僧・慧超著『往五天竺国伝』（八世紀前半成立）にも見られる誤りで、そこでは逆に有を使うべきなのに「女人在頭」「女人髪在」「男人剪髪在鬚、女人在髪」などと書かれている。[18]「マタも」の意味の亦と並列の又（マタ）を混用するのも、同前の誤りである。「見其口者、鉤猶在口」（巻二、神代下第十段一書第一、一七一頁）の「者」は、中国漢文ならば仮定条件であって「もし見るならば」の意味である。しかしここでは「其の口をじっさいに見たら」という確定条件に使っている。ネイティブの中国人だったのなら、こういう間違えはしない。否定詞の不の位置も、「高枕而永終百年、亦不快乎」（巻六、垂仁天皇四年九月戊申条）は中国漢文なら「不亦快乎」とする。「吾得善射者欲與行」（巻七、景行天皇二十七年十月己酉条）は善く射る者も得たいし、その人とともに行きたいという文意だから「吾欲得善射者與行」と記すべきである。

漢文表記でのこれら一連の誤りは、日本語読みのようにまたは日本語の順に文字を置いてしまった結果起きたものである。これを倭臭（倭習）漢文などともいう。といっても新羅僧などで同様の例を見たように倭人に限った特色ではなく、文法の異なる周辺国の人が習得するときによく起こす不消化の誤文である。

こうした日本人などの書く倭臭漢文が見られる巻（β群）とネイティブの中国人が書いたと思われる正格漢文の巻（α群）が混在する。そのあり方を分類・分別すると、ネイティブの編集員はα群の巻十四（雄略紀）から書きはじめ、巻二十七（天智紀）までを担当。また巻二十一（用明紀・崇峻紀）〜巻二十四（皇極紀）も同時に作業に入った。ネイティブたちの没後、その他のβ群が書かれたと推測できる、という。森氏は当時の文化状況を分析し、その担当者としてα群は続守言・薩弘恪、β群は山田御方が担当したとまで特定している。

編集・筆記担当者名を『日本書紀』所載の人名中という狭い範囲のなかから選ぶべきなのか。編纂時期と筆記のありようは一致するものなのか。そこまで議論の材料の解釈を限定してよいものか。その意味で、右の推断は未確定である。ただ成立順については、書きはじめが推測通りに雄略天皇巻であれば、それはまたおもしろい想像を醸し出す。雄略朝は大和王権にとって創業以来の画期という、大和王権史の時代観にも沿っている。大和王権にとって、まずはだれにとっても王権確立といえば輝かしい存在と思える雄略天皇の時代から書き出したい。そう思ったのだろうか。森氏の巻グループ成立順の判断は一つの解釈であって、そうでない推定も成り立ちうる。そうではあるが、編纂のあり方は手を変え品(しな)を変えた継続的な試みによって、少しづつだが解明の方向を辿(たど)っている。

【注】

(1) 拙稿「知太政官事の就任順と天武天皇子の序列」(『飛鳥奈良時代史の研究』所収、花鳥社、二〇二一年)。

(2) たとえば上山春平氏著『神々の体系』(中公新書、一九七二年)・『続神々の体系』(中公新書、一九七五年)・『埋もれた巨像』(岩波書店、一九七七年)や梅原猛氏著『神々の流竄』(梅原猛著作集第八巻、集英社、一九八一年)・『葬られた王朝―古代出雲の謎を解く―』(新潮社、二〇一〇年)など。

(3) 拙稿「元正女帝の即位をめぐって」(「高岡市万葉歴史館紀要」六号、一九九六年三月)。のち『白鳳天平時代の研究』(笠間書院、二〇〇四年)に採録。

(4) 拙稿「天照大神のモデルは持統女帝か」(「月刊歴史と旅」三〇七号、一九九三年十二月)。のち『天平の木簡と文化』(笠間書院、一九九四年)に採録。

(5) 拙稿「我はもや安見児得たり―鎌足の実像」(『古代史の異説と懐疑』所収、笠間書院、一九九九年)。

(6) 『物部氏の研究』同成社、二〇一五年。

(7) 「壬申の乱と大伴氏」(「富山史壇」一二〇号、一九九六年七月)。のち『白鳳天平時代の研究』に採録。

(8) 拙稿「藤原鎌足像はどのようにして作られたのか」(『万葉集とその時代』所収、笠間書院、二〇〇九年)。

（9）坂本太郎氏「日本書紀」（『国史大系書目解題』上巻所収、吉川弘文館、一九七一年三月）。
（10）拙著『古代史の思い込みに挑む』（笠間書院、二〇一八年）、Ⅰ、⑩「『万葉集』にある聖徳太子の歌は、本人の詠んだものか」、五六頁。
（11）『大和の政権』（教育社歴史新書、一九七七年）。
（12）「継体紀の史料批判」（『國學院雑誌』六十二巻九号、一九六一年九月）。のち『坂本太郎著作集　第二巻／古事記と日本書紀』（吉川弘文館、一九八八年）所収、三四四頁。
（13）「日本書紀の編纂に就いて―特に使用語句を中心として見たる―」（『日本諸學研究』第一輯三、一九三九年九月）。
（14）森博達氏『『日本書紀』歌謡仮名分布表』（『国語学』一二六号、一九八一年九月）。
（15）中村啓信氏「日本書紀の本註」（『國學院大學日本文化研究所紀要』十三輯、一九六三年十月）。
（16）太田善麿氏「日本書紀の分註に関する一考察」（『帝国学士院記事』五巻一号、一九四七年二月報告）。
（17）森博達氏著『日本書紀の謎を解く』（中公新書、一九九九年）。
（18）金文京氏著『漢文と東アジア』（岩波新書、二〇一〇年）。一三〇～一頁。

（原題「書紀編纂の基礎知識」『歴史研究』六八〇号、二〇二〇年四月）

疫病の流行——律令国家の天然痘への対処法

この稿を書き出しているまさに今（二〇二〇年一月二十八日）、中国湖北省武漢市で発生した新型コロナウィルスによる肺炎は中国全土に蔓延し、近隣諸国はもちろん、カナダ・フランス・アメリカ・オーストラリアなど十三カ国に罹患者が出ている。死者八十一人、感染者二七四四人というが、これが読まれるころにはどれほど増えているだろうか(1)。

病原となる細菌やウィルスなどは、進化していくわけじゃないが、つねに突然変異を繰り返していくものだそうで、仮に今のウィルスを制圧できたとしても、変異して生き残ったウィルスがこのさきどのような病気を作り出しながら広がっていくのか予測し得ない。

一　天然痘の蔓延

こうした罹患・疫死の恐怖は、古代びとも味わった。

伝染病は数多く流行していたろうが、なかでも著名なのが天然痘である。

古くは赤裳瘡・豌豆瘡といわれ、平安時代には疱瘡、室町時代になると痘瘡と呼ばれるようになった。天然痘という病名は比較的あたらしく、肥前国大村藩の藩医が記した天保元年（一八三〇）の文書にはじめて出てくるのだそうだ。[2]

この病気は天然痘ウィルスによって惹き起こされ、頭痛・筋肉痛・倦怠感と発熱にはじまり、数日後には顔や四肢の皮膚や粘膜に多数の赤い小さな発疹があらわれ、その後は四十度を超す高熱のなか下痢・嘔吐を繰り返す。[3]発疹は水疱となり、膿を噴き出すが、やがて瘡蓋ができ、それが落ちて平癒する。その間の致死率は二〇％から五〇％と高く、発疹のあとには痘痕が残る。

これへの処方としては、エドワード・ジェンナーが一七九六年に種痘法を確立し、それが世界に普及していった。一九八〇年五月には、ついにＷＨＯ（世界保健機関）が「世界的根絶に成功した」と宣言している。人類が根絶できた、いまのところ唯一の疫病である（つまりほかのすべての疫病は、何一つ根絶できていない）。

現在のところ最古の罹患例とみなされるのは、古代エジプト第二十王朝のファラオである。紀元前一一四一年に死亡したラムセスⅤのミイラに、天然痘の瘢痕があるという。ここにあったウィルスがエジプト遠征への兵士の派遣と帰還によってローマ帝国内に持ち込まれ、やがて四世紀には派兵・植民や通商などを通じてアジア各地へと広がりをみせていった。

日本には、朝鮮半島の百済経由で持ち込まれた。欽明天皇七年（五三八、『日本書紀』に換算すると宣化天皇三年となる）に百済の聖明王から釈迦仏像・経論が齎され、以下『日本書紀』（日本古典文学大系本）の語るところによれば、廷内ではこれを国教とするかどうかで一悶着あり、結果として大臣・蘇我稲目が預かることとなった。ところが、折悪しく仏像を持ち込んだ直後から疫病が流行りはじめた。仏教導入反対派は、この疫病流行を国神の怒りによるものと解釈した。たしかに、いままでないようなことが起きたときには、ひとは溯らせたもっとも近い記憶のなかで、いままでしてきた何かを変えようとしたせいだと思いがちだ。そうした検証の甘い安易な結びつけは現代でもありがちなことで、昔のひとだけの特性でもなかろう。髭を剃らないでいると連勝できるという力士や左足から靴を履き左足からリンクに降りると勝てると自分に言い聞かせていたスケーター（浅田真央）なども、その類いである。ともあれ欽明天皇もその考えにためらいなく同意し、大連・物部尾輿をして仏像を難波の堀江に投棄させた。ついで敏達天皇十四年（五八五）にも、大臣・蘇我馬子が大野丘に仏塔を建てて大会を催した直後に、同じような疫病が流行した。

蔓延したという病はおそらくともに天然痘であり、最初の仏像搬入に当たった百済人一行のだれかが罹患していて、日本人に感染させたのであろう。二度目の流行は、もしかすると中国での二度にわたる仏教大弾圧の歴史を知っている人によって脚色された架空の記事かもしれない。でも事実だったとすれば、天然痘が潜伏して再発・再燃する周期が四十年前後なので、流行の第二波ということになろうか。以降昭和三十一年（一九五六）に終熄するまで、おおむね三十年から五十年ほどの周期で天然痘は大流行を繰り返してきた。(4)

二　天平の大流行

日本の古代の疫病流行といえば、聖武朝での凄惨な地獄絵図が著名である。

『続日本紀』（新訂増補国史大系本）天平七年（七三五）八月乙未条・丙午条には、

勅して曰く、聞く如く、比日、大宰府の疫死する者多し、と。疫気を救療し、以て民の命を済むと思ひ欲ふ。是を以て、幣を彼の部の神祇に奉りて、民の為に禱祈せん。又、府の大寺及び別の国の諸寺に金剛般若経を読ましむ。仍りて使いを遣して疫民に賑給し、并びに湯薬を加へよ。又、長門より以還の諸国の守若くは介、専ら斎戒して道饗して祭祀せしむ。（八月乙未条）

大宰府言す、管内諸国の疫瘡大いに発り、百姓悉く臥せり。今年の間、貢調を停めんと欲す、と。之を許す。（八月丙午条）

とある。府の大寺とは観世音寺のことで、まずは大宰府管内での病魔根絶を祈禱させた。だがそれでは治まらないと見越し、予想される疫病の東進を道饗祭の催行で阻もうと必死である。津波を鍋の蓋で止めようとするていどの、無謀で浅はかな知恵と今なら思えるところだ。

　そもそもこのときのウィルスは、天平七年二月に大宰府に来航した新羅使一行が齎したものであった。このときの新羅使節団は日本の中央宮廷がその非礼を咎めて九州からじかに退去させていたから、使節団と接触した人は少ない。だから罹患者も、小規模の範囲で済むかもしれなかった。しかしこの新羅からの遣使への答礼として、天平八年二月、日本側から遣新羅使が派遣された。外交上の儀礼なので、非礼と見なしていたとしても、相手が使節を送ってくればこちらもそれなりの挨拶をしなければならない。とはいえ新羅はその使節団が門前払いされていたから、報復として日本の使者を受け容れずに退去させた。そのさい日本からの使節団が赴いた新羅では、天然痘が蔓延していた。ウィルス感染者・発症者に囲まれながら交渉に当たってきた日本の使者は、天平九年一月罹患した状態で日本に帰国。すでに大使・阿倍継麻呂は発病して対馬で死没していたが、残りの一行は宮廷に復命するために病身に鞭打って都へ入った。そのため、立ち寄った対馬・壱岐から西日本全体、そして平城京・

平城宮へと病気が広がることとなった。

『万葉集』（日本古典文学全集本）では、

対馬の島の浅茅の浦に至り舟泊まりする時に、順風を得ずて、経停すること五箇日なり。ここに物華を瞻望し、各慟心を陳べて作る歌三首

天離る　鄙にも月は　照れれども　妹そ遠くは　別れ来にける　（巻十五―三六九八）

と日本に戻ったところで妻を思い、

我妹子を　行きてはや見む　淡路島　雲居に見えぬ　家付くらしも　（巻十五―三七二〇）

ぬばたまの　夜明かしも舟は　漕ぎ行かな　三津の浜松　待ち恋ひぬらむ　（巻十五―三七二一）

と詠んで、「行きてはや見む」に帰心矢のごとしの気持ちを伝える。「待ち恋ひぬらむ」は家族の思いを推定して代弁したものだが、むしろ自分が懐いていた焦燥感の表出と思った方がよさそうだ。だが都びとにとっては、その彼らこそ疫鬼そのものとなった。

国政を審議・領導する政府高官の立場にある公卿は八人いたが、そのうち藤原武智麻呂とその三人の弟および中納言の多治比縣守が病歿。国務大臣見習い待遇の参議だけが、二人残った。特段の高位者である三位以上の高級貴族たちも、その半数以上の命が失われた。疫病は都からさらに東進し、七月には若狭・伊豆・駿河が疫病と飢饉に苦しみはじめた。疫病で倒れた人が農作業に立てず、漁民も操業できない。流通にかかわる人も動けなくなっていたから、生活物資の欠乏によって、村は深刻な飢えにも襲われていたのだ。

疫病による人的損害の全容を纏めた史料はないが、大まかな推測はできる。

天平五年に造籍し、その戸籍によって天平七年に班田。その六年後の天平十一年にまた造籍。造籍・班田というサイクルはそうなるはずだったが、じっさいの造籍は一年遅れて天平十二年になった。これは天平七～九年の疫病流行により、病歿した戸主に替わって戸主をあらたに立てたり、戸口・寄口を集めて戸口数を調整したり、つまり編戸を根本的にかつ大規模にやり直さねばならなくなったためだろう。また、ほかのデータでも少しは窺える。当時の稲の公出挙（政府系機関による高利の貸付け）は借主が死亡すれば債務を全額免除されることになっており、その貸付・返済の結果が正税帳に記載されている。平年である天平六年の尾張国の郷別平均死亡者数は、三・七人であった。それが天平九年の和泉監の例では二十三人、駿河国では四十六・四人となっている（『大日本古文書』の当該国の正税帳）。つまり平年の六・二倍から十二・五倍の死者が出ていたことになる。

この緊急事態への政府の対応は、主が寺院・神社での「攘災」祈禱で、従として食料支援や気休めの医薬品を配布することであった。そのなかで宣旨を承けた典薬寮が勘申し、国から配られた天平九年六月付の「疱瘡の治し方の事」が『朝野群載』（新訂増補国史大系本）巻廿一／凶事に「典薬寮疱瘡治方勘文」として残されている。

傷寒豌豆病の治し方

初め発覚して作さむと欲さば、則ち大黄五両を煮て、之を服せ。

又青木香二両に、水三升。煮て一升を取り、頓服せよ。又、好き蜜を取り、身を通して瘡の上を麻子へ（麻［蔽え］か）。

又黄連三両、水二升を以ち、煮て八合を取りて、之を服せ。又小豆の粉、鶏子の白と和へ、之を付けよ。
又月汁を取り、水で和へて之を浴びよ。
又婦人の月布にて小児を拭へ。

豌豆瘡の瘢を滅す

黄土の末を以て、上に塗れ。又鷹の矢の粉土の干きたるを猪脂と和へて上に塗れ。又胡粉を上に付けよ。又白蠮の末を之に付けよ。又蜜を之に付けよ。（四八一～二頁）

とある。傷寒とは熱病のことである。大黄・青木香・黄連は漢方の生薬の名だが、これを頓服つまり一気に飲んでも、見当違いの薬効しかでない。大黄は胆汁や膵液の分泌を促進し、弱い利尿作用がある。腸管の緊張を緩め、排便量を増加させる瀉下作用がある。青木香はウマノスズクサの薬名で、その果実は鎮咳などの作用があり、咽喉炎や気管支炎・小児の喘息などのほか、痔の出血や肛門周辺の腫れ・痛みに効く。根には止痛、消腫の作用があり、胸腹部の痛みや下痢・腫れ物に効用があるそうだ。黄連はキンポウゲ科のセリバオウレンなどの根茎で、消炎・健胃・鎮静などの薬。食欲不振・腹痛・下痢・意識障害・不眠・鼻血などに用いられる。これらは、それでも薬である。だが「月汁を取り」とか「婦人の月布」とは、いったい何だ。月汁を「月を映した聖なる水」と読む向きもあるが、そうなるとことさらに「水で和へ」なくても最初から大きな盥に月を映せばよかろう。文意が理解しにくくなる。続く文に添わせるなら、経水と解し、女性の経血を薄めて浴びるとか、月布で拭って瘡を無くすとか理解するのがよかろう。そうした方法では仏教界から血穢を纏うものとして忌まれそうだが、もともと神社では鶏の赤い血を撒くことで神聖な場を作ったりしていた。[5] 民間古俗に縋った、まさに「藁をも掴む」つもりの指示だろう。気持ちはわかるが、いずれも今となっては不適切な治療法である。本当のところ病魔に立ち向かおうにも、徒手空拳といえば恰好よいが、政府は要するに手も足も出せない無力な存在でしかなかった。

疾病は、元気・病気とかいうように「陰陽五行、あるいは五運六気が宇宙に瀰漫し、身体をもへめぐり、その調和によって健康が保たれ、調和が乱れると病気となる」[6]つまり体内にある気が調わなくなって病むと観念されていた。個々の臓器は容器に過ぎず、そこに原因はない。そういう認識のもとでは、根本にある気の調和を乱していると思われる毒素を早く体外に排出するために利尿剤の投与で新陳代謝を促すくらいしか、処方を思いつけなかったのだ。

この疾病にめげないわけもなかろうが、それでも人々は闘って生きぬいた。そして多くの死者を出しつづけ、気が遠くなるほど長い経験を要したが、一度罹患した人は二度と発症しないことをいつとはなしに学び取った。

最終的にはエドワード・ジェンナー（イギリス）が牛を使った種痘法（牛痘法）を発見し、ワクチン注射によって人為的に体内に抗体を造り出すことに成功した。これが天然痘撲滅の決め手となった。それは事実だが、種痘は洋の東西を問わず、自然に試みられた。東洋でも無策ではなく、人の痘瘡を粉末にして鼻から吸入し、軽く感染しておくという予防法（人痘法）が採られた。これが用いられたのは中国の宋代のことだったが、その免疫法が日本に伝わったのは、中国浙江省杭州の医師・戴曼公による。彼は承応二年（中国の永暦七年、一六五三）長崎に渡来し、得度して臨済宗黄檗派の禅僧として天外一閒人・独立性易などと称した。篆刻・書画に秀でて名を知られたが、本業の医療ではとくに痘瘡の治療・予防に尽くし、このとき人痘法が伝授された。[7] たしかに予防できる画期的な方法でもあったが、当時の日本人にしてみれば、できれば触れたくない病気のもとを好き好んで体内に入れるというのは、わざわざ病人を作るような愚かな行為でもある。またその懸念を追認するように感染する例もあって、療法としては危険視されていた。[8]

予防法を率先採用して多くの人に勧めて目覚めさせたのは、幕末の佐賀藩主・鍋島閑叟（斉正・直正）である。すでにヨーロッパのワクチンは人の痘瘡片を注射する腕種法（トルコ式人痘法）を経て牛痘漿接種法に変わっていたが、日本では人痘法の危険性が強く説かれていたしまた現代と同じく不可解な液体を体内に入れることへの恐怖心と抵抗感は強かった。彼は長崎御番を務める藩主として、もともとオランダ文化に密に接触する機会があった。とはいえ役職上の知見に留まらせなかったのは、開明的なものの是非を見極める生来のセンスが備わっていたのだろう。藩医の楢林栄建・宗建兄弟が文政六年（一八二三）オランダ商館医シーボルトからジェンナーの牛痘接種法を学んでくるや、ワクチンの入手に奔走。嘉永二年（一八四九）、まずは藩の蘭方医・大石良英に命じて自分の子で藩の世子（後継者）となっている茂実（直大）に、同年中には伊東玄朴によって江戸藩邸で娘・貢姫に種痘を受けさせた。[9] 藩主の率先垂範によって、藩内への普及がやっとかなったという。国内では安政三年（一八五六）に佐渡・相川村で藤沢三省が種痘をはじめるなどある程度普及したが、[10] なお日本のすみずみまでは広まらなかったようだ。

こうした種痘の普及までの道のりを、今の医療知識と技術の高みから「物知らぬ愚民たちの盲動」と嗤うこともできる。祈禱や試行錯誤、そして的外れな処方。確かにその対策・対処はみな見当違いであって、無残なほどに無知である。

しかし、はじめはどんな場合でも、見当違い・的外れを繰り返すものだ。

新型コロナウィルス感染症による肺炎に怯えているいまの私たちの医療知識や技術も、これから二〇〇年後の人たちの眼には「物知らぬ愚民たちの盲動」と映るのではなかろうか。

しかしいま足下を省みて、「科学技術に堅く守られた高度の文明」とか威張っている私たちの「医療知識の高み」はどれほどのものだろうか。「パニック症候群」とか「起立性調節障害」とかもっともらしい病名をつけ、病気を発見し、特定して把握しきったかのようにいう。だがそれは症状をそのまま漢字に写し取っているだけで、病気の根本的原因を特定できている名称でない。こと病気との関係では、私たちは古代びとたちとさしてかわらぬ徒手空拳の状況にいる。あたらしい病の前では、私達はいつも丸腰でいる。そういう謙虚な自覚を持って暮らすことも、歴史から学び取るべきだろう。

【注】

（1）その後世界中に拡大し、二〇二一年九月八日現在一七八の国と地域で、二億二一九三万六七六五人が罹患し、四五八万六一八八人が疫死している。

（2）山内一也氏著『近代医学の先駆者　ハンターとジェンナー』（岩波書店、二〇一五年、一一頁）。

（3）『改訂新版家庭医学大事典』（小学館、一九九二年）。

（4）富士川游氏著『日本疾病史』（東洋文庫、一九六九年、平凡社）。

（5）拙稿「古代人と血」（『天平の木簡と文化』所収、笠間書院、一九九四年）。
（6）中山茂氏著『日本人の科学観』創元新書、一九七七年。第二章、医者の発想、六八頁。
（7）中西啓氏著『長崎のオランダ医たち』（岩波新書、一九七五年。Vシーボルト、一二四〜五頁）。
（8）小川鼎三氏著『医学の歴史』（中公新書、一九六四年、一四四頁）。
（9）毛利敏彦氏著『幕末維新と佐賀藩』（中公新書、二〇〇八年。二六頁）。青木歳幸氏によると「すでに佐賀藩では、藩医の牧春堂が一八四六年の『引痘新法全書』で全国のどこよりも早く、牛痘法の効果を紹介していた。同じく藩医の伊東玄朴は藩主、鍋島直正に牛痘の入手を要望。直正は早速、長崎詰の藩医、楢林宗建に、牛痘を内密に入手することを命じた」（「日本経済新聞」令和三年十一月十日付朝刊、四十四面・文化欄）とある。筆者の本文と青木氏の経緯の記述とにはかなりの差があるが、いまその当否を明らかにできない。
（10）田中圭一氏著『病いの世相史』（ちくま新書、二〇〇三年。一五一頁）。

（「歴研よこはま」八十号、二〇二〇年五月）

赤裳瘡流行後の風景——天平の世に教わるもの

一　変わり果てた農村

天平七年（七三五）から天平九年にかけて赤裳瘡と呼ばれた疫病（天然痘）が日本列島を縦断し、行き過ぎたあとには累々たる死骸の山が築かれた。前稿「疫病の流行」（本書所収）に記したように、死者は平年の六倍から十二・五倍。取りかかっていた例年の戸籍造りを止め、もう一度ゼロから作り直すこととなったため、作業の遅延に連動して六年ごとの班田は丸一年延期された。

班田は遅くなっても、働き場所となる田圃がなくなったわけでない。働く場所は目の前にあるのだが、農村・漁村を問わず村々では多くの人たちが死亡したため、家々は生業の担い手を失った。家庭生活の再建を図ろうにも、その核となるべき働き手がいなくなっていた。かりに春に田植えがされていなければ、以後の耕作を恢復させる術はなく、一年を通じて何の収穫も得られようがない。そうやって一年二年と耕作放棄されてしまった田圃の恢復は、そうそう簡単でない。さらにモグラや雑草によって畦が崩されていれば、田圃に水は貯まらない。使われなかった溜め池や溝から水が溢れ出れば用水溝や取水口も壊れ、人がいなければその補修もなされない。草が伸びきってまたは荒れきって、水田か草原かの区別さえつかなくなってしまった口分田を前にして深く絶望し、底知れぬ挫折感に襲われても不思議でない。

それでも、このなかを一日一日と生きていくには、ともかく食べなければ。どこかから調達しなければ、食料なしには数日も生命がもたないのが人間の定めだ。いや、そんな崇高な理念を自覚して行動しているんじゃない。腹が空くから、猛然と食うものを探し求める。

こうしたときには国家が、日ごろ民に納入させ蓄積してきた国有物資をまず放出すべきだ。民あってこその国家だろう。このとき、郡家（地方の郡庁）には正税稲という出挙稲が大量に保有されていたし、口分田・公田など水田の収穫の三パーセントは租穀として毎年徴収されてきていた。この租穀は中央宮廷に持ち込まれず、郡家の倉庫（正倉）に温存されていた。この租穀が三十三年分あれば、一年間の収穫がまるまる無くても困らなかったはずだ。そして、郡家の正倉によっては現実にそれ已上の蓄えがあった。それなのに、この未曾有の飢疫に遭っても、多くの農民たちの本格的な救済・救命のために全面放出されることはなかった。

『続日本紀』（新訂増補国史大系本）天平九年七月壬午条には、

伊賀・駿河・長門の三国の疫飢の民に賑給す。

とあるが、この指令を承けた長門国では、

高年幷びに疫病の徒に賑給する穀、振りて入る所を本倉に返納す、貳伯玖拾貳斛肆斗漆升

（『大日本古文書』［編年文書］巻二―三四頁）

とあって、指示された項目より高年が増やされているというのに、「疫飢」のうちの「飢」者への支

給項目は消されている。あるいは政府の指示は「この時点で、疫病に罹っていて、かつ飢えている人」に限って支給せよという意味だったのだろうか。こまかい計算の過程は省略するが、ここから復原される賑給支給額は現量（京枡）の一一六九石八斗八升にあたり、奈良時代将従の日別支給白米の現量六合を適用すれば、五三四・二人の一年分。江戸末期から明治初年の貧民支給米なら日別五合だから、六四一人分の食糧となる。全額ではなく四分の一にあたる三ヶ月分ていどの支給にしたとすればそれぞれ二一三六・八人分、二五六四人分の食糧になるが、一年に一度しかない収穫の準備を逃したとすれば、ほかの九ヶ月を、あるいは次の出来秋までをどう食いつなげばよかったろうか。澤田吾一氏によれば、長門の推定人口は四十郷・四万七五〇〇人[1]で、日別五合を三ヶ月最大二五六四人に支給したとしても、人口の六・三%を救えるだけだ。ここでこそ国家としては蓄えの総てを放出すべきときだったが、使っていない。いわば定期預金の解約の損金と消費を惜しんで、家族をみすみす餓死させるような誤判である。

救急の備えとしては、義倉もある。粟を納入させることになっていたが、この粟とは穀物の総称であり、ここでの現物は米であった。経済的にゆとりのある素封家から、村々の救急用の食糧を日常的に醵出させる制度である。『続日本紀』などに「開用して救急に宛てよ」などという国司宛ての指示はまったく見られないが、天平十年度「周防国正税帳」には、

賑給義倉国司壹度（椽一人／目一人）将従肆人、合陸人、六日、単参拾陸人（目已上十二人／将従廿四人）、食稲壹拾貳束、酒壹斗貳升、塩漆合貳勺。（『大日本古文書』［編年文書］巻二—一三五頁）

とあり、周防国では義倉米がじっさいに支給されていた。ただし天平九年の長門国では借貸として利

は取らなかったが、天平十年の駿河国・和泉監・但馬国では無償配布どころか、この状態でもなお出挙で利を取っている。

しかし「天平二年安房国義倉帳」には、

遺舊粟漆拾壹斛陸升伍合

新輸粟壹拾參斛參斗

（『大日本古文書』［編年文書］巻一―四二四頁）

とあり、また「天平二年越前国義倉帳」には、

都合粟捌拾肆斛參斗陸升伍合

稲穀肆伯漆拾斛參斗□□□□

（『大日本古文書』［編年文書］巻一―四二五頁）

とあるのみ。義倉米の保有量は、安房国で一日五合支給なら延べ一万六八七三人分、越前国なら延べ九万四〇六〇人分。しかし全量放出して三ヶ月分を支給したとしても、安房国（澤田吾一氏の推定なら人口が三十二郷・四万二〇〇〇人）では一八三・四人、越前国（同じく八十五郷・一七万九九〇〇人）では一〇二二人しか飢餓から救えない。正税稲穀に比べて、義倉はもともとそれほど期待できる資源庫となっていなかった。

要するにお上が最大の貯蓄である租稲を出し惜しんで何ほどもしてくれるつもりがないのなら、個人として出来る算段は借財の申し込みである。

政府系の貸し付けである公出挙は利率五〇パーセントと安かったが、政府機関が必要とする利稲収入に合わせた量しか出挙しなかったので、借りたい人の需要を満たすものでなかった。求める側の必要量を満たして貸し付けるのは私出挙だが、年率一〇〇パーセントつまり倍返しという高利である。

利率が高いだけではない。その貸し借りのさいの阿漕さは『日本霊異記』(新編日本古典文学全集本)下巻第二十二縁に描かれ、信濃国の他田舎人蝦夷は『人に貸し与える時は一把分少なく、徴収する時は一把分多くかかる秤を用いた」と断罪されている。貸すときと返されるときの枡の大きさを変えるような、人の弱みに付け込んで不当な高利をむさぼる奴はどの時代にもいるようだ。とはいえ、後先の配慮よりともかくもその場を凌ぐために借金している人に、期日になったら返せる収入の確かな当てなどありえたろうか。「借金証文に借りたとは書いてあるが、返すとはどこにも書いてないサ」とか言い放って、それで済まされるはずがない。でも、返せなければどうなるのか。

荒れてしまった口分田の耕し直しに苦しみ、食にも事欠いた農民たちに、あらたな墾田開発などできようはずもない。

上野誠氏[2]は「疫病と戦争は、歴史をはやく進める。開墾した土地の私財化を認めた『墾田永年私財法』(七四三年)誕生の背景には、天平時代の天然痘の大流行で食料生産が危機的状況に陥ったことが挙げられる」(四十四面)とされた。短文のために説明が不足し、墾田永年私財法が公民の食糧増産・開墾意欲を喚起した措置であるかのようにも受け取れるかもしれない。しかしそう受け取るのは誤解であって、食糧増産のために墾田開発に着手するゆとりなど、すくなくとも当時の公民にはなかった。その事情は、後述することとしよう。

今日の公的機関の対応もそうだが、政府・自治体が救援の手を差し伸べるといっても、ほんとうに実効性の高い救済策は、返済を要しない一時金・持続化給付金や義捐金などでない。

経済産業省が発表した令和二年六月十五日現在の個人事業主への資金繰り支援は「最大二億円から

四〇〇〇万円までで、三年間無利子。十～二十年間、無担保融資」という内容である。日本政策金融公庫と商工中金等が独占的に扱っていた融資を、最寄りの民間金融機関からもできるよう規制を緩和して資金量を拡充させた。これによって、多くの業者に金が流れ込み、営業が継続させられるとの心づもりである。売上げが五パーセント以上減少した場合とかの融資条件はあるが、手元資金も底をつき収入が激減している業者にとって、当面する窮地を現実的に乗り切るために思わず縋り付きたくなる大金である。だがそうはいってもよく考えれば古代なら借貸（公出挙・私出挙の利子を取らないもの）に当たるもので、事業継続のためにこれを受ければ、返済義務のある莫大な借金を負うことになる。利子は免除されるが、元金は期日までに返さねばならない。このさき元に戻って営業が出来るようになったとして、V字恢復の黒字化など見込めない。まして過ぎ去った日々に得られるはずだった収入が、事業を継続していたらそれも合わせて転がり込んでくるという仕組みなどない。得られなかった収入は、得られないままだ。再開できてもしばらくは店の維持費・従業員の給与を引いて、自分の生活費を出すのがやっとだろう。疫病流行以前なら自己資金で無借金経営でいられたのが、これからは四〇〇〇万円以上の借金の返済義務を負った経営をすることとなる。でもこれまでの五年でも、四〇〇〇万円とか一億円とかの余剰金・利益金が出たことなんかあったっけ。そう自問自答すれば、ここで事業継続を選択することがいかに過酷なことかわかるだろう。

古代社会では、出挙の返済ができなければ、まず牛・馬など農作業に不可欠な動産が奪われる。田圃はもともと国有地だから所有権の移転はないが、耕作権を奪われる。地面を売る永代売りは違法だが、耕作権を売る年季売りは合法である。疫病終熄後でも、農村風景や立っている人々の顔ぶれは変わっていないが、農夫は出挙稲の貸主の小作人に転落しているのかも。あるいは表向き行方不明の「逃亡」といわれているが、地元有力者や貴族のもとの私民とされて法律の適用範囲から秘匿される。墾田開発の意欲を掻き立てられた貴族・寺社の持ち駒つまり私的労働力となっていくのだ。

現代ならば、融資をうけて返済が滞った店は担保物権として差し押さえられる。店主が追い出され、居抜きで店を譲らされることもあれば、そこまでいかなくともオーナー・シェフから雇われシェフになったりする。屈辱的なことだが、破産して禁治産者の宣告を受けて借金生活から逃れる手もある。しかしそれでは、社会生活の落伍者というレッテルを貼られてしまう。

要するに、公民制度と班田収授によって七世紀半ばに大幅に縮められていた人々の経済的格差は、ふたたび大きく幅を広げることとなったのである。

二　天平の「偉業」

律令国家も、人民を救おうとしなかったわけではない。ただ政府が巨額を投入して実施した特効の策は、人々の期待とはおよそ異なるところに向けられていた。

それは鎮護仏教への過度の傾倒で、具体的には大仏開眼と国分寺創建だった。

国分寺建立の詔は天平十三年三月二十四日に発せられており、かなり立ち後れたようだが、じつは企画はかなり早くに起案されていた。そうと判るのは、三月に発せられたはずの詔文のなかに「今春より已来秋稼に至るまでに」とあるからで、この詔は天平十三年三月に書かれたものでない。三月には、その年の秋稼がわかるはずもない。つまりこの詔文は、従来出してきた一連の命令を取り纏めて点綴したものだった。そもそものはじまりは四年も前、天然痘が流行している天平九年三月に出した「国ごとに釈迦仏像一軀・挟侍菩薩二軀を造り、兼ねて大般若経一部を写さしめよ」（『続日本紀』天平九年三月丁丑条）である。それから天平十二年九月の藤原広嗣の軍乱という事態を踏まえ、さらに光明皇后が献策した尼寺建設の案を付け加えて、天平十三年の詔として命令の全内容を整理し直した。そのとき原文にあった月日を書き直さなかったので、こうした不備がそのまま残ったのである。それはともあれ、国分寺建立構想は聖武天皇がかなりの年月温めてきた天然痘対策の自信作であった。天平九年までは護国経典として大般若経を最重要視してきたが、この経典には疫病流行を押さえる十分な効果がないものと疑い、天平十三年段階では国分寺に自筆の金光明最勝王経を納めることに改めている。それなりに反省しながら、対策を見直していたのである。

そしていま一つが、天平十五年十月に呼びかけられた東大寺の毘盧遮那大仏の造顕である。「仏法の威光と霊力によって天地の生きとし生けるものすべてが永劫に安泰であるよう、巨大な仏像を造顕してその功徳をすべての衆生が受けよう」とし、そのために「菩薩の大願を発して、（華厳世界の中心仏である）盧舎那仏の金銅像一軀を造る」（『続日本紀』天平十五年十月辛巳条）と決意を披瀝した。ただしこれを形にするのは天皇にとってたやすいことだが、それでは心が籠もらないので、みんなの自発的な参加を求めるためこの詔を発した、と付け加えた。この大仏は奈良県のいまや世界に誇る歴史遺産で観光の目玉だが、いわば天然痘流行の慰霊塔とか惨禍記念の碑とかいうべきものである。その事情を考えれば、いったい私たちは何を見せて、何に感動させようとしているのか、という思いにかられもする。

天平期の東大寺金堂の復元模型

　しかもこれは現実問題として人民のためにならず、むしろ過重な労役を課すものだった。そうなのに、こうした対策はその時代の思いとして、その時代らしい対応として、それなりに社会的に評価されたとしてきたのではないか。

　本郷恵子氏(3)は、ややのちの災厄であるが、寛喜二年（一二三〇）と翌年の寛喜の大飢饉のさい伊勢神宮に公卿勅使を派遣したことについて、

> まれにみる大飢饉で、餓死者が続出し、民衆は悲惨な状況におちいっていた。そのような非常時に、莫大な費用のかかる公卿勅使を派遣するというのは、現代人の感覚からすれば奇妙に感じられる。飢饉の終息を神に祈るために贅沢な行列や供物をととのえるのだが、その費用は、すでにじゅうぶん苦しんでいる民衆に臨時課税を行うことで賄われるのである。しかし中世の人々の感覚では、非常時だからこそ神に忠誠を示し、怒りをおさめても

らわねばならず、それを主導することが朝廷の使命であった。（一一四頁）

とされた。ここに見られる論理は中世にとどまらず奈良時代でも同じように用いられ、多くの同意をうけている。ここでいうならば、東大寺大仏造顕・諸国国分二寺建立は、民衆救済のためだったから、為政者の呼びかけの意図を諒解・同意して民衆は苦役に文句もいわず耐えていたのだ、となろう。だが、それでよいのだろうか。こうした論理は支配者側が思い込んで行なっていることを合理化するものであり、彼ら為政者の間ではじっさいに働いてきたまともな論理とされる。しかしその論理が民衆に納得され同意されていた、と筆者は思わない。

「民衆は、国家が民衆を主導し民衆の音頭取りをしてくれていると思っている」というのは、為政者の目と感覚で民衆を眺めているから、そう思うのではないか。民衆の心を支配者が受け止め、民衆の思いと為政者の思いは同じ。民衆は為政者と同じ心持ちで就労している、と支配者側はもちろん思っていたい。だが、支配者が描く災害対策の論理は、民衆が懐いているものとはたして同じだったのか。筆者は、はなはだこれを疑う。

現代の感覚で歴史社会を見てはならず、その時代の感覚を学んで、そこで培った時代観で見よ、といわれる。だからこの時代らしく、仏や神に祈り縋って助けを請う。その気持ちはこの時代の支配者・被支配者とも同じであり、被支配者の気持ちは支配者が代行・代弁していた。そう思うべきだとされ、そう思わないのは歴史的感覚がないものとされてきた。

しかし中世の庶民は、『日本書紀』編纂時に造り上げられた天照大神への信仰などもとより持っていない。宮廷でこそ伊勢神宮を知らぬ人はいなかろうが、庶民には近くの神社の方が重要で、伊勢神宮に祈ることに価値があるとする知識などあったと思えない。そんなところに公卿勅使を派遣するために出費することについて、賛意など示すはずがない。それに相応の価値があると思うのは、「中世の人々の感覚」ではない。それは宮廷貴族の感覚の目でみたものであり、庶民の目によるものでない。奈良時代でいえば、当時の被支配者の人々は仏教を信じていなかったし、そもそも仏教の教えに触れたこともなかったろう。政府はもともと仏教を国家鎮護のためにのみ用いていて、国家公務員である僧侶を寺院のなかに閉じ込め、国家のために祈らせていた。豪族も、氏族の繁栄と族員への加護を期待したとしても、配下の人民の帰依を求めなどしない。寺院内で行われていた国家仏教・氏族仏教が、一般人民に理解されるはずがない。鎌倉仏教が普及しはじめたのは室町時代からであったし、おそらくは室町時代まで仏教は支配者側で流行していた宗教であって、被支配者人民にとってはおよそ馴染みのない文化だったろう。『日本霊異記』などの仏教説話には一般人民の信者が登場し、信仰生活のようすが描かれている。それは仏教の教えを広めたいから書かれたものであり、普及して欲しいという願望にすぎない。仏教者が字を書けたから書物になった。だから多くの書籍が後世に残されてきたが、『往生要集』がいくら熱心に語られようと、その教えの内容は一般の人々の理解を超えている。法然・親鸞がいかに説教しようと、説かれそうな生活は一般の人々にできない。これでは、一般人民のあいだに仏教信者の多かろうはずがない。

　そうであれば、「毘盧遮那仏の造顕や国分寺建立が人民のためだ」といくらのたまわられても、それは支配者側の自己満足の論理や目であって、人民にとってはただの苦役でしかなかった。病気で苦しんでいるところに、ありがちな支配者の思い込みによる課役。憶良の貧窮問答歌の言を真似すれば

「いとのきて　短き物を　端切ると　言へるがごとく」（『万葉集』〔日本古典文学全集本〕巻五―八九二）、弱り目に祟り目の災難がふりかかる。人民にとってはそういう思いだった、と筆者は思う。

被支配者側の思いはともあれ、一言でいえば鎮護国家思想の可視化で、これが聖武天皇らが用意した国家として考え抜いた天然痘対策であった。もちろんどのみち神仏に祈ってどうにかなることじゃないが、当時の支配者層が支配者側の論理を駆使して到達し得た最善の特効的対策はこれであり、これが精一杯の行政的努力であった。

支配者側の意図は思い込みであってもともかく善意に発したものだったが、その実現の仕方とタイミングは人民にとっていかにも悪かった。

というのも「約六十の諸国に国分二寺の創建を」とここで言い出せば、造営にあたる国司が働かせられるのは年六十日の雑徭（無償労働）。すなわち公民に「個人の農作業より、建築現場での公務が先だ」と命ずることになる。また東大寺大仏造顕はほんらい国家事業だから、法規的にいえば労働資源は年十日の歳役（無償労働）によるべきである。しかし十日という短期就役の人たちの労働をいくら連ねてみても、建築現場が混乱するだけだ。じっさいの労働は、官庁の下働きに徴発されている仕丁と雇役を用いた。[4] 雇役は公的機関による有償の雇用労働だが、強制的で時を選ばないし長期間就労させることが可能である。となると農漁村が疲弊して立て直しに苦慮しているときに、役所側の都合で「対価は払うから文句をいうな。国家行事を優先していますぐ従事しろ」となるが、それでは、苛政といわれてもやむを得まい。

だから国分寺創建の方は遅れに遅れ、奈良末期までかかった。他方の東大寺大仏事業は、工事促進のために地方有力者・富裕層に目をつけた。彼らの寄付や協力を得るため、政府が代償として発布したのが天平十五年の墾田永年私財法だった。仁藤敦史氏(5)はこの法令を「この法令の意図は、開墾田の私有を認めることにより耕作意欲を促し、それにより国家の税収を確保する方策であった」(四十五頁)とか「新たに開かれた墾田からの収入増により、聖武天皇が望んだ大仏造営を可能にする財源を捻出する。民部卿仲麻呂が得意とする計数により導き出した独創的な政策と評価できる」(一六五頁)とかするが、まだはじめられてもいない墾田開発を当てにし、かりにはじめても何パーセントの地積が開墾田になるかも読めない。そんな見込めない田圃のさらに収入のわずか三パーセントの租稲をもとに見切り発車で、莫大な大仏造顕の費用を捻出する財源にしようとは。それこそ究極の机上プランであろう。いやそうじゃなくて、墾田からの租収入を大仏造顕に期待したのではなく、寺社・貴族や地方有力者の間でかねて希望の多かった墾田の私有を許し、それによって付けさせた財力によって大仏造顕に協力させる。墾田からの微々たる租収入を当てにしたのではなく、間接的に経済力を持った強力な事業の担い手を作ること。それが、この法の狙いであろう。ところが彼らが駆使した開墾時の労働力とは、またもや地元公民を和雇することだった。和雇というのは民間の有償労働の契約だが、地元のボスの要請は断われない。断われば、近々に因果関係が分かり易い何らかの嫌がらせが待っている。それを避けるためには、行かねばなるまい。まだ立ち直れていない農村からは、借財で債務奴隷化しつつある人たちと地元顔役の力で応じさせられた和雇の人々が、墾田開発に投入されていった。

いずれにせよ国家事業の展開と墾田開発の嵐は、農漁村の復興を待ってくれなかった。この煽りを喰らって、堪えきれない人たちが脱落する。社会階層の分解、格差の拡大は、もはや押しとどめられなくなった。

振り返ってみて、新型コロナウィルス感染症による肺炎のパンデミック（人獣共通感染症の世界的流行）で、世界中の人々と企業が苦しんでいる。このさきどういう経緯を辿るかは予断を許さないがともあれ新しい社会は立ち直り、経済活動は生き残れる体力と資力にゆとりのあった個人と企業によって担われていく。社会の復活の過程では、借財まみれとなって零落していった個人の資産が衝撃的な安値で市場に出てくるし、破綻した企業が業界から撤退して供給に大きな穴があく。だが一方で、少しでもゆとりのある人たちは、投げ出された安価な個人資産を買い集めて大資産家になる。企業は供給の途絶えた隙間を埋め、破綻した企業を買収したり傘下に収めて巨大企業へと変身する。歴史の教えでは、このさきには過度に拡大した格差社会が出現する。富裕者が出現する一方で、借財まみれに苦しむ人があちこちに屯する世が来るだろう。

米沢藩主・上杉治憲（鷹山）がいったように「なせば成る　なさねば成らぬ　何事も　成らぬは人の　なさぬなりけり」（山形県米沢市・松岬神社碑文）であり、こうした轍をまたぞろ踏むことになるかどうかは、ひとえに為政者の手腕にかかっている。現代政治家の賢察と健闘を祈りたい。

【注】

（1）『奈良朝時代民政経済の数的研究』（柏書房、一九七二年）。諸国平均人口表、二九九頁。

（2）「疾病の日本史①歴史の転換点」（「日本経済新聞」令和二年六月二十九日朝刊）。

(3)『買い物の日本史』(角川ソフィア文庫、二〇一三年)。
(4)拙稿「調庸の力役的性格」(『天平の政治と争乱』所収、笠間書院、一九九五年)。
(5)『藤原仲麻呂』(中公新書、二〇二一年)。

(「歴研よこはま」八十一号、二〇二一年五月)

国分寺建立の詔への疑義

一　国分二寺の建立はいつからはじまったのか

国分という地名は、東京都国分寺市・鹿児島県国分市（現在は霧島市国分）・宮城県仙台市青葉区国分町・茨城県日立市国分町・神奈川県海老名市大字国分南／国分北／国分寺台・千葉県市川市国分・愛知県中島郡国府村（現在は稲沢市）・大阪府柏原市国分本町／国分市場／国分西／国分東条町・福岡県太宰府市国分・福岡県久留米市国分町などあちこちにある。かつての国分寺に由来する古代地名で、歴史の足跡を残す貴重な無形文化遺産である。その名があることで、国分寺の旧所在地がわかり、また国分寺が国府近くに建設されたことから、国府の所在地もあらあらの見当がつく。国分寺が旧国域内の数カ所に残っていれば、国府の移転を跡づけることにもなる。いろいろな意味で、歴史過程をうかがうための大切な手がかりを提供してくれている。

その意味で、このごろは寂しい思いをすることが多い。東京都渋谷区にあった穏田という地名は渋谷駅近くの穏田神社（渋谷区神宮前五丁目二十六—六）の名に、原宿はJR東日本の駅名にしかもはや残っていない。穏田のほんらいの字は隠田であって、領主に内緒で開拓し、課税を免れている田圃である。もちろん領主にしばしば摘発されていた。ここには日本鋼管（株）の創業者の一人だった今泉嘉一郎氏（慶応三年［一八六七］六月生〜昭和十六年［一九四一］六月歿）が住んでおり、その死歿前後に父・松尾聰が書簡を送ろうとしていた（宛先を書きかけた封筒が残っている）。ということは、昭和前期までこの地名が残っていた。また外祖父母の家は神奈川県横浜市戸塚区汲沢二一三六番地にあったが、そこは光風台ともいっていたそうだ。こうした地名は、もはや母方の叔母・舘林（旧姓・三浦）早苗が口にするくらいで、どこにも痕跡を残していない。どこもかしこも昔の地名を見捨て、駅前×丁目・駅南×丁目とかひばりヶ丘・双葉ヶ丘・四季美台・自由が丘など一面的なまた空想的な名に置き換えられていくのを見るのは、歴史に携わる者として辛い。

さて、国分寺といえば天平十三年（七四一）三月二十四日（『類聚三代格』［新訂増補国史大系本］などによれば、ただしくは二月十四日）の聖武天皇の詔命を承けて全国六十六ヶ国の国ごとに新造されていった国家直営の寺院、と理解されている。モデルとなったのは、唐の載初元年（六九〇）に武則天が諸州に命じた大雲寺であった。ただし「大雲経」という経典をもとに諸州に作らせた点は似ているのだが、唐では旧寺の転用、看板の掛け替えで済ませている。日本ではあくまで新造にこだわったため、とりわけて困難な過程を辿った。

建立開始の年の根拠は聖武天皇の発した詔にあり、『続日本紀』（新訂増補国史大系本）天平十三年三月乙巳条には、

宜しく天下の諸国をして各々七重塔一区を敬ひ造り、并びに金光明最勝王経・妙法蓮華経各一部を写さしむべし。朕又別に擬して金字の金光明最勝王経を写し、塔毎に各一部を置かしめよ。

……僧寺には必ず廿僧有らしめ、其の寺の名を金光明四天王護国之寺と為し、尼寺には一十尼ありて、其の寺の名を法華滅罪之寺と為せ。

とある。この命令に基づいて、はじめて全国各地に国分二寺が造られていった、と思われている。いや思われているどころでなく、これはいまも全国の教育現場で語られ、覚えさせられる歴史上の重要項目とさえなっている。

ところが、それはちょっと違うようなのだ。

というのは、詔の内容を見ると、釈迦牟尼仏像の造顕と大般若経の写経の効果によって、

今春より已来、秋稼に至るまで風雨序に順ひ、五穀豊穣なり。

とあって、御蔭で「この春から秋まで」天候に恵まれて五穀が豊かに稔った、という。しかし詔が出されたのは天平十三年三月（二月）であって、「今春」とはまさに今のこと。秋など迎えていないのだから、まだ今年の稔りを手にして感謝できようはずがない。それでも「秋稼」を目にしているというのなら、この詔命は天平十三年に出されたものでない。文意からすれば、この詔はどうみても発令された年のものでなく、どこかの年の秋口から初冬にかけて出された命令だった。それを不用意に転載してしまったものとみるのが穏当である。

いやじつは、詔文の表現がおかしいだけでもない。

そもそも天平十三年三月に建立が発令されて、「国分寺」建設という国家的事業計画は世間にはじめて知られることになったはずだ。そのはずなのに、国分寺という名は天平十三年正月の記事にすでに使われている。

> 光明皇后は、父・藤原不比等が賜与されていた功封五〇〇〇戸のうちの三〇〇〇戸について、
>
> 故太政大臣藤原朝臣家、食封五千戸を返し上つる。二千戸は旧に依りて其の家に返し賜ひ、三千戸は諸国々分寺に施入して、以て丈六の仏像を造るの料に宛つ。
>
> （『続日本紀』天平十三年正月丁酉条）

と提案している。まだ検討の最中で、発令されてもいない、企画内容はだれも知らないはずなのに、国分寺に施入するといい出している。そんな順番でものごとの起こるはずがない。これが成り立つのは、詔の発令より二ヶ月前にすでに国分寺造立の企画が発表されていて、宮廷内のだれもが知っていたからである。そうでなければ、聴いたこともない架空らしき国立機関名を挙げて「そこに施入する」といわれたら、提案された官人は「その指示内容は実現できない」と拒否するだろう。ありもしないところに施入するとはつまりどこにも施入しないことかと揶揄されてしまう。つまりどうみても、国分寺のスタートは国分寺建立の詔が出された天平十三年三月（二月）からじゃない。天平十二年末以前に、この事業はもう走り出していた。

　ではこの詔文、ほんとうはいったいいつ発令されたものだったのか。そして『続日本紀』編纂時に詔文の掲載時期を錯誤した経緯は、どう説明できるだろう。

　まずは、はじめてこの国分寺建立という国家事業を発案した時期を推量しよう。

　現代なら巨大な高層ビルディングでも一年もあれば出来上がるが、そうした時代ではない。寺院建築は七堂伽藍といわれる建造物だけで終わるものでなく、内装や仏像・仏具の搬入まで考えるなら、三十年以上の長い歳月を要する国家事業である。一寺院でもたいへんなのに、全国で六十ヶ寺以上を

一斉に作りはじめようとする。そのためには建材・塗料など材料調達の費用はもちろんだが、そうとう大規模で長期間の作業員の動員を要する。雇役の役料とその食料費など財政上の負担があり、人民の逃散・逃亡などの抵抗も勘案しなければなるまい。見積もり次第では国家財政が破綻するか、また当時の農村はことのほか疲弊していたから反乱や抵抗が頻発するか。そういう事態すら考えられる。そうしたときなのに、なお先の見通せないような新規事業に国家として踏み出そうというからには、国分寺を諸国に建立させたいと思うだけの理由があったはずである。

そこで天平十二年末以前に起きていた国家的大変事・災厄には何があったか。その節目となりそうな候補としては、二つ考えられる。

一つめは天平九年を中心とする疫病の大流行で、二つめは天平十二年秋の軍乱である。それ以前のものは、今度は企画立案までの時間が空きすぎていて関連が薄すぎよう。

疫病とは、赤裳瘡（天然痘）のことである。

鼻や口から入ったウィルスが十二日ほど潜伏し、高熱・頭痛のあと、体中に赤い発疹を作る。発疹は水疱となり、そこに膿が噴き出す。やがて瘡蓋ができ、それが落ちて平癒する。治癒までの期間は十五日ほどだが、その過程で粘膜からの出血や高熱のために多数の死亡者が出る、という病気だ。天平七年八月、大宰府から報告があった。管内の九州諸国に疫病が蔓延しており、大宰府内の観世音寺などで疫病終熄を祈る読経をさせているが、今年の人頭税の調の徴収などとてもできない状況だ、という。報告を受けた中央政府は、翌年、地税の租の徴収を免除している。これはそれ以上に拡がらずに終熄するかに見えたが、天平九年に再発した。その一月に帰国した遣新羅大使は対馬で病没してしまったものの、残りの使節団員は復命のために入京した。このため使節団が進むに従って疫病が東進し、六月には平城京・大和国で流行しはじめた。さらに七月には若狭・伊豆・駿河などが疫病と飢饉に苦しむこととなった。

疫病のもとはそもそも新羅から流入したとみられるが、天平十年まで日本列島を総なめにした。稲の公出挙（公的高利貸）を受けていた人の死亡記録をみると、天平六年の尾張ならば債稲を負ったまま死没した郷別の平均人数は三・七人だったのに、天平九年の和泉では二十三人、駿河では四十六・四人となっている（現代思潮社本『復元天平諸国正税帳』）。平年の六・二倍から十二・五倍のペースで死亡者が出ていた。中央政府でも、前年に八人いた朝政官（公卿）のうち、藤原武智麻呂以下四兄弟と中納言・多治比縣守が死亡し、生き残ったのは参議の橘諸兄・大伴道足・鈴鹿王の三人だけという惨状だった[1]。

二つめの軍乱というのは、天平十二年九月に、大宰少弐だった藤原広嗣が、統轄下にあった九州諸国の軍団兵士を動員して起こしたものである。

当時、大宰帥（空席）・大弐（高橋安麻呂。右中弁兼任で在京）という上官は現地におらず、少弐が最上官となっていた。だから広嗣は、九州全域を自由に動かせる地位にあった。その彼が軍乱を起こした理由は、前記の疫病流行と関連がある。疫病流行によって瓦解した廟堂を立て直すため、聖武天皇は右大臣・橘諸兄を首班とする新体制を発足させた。と同時に、聖武天皇は自分を「野に遺賢なし」（民間に埋もれていた賢人はことごとく官に登用され、民間にいないの意）の賢帝を気取ったらしく、中国留学から帰った僧・玄昉と吉備真備をとりわけて寵用した。しかしそれは藤原氏の権勢に翳りをもたらすし、何より藤原氏の公卿ポストを奪われることになる。出身元を考慮しない聖武天皇の独りよがりな抜擢人事は、氏族全般にとってだが、とりわけて力を有する藤原氏への敵対行為である。藤原氏族員ならだれしもそう思う、はずだ。

ところが藤原氏のトップにいる豊成（武智麻呂の嫡子）は、聖武天皇の作ったこの体制に従順で、文句の一つもいわない。だから藤原四家のおもだった者にも、豊成ら藤原氏の頭目たちの弱腰を詰っていたようだ。あるいは皇族の内部にいながら藤原氏の利益を代表する立場の光明皇后（不比等の娘）も、見ているだけで、夫（聖武天皇）に意見の一つもしない、と詰っていたかも。そうした喧嘩腰の発言を撒き散らしていたためだろう、何をどんなに発言しようと影響のない僻地の大宰府へと追いやられた。それでも広嗣の考えは変わらない。むしろ追い詰められた気分となって、危機感が募った。ついには聖武天皇の政治責任を問い、その執政内容を非難する上表をし、一方で聖武天皇に登用された藤原氏外の諸兄・玄昉・真備らを宮廷から排除すべく軍乱に踏み切った。聖武天皇に宛てた上表文に「僧正玄昉法師・右衛士督従五位上下道朝臣真備を除かん」（『続日本紀』天平十二年八月癸未条）と謳い、登庸されたのは橘諸兄の執政下なので諸兄の責任を問うているかのように見る向きもある。しかしそれは、甘い。この書き方は天皇をじかに批判した記事を載せないという国史の編纂方針に沿った曲筆であって、聖武天皇に宛てた上表文の冒頭に「時政之得失を指し、天地の災異を陳ぶ」（同上）とあるのはまさに天皇への批判である。天が地上に災異を表わすのは、天皇の治政が誤っていると警告しているのである。そのことを天皇にあらためて確認し指摘するのは、気にすべき人にことさらに責任を痛感させようというわけだから、つまり強烈な天皇批判に外ならない。(2)

自分を支えてきた藤原氏からの猛反撥にショックを受けた聖武天皇は、このあと五年間も畿内周辺を彷徨するという奇妙な行動をとる。ただ、軍乱はあっけなく終結した。広嗣は律令体制の国家機構を使い、大宰府として兵士を動員した。だがその命令系統を辿った動員では、命令権限がより上位にある者つまり究極として天皇に逆らい切ることなどできっこない。天皇の軍隊で天皇を追い詰めるのは理論的に無理で、大将軍・大野東人の追討をうけた広嗣側の兵士は雲散霧消した。それでも国家を震撼させた大規模な軍事反乱であったことは間違いなく、国家の安寧は著しく動揺した。

以上の二つの事件と国分寺建立の決意をどう絡めるかが、詔文作成時期を決める重要な手がかりとなる。

萩野由之氏[3]は、天平九年の疫病との関係を重視された。

もしも天平十二年の広嗣の乱を経ていたのなら、こうした兵乱がふたたび起こらないように国家を鎮護してほしいと願うだろう。その願いを記してないのだから、国分寺創建はそれ以前に発令されたものと見なしてよい。また詔文には「前年馳駅して天下の神宮を増し飾へ、去歳普く天下をして釈迦牟尼仏の尊像」を造らせたとあることに触れ、この「前年・去歳」の出来事というのは天平九年十一月癸酉条の「使を畿内及び七道に遣はし、諸の神社を造らしむ」に当たると見た。神社への手厚い奉仕を怠ったことを反省したその翌年、つまり天平十年をほんらいの発令年と推断した。

しかし、右の萩野氏の解釈には疑問がある。井上薫氏[4]は、『続日本紀』天平九年三月丁丑条に見られる、

詔して曰く、国毎に釈迦仏像一軀・挟侍菩薩二軀を造り、兼ねて大般若経一部を写さしめよ。

という記事をそもそもの発願の基点とされた。この詔で「大般若経」を主軸とした国分僧寺がはじめて企画され、そこに天平十二年九月己亥条で光明皇后の意思が加わえられて、

今国別に観世音菩薩像壹軀高さ七尺を造り、幷びに観世音経一十巻を写さしむ。

といわれ、尼寺（法華滅罪之寺）の創建も併願となった。吉川真司氏によれば、(5)さらに護国経の主軸について、疫病鎮静に効果を上げられなかった「大般若経」から改めて「金光明最勝王経」にする形で天平十三年三月の国分僧寺（金光明寺）・国分尼寺創建の詔構想が熟していった、という。

天平九年段階の発願は天然痘の蔓延とそれに続く農村の崩壊と飢饉を承けて、飢疫の終熄を願うものだった。だが国家としては、そのときに諍いをしていた新羅の調伏と鎮護という目的も込めた。ところが天平十二年九月に藤原広嗣の乱が起こり、邪臣による国家転覆と秩序崩壊の企てに怯えた。そこで軍神である四天王による鎮護・国家平穏も併せて願って「四天王護国」之寺の性格をも付加し、天平十三年に発表された国分二寺構想へと発展していった。不比等の功封のうちの三〇〇〇戸を国分寺にあてたというのも、全国六十ヶ国にその封戸をばらまいたとすれば、各国分僧寺の封戸は天平十三年三月詔に指定されている通りの五十戸にちょうどなるし、藤原氏出身の光明皇后が「東大寺及び国分寺を創建するは、本太后の勧むる所也」（『続日本紀』天平宝字四年六月乙丑条／光明皇太后崩伝）という内容も含みうるわけで、穏当な解釈になる。なお「秋稼」という語が見えるのは、もともと天平十二年秋に作られた詔文を下敷きにして、翌年に勅命・条例・願文を一まとめの詔勅にしたのだが、書き直されないままに見逃された。ありがちなかすかな疵、ということらしい。

二　国分寺は、計画通り全国に建てられたのか

国分寺の完成したイメージは、こうなる。

諸国に七重塔を建立させ、そこに「金光明最勝王経」と「妙法蓮華経」を納める。聖武天皇もみずから「金光明最勝王経」と「妙法蓮華経」を金泥で写し、完成しだい出来上がっている塔へと安置する。「金光明最勝王経」滅業障品には、「この経を講義・読経し供養・流布させる王がいれば、四天王が擁護して災い・障碍を消滅させ、憂愁や疾病も除去・治癒させる」（国分寺建立詔）とあるから、その御利益・功徳を期待したのだ。

金堂には釈迦牟尼仏や四天王の像などの諸仏を安置し、僧侶が祈禱などを務める講堂を造り、それらを廻廊で取り巻く。僧寺には僧二十人、尼寺には尼十人が配され、それぞれが起居する僧坊・尼坊が設けられる。上総国分二寺の例では、中央部に三綱（寺務を仕切る上座・寺主・都維那の三職）務所・食堂・客房・厨屋・井屋・温室（湯屋）・国師院（国師は、延暦十四年に講師と改称）・写経所など、ほかに北に薗院、南に花苑院がある。薗院・花苑院を付設させたのは、これらがあれば僧尼たちが薬草などを採りに外部に出ず、修業に専念できるからである。

しかしこれは理想的な景観であり、なかなかこのようにはならなかった。以下、須田勉氏の導き(6)によって、国分寺が建立されていった過程を辿ってみよう。

右に見たように国分二寺構想の発表までには紆余曲折があったものの、天平十三年三月（二月）の詔で、ともあれまとまった構想として示せた。これをもとにして天平十四年四月、国分寺の恒例行事

として夏安居や読経などの斎会を施行するよう、光明皇后から指示が出されている。

だが現場に立っている国司たちの反応は鈍く、天皇の呼びかけに応えて「サァ、やろうぜ」という気配など微塵も起きなかった。

まずは、余計な仕事が増えたという認識だったろう。それを糊塗するため、「動かないのは財源がないせい」という言い訳が用意されたようだ。そこで天平十六年七月二十三日には、既存の十町の寺田のほかに各国に備蓄されている国家資産である正税稲から四万束を割き出し、その利稲二万束を国分寺・尼寺の造寺料に充当することになった。ただそれは表向きの理由だろうと、政府は国司の本心を見抜いていた。国司の指導だけではどうせ進捗しないとみて、十月からは国単位の仏教行事と寺院の財産管理にあたる国師を国分寺の造営に関与させることとした。せっつかせ、監督させるのだ。

一方で、国分寺に納入・安置する「金光明最勝王経」の写経は、天平十八年十月までに一部十巻が七十一セットできあがり校生による校正作業に回されていた。これも天平二十年までには出来上がり、天平勝宝三年（七五一）までに各地に配布されている。ただ配布されても、経典はおそらく国庁内の倉庫に留め置かれたろう。というのも天平十八年までに着工した形跡でもあるのは、下野・武蔵・上総・下総・美濃・安芸の各僧寺と上総の尼寺、それに天平十八年九月二十八日に恭仁宮の施設をそのまま施入した山背国分寺くらいだったからだ。どこも、納入すべき塔など出来ていなかった。

あまりにも捗らない動きに、苛立ちを隠せない。天皇の命令は至上命令のはずなのに、軽んじているのか、と。といっていきり立ってみても、国司はせいぜい三年ほどで交替する旅人的存在である。現地に根付いて差配しているわけでもないから、現地の地方官人の言うが儘にしなければ事務が滞る。

事務が滞れば、交替ができない。それは避けたい。これが中央集権国家における地方支配の現実だ。しかしだからといって国司を現地に常駐させて政務の主導権をとらせれば、後年の守護大名のように独立的となり、任務地は彼らの私領と化してしまう。警戒していて信じてなどいないのに、あたかも信用していたように愛を込めて道を説き叱責する。そういうジレンマを感じていたろうが、眼前にはともかく恐懼して平伏してみせる国司しかいない。

そこで天平十九年十一月七日、政府は督励して、

　諸の国司等怠緩して行なはずして、或は寺を処くに便ならず、或は猶未だ基を開かず。

（『続日本紀』天平十九年十一月己卯条）

という状態だから、災害・異変の兆候が国内諸処に見られるとまずは叱咤した。

それとともに、未開墾地だが僧寺に九十町。尼寺に四十町を追加し、さらに地方行政の実権を握る郡司たちに「この三年以内に塔・金堂・僧坊を建て終えたならば、その郡司を優先して採用させる」という特権を与えることにした（ただしこの部分は、天平二十一年二月二十七日までの時限立法）。これによって財源と担うべき人材も手当てしたわけで、全国で一斉に着工されると期待した。

この効果はたしかにあった。じっさい武蔵国では、郡司の協力が進んだらしい。初期には北武蔵四郡の瓦生産に偏り、南武蔵では多磨郡しか協力していなかった。それが「天平十九年の国分寺造営督促の詔以後、武蔵国二〇郡全郡の協力体制が確立する」[7]という。

ここまでは、『続日本紀』『類聚三代格』などにある政府側の文言をもとに記してきたので、国司以下の地方官が狡くて、怠慢が蔓延していたかのように読めてしまう。だが遅延は地方官たちの怠慢

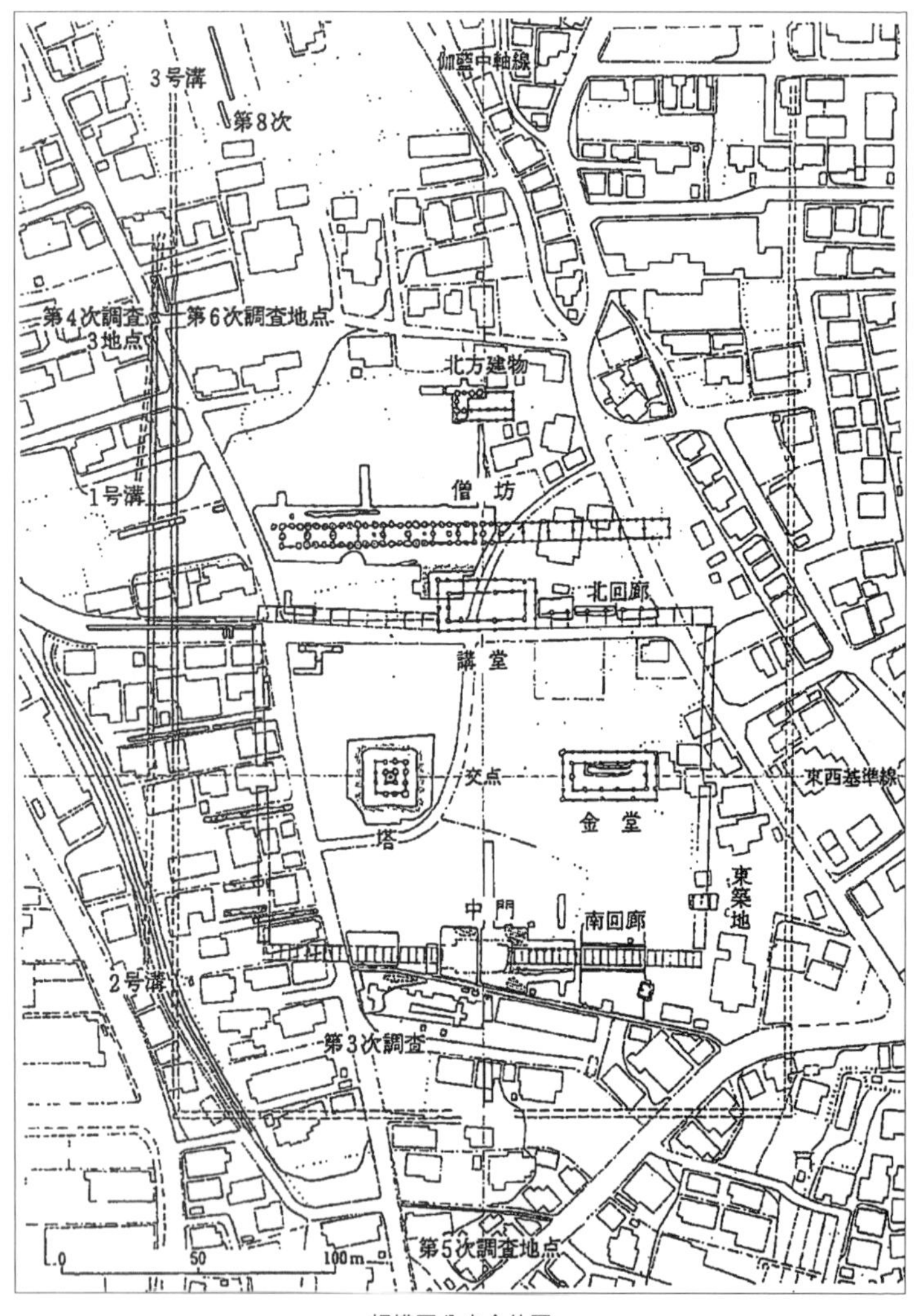

相模国分寺全体図
（シンポジウム「国分寺の創建を読むⅠ」須田勉氏「国分寺と七重塔」より）

復元相模国分寺七重塔（三分の一模型、海老名中央公園）

や抵抗だけ起因にするとみるだけでは、あまりに一面的で酷である。
延引の原因は、いちばん困難な作業である七重塔の建立が最優先にされていたからであろう。国分寺建立構想の起点となった天平九年三月の詔では「国毎に釈迦仏像一軀・挟侍菩薩二軀を造り、兼ねて大般若経一部を写さしめよ」とあった。その文章の通りならば、釈迦三尊像を納める金堂を、先んじて造ればよい。しかも、これは古代当時の寺院建築の常識的な手順である。まず平屋の金堂を造ればともかく寺院を創建したこととなり、招福攘災などの仏教行事もそこではじめられる。ところが天平十三年三月（二月）の下命は、前の命令とは違っていた。金光明最勝王経の効力を発揮させることが主軸にされ、それを納めるための七重塔の建設が何よりも先行すべき仕事とされている。

美濃国分寺の「造営の初期段階は、塔のみが塼積基壇による本瓦建物で先行して造営された。金堂以下の建物については、すべて掘立柱建物によって構成された段階にあった景観が復原できる」[8]という。七重塔建設は、たしかに何より重んじられたのである。だが、金堂などの平屋建築と異なり、塔建設はたいへん難しい。しかも三重ていどならばまだしも、七重塔である。まずは基礎地業だが、これをおろそかにすれば、建物の重みで塔が傾く。土を叩きしめ、また土を敷き重ねては叩きしめる。いわゆる版築という工法で地盤を固めるのだが、どんな地盤を選び、どのくらいの厚さに造ったら、七重塔が支えられるものか。それが、やったこともないから誰にも分からない。いや、そんなことについての知識を持っている人が、その当時の日本中にどれほどいたろうか。督促がうるさいから、ともかく着手するか。しかしいい加減に作り始めれば、しばらくしたら地盤沈下が誰の目にも明らかになる。そこに礎石が置かれ、柱が立てられ、組み物が載せられる。下層ができれば、漸減しつつ上層を組み上げればよいのだが、わずかな切り込みの違いでも、七重ともなれば大きな傾きになる。出来上がって数年経ったら、ピサ大聖堂の斜塔（イタリア・ピサ市。最大五・五度傾いた）のような不体裁となることも十分ありうる。試行錯誤の連続で、最初からやり直しという事態が頻発するのは予想しうる。これでは嫌気もさすだろう。

さらにこれは現代的な知識だが、工事中または造営後の落雷による焼失も、しばしば起きたろう。国府が置かれるような広々とした平地のなかに、高く聳えるものを作れば、雷は狙ってそこに落ちる。

相国寺の七重大塔は応永元年（一三九四）に焼失し、応永六年に足利義満によって高さ三六〇尺（一〇九・一メートル）の偉容で再建された。それが応永十年に焼失し、場所を変えて再建したものの応永二十三年にまた焼失した。ついで文明二年（一四七〇）にも焼失したが、義満再建以降の原因はすべて落雷による焼失である[9]。近年も、昭和十九年（一九四四）に斑鳩の法輪寺三重塔が落雷によって焼失している。着工・努力してきたとしても、「いつまで経っても未完成か」と詰られるだけでは、かりにあったとしても意欲を殺がれよう。

盧舎那仏を最初に作り始めた甲賀寺は、天平十九年五月から天平勝宝三年十一月までの間に近江国分寺に転化したから、造作が進んだ。しかしそれ以外の諸国の進捗状況は、はかばかしくなかった。天平勝宝元年（七四九）七月十三日には国分僧寺に一〇〇〇町・尼寺に四〇〇町の開墾許可を出し、財務基盤の充実をはからせた。だが天平勝宝八歳五月、ついに発願者の聖武上皇が没した。同年六月、使者に大工を伴わせて全国に遣わし、丈六の釈迦仏とそれを納めた仏殿を点検すると称し、来年の上皇の忌日までに整えさせるよう、あらためて指示した。塔の建設は一時措いてでも丈六仏造顕と仏殿建設を優先せよ、という方針転換だったようだ。

聖武上皇が歿した以上、推進・督励に当たる意欲を懐く者は光明皇太后しかいない。

天平勝宝八歳十二月二十日には、国分寺と明記されてないが、北陸・山陰・山陽・南海・西海の二十六ヶ国に周忌斎会用の荘厳具として幡や緋綱を頒下し、諸国で聖武上皇の一周忌を催させた。そして天平宝字三年（七五九）十一月九日には国分二寺の図を頒布した。あくまでも僧寺と尼寺の二寺体制をとることを確認し、工事が遅れている国に督促を試みたもののようだ。

しかしそこまでしてみても、上総は別として、尼寺の建設はどの国でもほとんど進捗していたような形跡がない。そう推測されるのは、天平宝字四年六月七日に光明皇太后が没してからのことだ。一周忌にあたり、

皇太后の周忌の斎を阿弥陀浄土院に設く。其の院は法華寺内の西南の隅に在り、忌斎を設けんが為に造る所なり。其れ天下の諸国には、各国分尼寺に於て、阿弥陀丈六の像一軀・脇侍菩薩の像二軀を造り奉らしむ。

（『続日本紀』天平宝字五年六月庚申条）

とあって、ここで国分尼寺の本尊を阿弥陀仏とすると指示している。おそらくそれまで尼寺の本尊を何にするのか、だれも論議にのぼせることすらしていなかったのだ。理念は国分二寺の併立となっていたが、聖武天皇夫妻が思い描いた風景は、上総以外どこにも出現していなかったようである。

それからさきのことは、杳としてわからない。それでも結果としては全国に国分二寺址や遺称地がある。だから遅々たる営みでも、いつか建立には到ったのだろう。新築・新造が原則であって、国分寺への看板の掛け替えはいまのところ見つかっていない。だが困難な新築工事のありようを考えると、

このさきそうした作為の痕跡が発見されるかもしれない。

総じて見れば、工事の進捗は国司・国府官人の工営知識と意欲に大きく左右された。造宮省・木工寮官人などを輩出した石川氏の族員の名人が天平勝宝元年八月に上総守になった。それで建設が一気に進んだらしい。同じように、武蔵守に藤原雄田麻呂（道鏡派官人）や弓削広方（道鏡の甥）が、のちに造西隆寺長官となった伊勢老人が三河守に、老人のもとで次官だった漆部伊波が相模国造になり、但馬守に高麗福信が着任したことで、工事の進捗に画期が見られる、という。つまりこの企画は王者の我意と国力の過信に発したものであって、地方官人としては手がけたくないし手がけられもしない、歓迎されざる国家事業だった。そのことを、強く窺わせる。

三　尼寺はだれが運営していたのか

国分尼寺は光明皇太后の思い入れで建てられることとなったが、右に見たように僧寺建設より後回しにされた。本尊すら長く決められずにいて、遺称地も影が薄い。発願者の死没によって建設の督促もなくなったから、全国に隈なく造られたかどうかすら疑わしい。

しかし、疑念はそれだけに留まらない。

国分尼寺は、いったいだれが運営していたのだろうか。

「もちろん尼僧だ」という答えが、勢いよく返ってきそうだ。天平十三年詔での尼寺の定数は十人。のち天平神護二年（七六六）八月に、臨時に十人増やされている。ただしこれは臨時の増員であって、定員枠は拡大していない。増員分については、「但し後の十尼は、此の例に預からず」（『類聚三代格』

［新訂増補国史大系本］巻三、国分寺事。一一〇頁）とあり欠員を補充しないとしてある。だが、そもそもこれらの定数に見合う尼が国内のどこに居たのだろうか。

周知のことだが、出家者は通常の戸籍から抜かれ、治部省の管轄下に入る。男僧はまず十戒を守ると誓って沙弥となる。ついで修行した上で戒壇に登り、三師七証の前で二五〇戒（『四分律』）の具足戒（声聞戒ともいう）を受けて比丘になる。しかし尼僧の場合は、まず十八歳以上で六法戒を二年間課せられ、合格すれば式叉摩那となる。そのあと、十戒を授けられて沙弥尼となる。ついで戒壇で三四八戒（『四分律』）を授けられ、そののち、内容は重複するが、僧寺で男子の受けた二五〇戒を受けて比丘尼となる。これが尼僧の正式なり方である。これに対して在家者は、五戒を守ると誓って男子は優婆塞（近住）、女子は優婆夷（鄔婆婆沙）となり、十重四十八軽戒を授けられれば菩薩と呼ばれる。

政府は優婆塞から沙弥・比丘を造り出そうとしているのだから、同じように考えれば、篤信の優婆夷から沙弥尼などにしていけば比丘尼の定員は容易に得られそうである。

しかし手順はそうでも、日本では尼僧に授戒していたとの形跡がない。優婆夷はいるのだが、それでは在家の篤信者にすぎない。比丘尼となろうには尼専用の戒壇に登って三四八戒を受けねばならないのだが、日本のどこに尼用の戒壇施設が置かれ、尼の出家集団がいたというのだろう。

日本の僧尼第一号は、尼だった。『日本書紀』（日本古典文学大系本）敏達天皇十三年（五八四）九月条に、司馬達等の十一歳の娘・嶋女を得度させて善信尼とした。また彼女の弟子である漢人夜菩の娘・豊女を禅蔵尼、錦織壺の娘・石女を恵善尼とした。蘇我馬子は邸宅の西方に仏殿を建て、百済渡来の弥勒石像を安置して大会の設斎をさせたりした、などとある。

彼女たち以前に日本に授戒できる僧尼がいたはずもないから、還俗していた高句麗僧・恵便を師としてとりあえず得度することとした。そののち百済の使者たちの帰国にさいし学問尼として随行し、おそらく百済の寺院で正式に授戒してもらって比丘尼となった。日本に帰国した後は桜井寺に住し、大伴狭手彦の娘・善徳、大伴狛の夫人など十一人を得度させた、ともある（『日本書紀』崇峻天皇三年是歳条）。日本にはまだ三師七証となれる人員が揃っていないので、もし受戒させたとすれば、仏像に囲まれ、師尼に導かれて自誓受戒の形式で比丘としたのだろう。だがこれは正式な授戒法でない。男僧については天平勝宝六年（七五四）来日した鑑真が『瑜伽論』に則した三師七証立ち会いの授戒を樹立したが[10]、鑑真一行に尼は随行していない。つまり、公認できるような尼戒壇は、ついに成立しなかったことになる。

いや公認も非公認も、そもそも奈良時代に比丘尼を作り出す尼僧集団・尼用戒壇の存在が確認できない。はっきりいえば古代日本に男僧を作り出す戒壇はあったが、尼僧を作り出すシステムが作られたことなどなかった。東大寺・大宰府観世音寺・下野薬師寺のいわゆる三戒壇も[11]、比丘のみを造り出す戒壇であって、その事情は平安時代を通じてそうだったし、また女人救済を掲げる比叡山延暦寺の天台戒壇でも同じだった。

というのは、次のような話があるからだ。

淳和天皇の后・正子は、承和九年（八四二）の承和の変において、子で皇太子の恒貞親王が失脚したとき、年末に「淳和太皇后、剔落入道」（『続日本後紀』〔新訂増補国史大系本〕承和九年十二月乙丑条）

とあって出家している。比丘尼となろうとしたが、尼戒壇がどこにもなくてなれなかった。そこで貞観二年（八六〇）五月、延暦寺座主の僧円仁つまり男僧から天台の菩薩戒（十重四十八軽戒）を受け、とりあえず成就できた（『日本三代実録』［新訂増補国史大系本］元慶三年［八七九］三月癸丑条）。

また『小右記』（増補史料大成本）万寿四年（一〇二七）三月二十七日条には、藤原道長の娘・彰子の出家のためだけに尼戒壇が法成寺内に作られた、とある。だが受戒には延暦寺からの反対があり、なにより戒壇は作れても立ち会う比丘尼が揃うはずもなく、「受戒した」とする記録は見当たらない。「正子皇后のように男僧を師とすれば受戒できた」と思うかもしれないが、それは天台戒壇のしかも特例中の特例である。それに仏教界本来の手続きでは、菩薩戒の受戒で僧侶になることはない。国分尼寺の話に戻れば、天台戒壇がまだ開設される前の話である。その時点でもしも男僧が尼にじかに授戒してよかったのなら、比丘尼になるための三四八戒を受けたあとに、二五〇戒を受けるという手順に意味がなくなる。これは尼集団で三四八戒を授け、さらに男僧集団で二五〇戒を授けるという意味である。比丘尼は比丘尼集団で作っていくのが前提である。それなのに、尼集団も尼戒壇もないなかで、まともな尼寺のできようはずがない。それにもし男僧集団が女子を比丘尼にできると思っていたら、彰子を戒壇院に呼べばよかったわけで、そもそも道長・彰子らが「尼戒壇を作れ」などと騒がずに済んだろう。

さて、優婆夷など在家信者はいたとしても、出家者となっている比丘尼がそもそも存在しない。それなのに国分尼寺を作らせたとすれば、尼寺には誰が住むのだろうか。誰が尼寺の寺務を執るのだろうか。戒律で男女の共住・同座は禁止されている。だから、尼寺には比丘尼にかわって優婆夷など在家信者が詰めて業務に当たったのか。あるいは尼寺とは名ばかりであって、すべて男僧が代行して運営していたと考えるか。もちろん前者であってほしいが、無資格の優婆夷に運営を任せてしまうくらいならば比丘尼を造ろうとするだろう。比丘尼を造ろうとしていない状況を考えるなら、ありうるのはどちらかといえば後者、つまり男僧に委ねたのだろう。男僧が企画・運営にあたり、篤信者の優婆夷が手足となって表向きの行事を進める、という形だったのではないか。

【注】

（1）拙稿「疫病の流行―律令国家の天然痘への対処法」（「歴研よこはま」八十一号、二〇二〇年十一月。本書所収）。
（2）「藤原広嗣の乱と聖武天皇」（『戦乱の日本史［合戦と人物］』第一巻、第一法規出版。一九八八年）、のち『天平の政治と争乱』（笠間書院、一九九五年）に採録。「天平の政変・二題」（「呴沫集」七号、一九九三年十二月）、のち『白鳳天平時代の研究』（笠間書院、二〇〇四年）に「藤原広嗣の乱・光明子の立后」として採録。
（3）「国分寺建立発願の詔勅について」（「史学雑誌」三十三編六号、一九二二年六月）。
（4）『奈良朝仏教史の研究』（吉川弘文館、一九六六年）第二章第二節。
（5）「国分寺と東大寺」（須田勉氏・佐藤信氏編『国分寺の創建―思想・制度編―』所収、吉川弘文館、二〇一一年）。
（6）須田勉氏著『国分寺の誕生』（吉川弘文館、二〇一六年）。
（7）注（5）書、一〇九頁。
（8）注（5）書、一九九頁。
（9）小川剛生氏著『足利義満―公武に君臨した室町将軍』（中公新書、二〇一二年）。

(10) 拙稿「普照―鑑真を招いた僧―」(『歴史読本』五十五巻二号、二〇一〇年二月)、のち『古代の社会と人物』(笠間書院、二〇一二年)に採録。

(11) 米田雄介氏「日本におけるソグド人安如宝の足跡」(『MIHO MUSEUM研究紀要』二一号、二〇二一年)によると、唐招提寺の戒壇院跡について「かつてこのところに築かれているストーバ風の建築物について鎌倉時代のものと見做されていたが、東野氏は奈良時代の鑑真和上の頃にすでに建立されたものではないかと問題提起している。そうだとすると、唐招提寺は奈良時代に鑑真によって授戒の基礎が築かれていることが確認できる。恐らく前期金堂が建立されたのと同じころに戒壇が設立されていたのであろう」(四二頁左列)とされ、東野治之氏・前園実知雄氏の見解をもとに奈良時代末には唐招提寺に戒壇院が築かれていたと推定された。そうなると「天下の三戒壇」ではなく、奈良時代、公的に僧侶を作り出していた戒壇は四カ所となる。戒壇はこのようにほかでも築きうると考えてよいのか、それとも唐招提寺戒壇は東大寺戒壇の出張所のような位置づけだったのか。唐招提寺の戒壇についてては、なお検討を要する。

(原題「国分寺の基礎知識」、『歴史研究』六六一号、二〇一八年五月)

上皇時代の明と暗

今上天皇（明仁親王）が退位し、上皇となった。天皇の職務・権限は日本国憲法に規定されているが、上皇の職務規定はない。いや、日本国憲法・皇室典範では、そうした地位・存在が想定されていない。存命中に退位してしまうことは考えられていないのである。歴史上の出来事として見れば、もちろん王が存命中に退位することはあるが、その退位の大半は権力者の地位から引きずり下ろされたときだ。その場合は一般平民または罪人と遇されるので、その地位を何と名付けるかに苦労しない。また権力者がその地位を譲るのは、もともと権力を担うことに堪えられないからで、この場合もその地位や権限を考える必要がなかった。

『今鏡』（新訂増補国史大系本）巻二・すべらぎの中／もみぢのみかりで、関白・藤原師通が、

後の二條のをとゞこそ、おりゐの御かどの門に車たつやうやはある、などのたまはせけれ。それかくれ給てのちは、すこしもいきをとたつる人やは侍し。（三四頁）

つまり「臣下の礼としては下車すべきだが、退位している天皇（白河上皇）に対して同じ礼をとる必要はない」と言い放ったとあり、『愚管抄』（日本古典文学大系本）にも「後二条殿（師通）又事のほかに引はりたる人にて、世のまつりこと、太上天皇にも大殿（師実）にも、いとも申さでせらるゝ事も

まじりたりけるにやとぞ申すめる」（原カタカナ、二〇四頁）と評されていて、筋としてはその通りでよい。しかし日本における上皇は、そうした地位でなかった。それが歴史過程を複雑にしているのだが、そのあり方がいかにも日本らしいのかもしれない。

一　創出された上皇の役割

日本で存命中に退位した天皇（大王）は、皇極天皇（宝皇女）からはじまる、とされている。現に一つ前の推古女帝は退位していない、ともいう。しかし、話はそう簡単でない。

『日本書紀』（日本古典文学大系本）継体天皇二十五年（五三一）二月丁未条に、

　天皇、磐余玉穂宮に崩りましぬ。時に年八十二。

とあるが、これは「百済本記」に辛亥年没とあったからで、同年十二月庚子条の「或本云」では、

　天皇、二十八年歳次甲寅に崩りましぬといふ。而るを此に二十五年歳次辛亥に崩りましぬと云へるは、百済本記を取りて文を為れるなり。……此に由りて言へば、辛亥の歳は、二十五年に当る。後に勘校へむ者、知らむ。

と判断を保留している。もしも継体天皇二十八年の没ならば、継体天皇二十六年に欽明天皇（『上宮聖徳法王帝説』）、翌年に安閑天皇（『日本書紀』）が即位しており、子たちの即位争いに先立ち、継体天皇はすでに退位していたことになる。上皇の先蹤だが、そのあり方や説の当否はどうだろうか。

『日本書紀』が公認する最初の生前退位者は皇極天皇で、乙巳の変直後の皇極天皇四年（六四五）六月十四日に「位を軽皇子に譲りたまふ」とある。右に見た継体天皇に疑義があるとしても、皇極天

皇以前の大王は原則として没時まで在位する。だから政局調整のため臨時に置いた推古天皇だったのにひとたびなったらば存命中の退位が認められず、即位を待ち続けた厩戸皇子（聖徳太子）は皇太子の立場のままに終わった。それに懲りて、皇極天皇を帝位から排除するために乙巳の変が企画された、とする説すらある。しかし説の内実を見れば、三韓朝貢という国際舞台のなか、皇極天皇の眼前で臣下が誅殺されるという大失態で恥をかかせるという演出にすぎない。そのていどの演出のもとで生きたまますんなり退位できて、周囲の者たちがとくに反対もしないのなら、もともと推古天皇だとて本人が何かを大失態だと言い募って決断するか周りの者がそのように動きさえすれば譲位しえたのではないか。(1)

ただそれがどうでも、これは上皇の最初でない。

生前退位したにも拘らず上皇とは呼ばれず、白雉四年（六五三）是歳条では「皇太子、乃ち皇祖母尊・間人皇后を奉り、幷て皇弟等を率て、往きて倭飛鳥河辺行宮に居します」とある。中大兄皇子には皇太子、間人皇女には皇后など『日本書紀』編纂時に成立していた称号をことさらに溯らせて付けている。それなのに、上皇にあたるはずの宝皇女については上皇の称号を付けていない。それはなぜなのか、なお解かれていない疑問である。

解釈の一つは、譲位した皇極天皇は上皇という名に値する権能を持っておらず、高い存在でなかったから。二つめは、上皇という称号が『日本書紀』編纂時に未成立で、大宝元年（七〇一）成立の『大宝令』にその名称がなかったからだ、と推定しうる。しかし退位したあとの皇極天皇は『日本書紀』の記載順で間人皇后より上位に位置づけられており、退位後の地位はなお高かった。また『大宝令』になければ、『類聚三代格』（新訂増補国史大系本、序事／格式序）に養老二年（七一八）成立とされている『養老令』ではじめて制定されたことになるが、その間の持統・元明の二天皇は『続日本紀』に太上天皇（上皇）と記されている。もし『大宝令』で成立していなければ、どこでこの名が成立し、それ以前は何と呼ばれていたかまったく不明となってしまう。

法律上はともかく、記事での上皇という語の初見は『続日本紀』（新訂増補国史大系本）大宝元年六月庚午条の、

太上天皇、吉野離宮に幸す。

で、その最初は持統上皇である。持統天皇は、天武天皇の没した朱鳥元年（六八六）九月九日に「臨朝称制す」として即位せずに政務を執り、持統天皇三年（六八九）四月十三日に子・草壁皇子が死没すると、翌年正月に即位して正式な天皇となった。そして太政大臣にすえていた高市皇子が没したのを機に、十五歳になった孫・珂瑠皇子（草壁皇子の子）にみずから進んで位を譲った。正史の公認する二人目の生前退位者だが、その退位にさいしてはじめて太上天皇の名称が付与された。

太上天皇は、『令義解（養老令）』（新訂増補国史大系本）儀制令天子条に、

譲位の帝に称する所。

とあり、同令皇后条にも、

凡そ皇后・皇太子以下、率土の内、天皇・太上天皇に上表せむときは、同じく臣妾名称せよ。

とある。譲位した帝として天皇の次に位置し、皇后・皇太子にとって拝礼の対象である。

たしかに先掲白雉四年是歳条には皇祖母尊（皇極天皇）は間人皇后の上に記され、『続日本紀』天

平十八年（七四六）十月甲寅条でも、

　天皇・太上天皇・皇后、金鍾寺に行幸す。

とあって、聖武天皇の次で光明皇后の上位に位置している。こうした規定は中国律令の儀制令に見えず、中国では失脚だろうと平穏裡の禅譲だろうと退位した帝は臣下と遇される。退位してもなお天皇と同格に処遇するのは、日本令の特色である。(2)

　しかし日本令の特色といっても、土着の社会慣行とか伝統的な家族的風習とかが反映したものではなく、創始時点の為政者のまったく政治的な都合によるものだった。

　それは、「先帝として今上天皇を守護し、政務を補完する」という役割を果たすことであった。持統上皇（鸕野皇后）でいえば、草壁皇子の子・珂瑠皇子に譲位して退くのではあまりに先行きが不安だったからである。

　草壁皇子であれば、天武天皇の後継者として宮廷内ですでに認知されていた。天武天皇八年（六七九）五月の吉野会盟で、草壁皇子が皇位継承候補となりうる六人の皇子を代表して宣誓している。これでほかの五人よりも頭一つ抜きん出たわけで、すくなくとも序列上各皇子に優越する立場は決定的になった。しかし草壁皇子は即位できずに病没したため、いわゆる家督（当時の呼び方ではないが）の相続はなされていない。となれば鸕野皇后の所生でないあたらしい嫡子を、天武天皇の庶子たちから選び直すほかかない。庶子中の序列の最有力者は大江皇女所生の長親王であり、その選出が穏当のはずだった。(3)

　だが鸕野皇后は周囲の目をまったく気にせず、みずから即位し、草壁皇子の後継者選びの話し合いそのものを拒絶して先送りさせた。

封じられてしまったとはいえ、いつかは必要になる。だから後継候補選びもそれぞれのグループでひそかにはなされたろうが、持統天皇は万一のために圏外と思われてきた高市皇子を一時的な後継候補に立て、恩に着せるとともに一代限りの即位を黙認する肚を決めていたようだ[4]。長親王ら天武天皇の庶流を嫡流とさせないための時間稼ぎに、高市皇子を使った。その高市皇子が死没し、珂瑠皇子も十分ではないがそれなりに成長していた。十五歳での即位は当時の慣例では早すぎるが、かといって高市皇子にかわる便利な一代限りの代行者を探すのもむずかしい。持統天皇の余命もまた測りがたい。そこでこのさいやや力押しをして、文武天皇として即位させることに決めた。だが弱年で人生経験の乏しい天皇が政務をまとめともに執れるはずもなく、何をもって採否を判断するかなどことごとに補弼・助言が必要である。執政内容に失当があれば、臣下からもだが、皇族のなかからも厳しい非難・批判が起こりうる。とくに登極を阻まれた長親王はここぞとばかりに非難し、みずからの即位を求めるだろう（『懐風藻』葛野王伝）。その攻撃を文武天皇が天皇家の当主として矢面に立って応答し、適当に躱しきれるのだろうか。

そもそもはこうした非力な天皇を掩護するため、天皇の上に立って天皇を補完する存在を置かざるをえなかった。その地位が上皇なのだ。律令では天皇の次に位置づけられているが、それは天皇を最高権限者とするのが律令の建前だから。じっさいの上皇は天皇を上から導く者で、天皇を包み込むときには天皇権限を代わりに発揮して皇権を守護する役割を果たすものだった。

文武天皇即位から六年間、二十一歳になった若き天皇を遺して、持統上皇は世を去った。この間皇族や臣下とあらぬ紛争を生じなかったのは、上皇の政治的押さえがきいていたからである。

こうしたことは、そうそう起こらない特例のはずであった。ところが、同じ場面をすぐ迎える。

慶雲四年（七〇七）六月に文武天皇は没したが、子の首皇子はまだ七歳。じつに持統天皇は、この事態を見越していた。文武天皇はもともと虚弱であり、子に王権を引き継がせるまで命を長らえることが難しい、と。そして文武天皇没後から首皇子の即位までの十年ほどの皇位を埋めるために文武天皇の姉・氷高内親王を未婚のままで待機させ、いざというとき即位させる手筈を整えておいた。もちろん反対が起きるだろうが、それは承知の上である。想定していたように長親王はみずからの即位の妥当性を説き、氷高内親王には皇后の経験もなく、登極する資格がない、と主張したものと思われる。説得力があり舌鋒鋭いこの反対を躱そうとして、皇后ではないが実質的な皇后で草壁皇太子の妃だった阿閉皇女を仕方なく元明天皇として即位させ、長親王の登極をぎりぎりで阻み通した。その九年後の和銅八年（七一五）に反対勢力の長親王・穂積親王が相次いで死没したところで、元明天皇が譲位し、待機させてきた氷高内親王を既定方針の通りに元正天皇とした。

元明上皇は元正天皇の上皇であるが、持統天皇の計画はそもそも元正天皇の即位だったので、予定されていない上皇であった。これに対し、元正天皇は聖武天皇（首皇子）に譲位して文武天皇からの繋ぎの役割を果たし、同時に上皇になって聖武天皇の後見役を務めた。

元正上皇も持統上皇と同じく、基本的には今上天皇（聖武天皇）を周辺の攻撃から守護する役割である。天平十二年の藤原広嗣の乱のあと、身内の叛乱に動揺した聖武天皇は平城京を脱出して五年間彷徨し、宮を恭仁→難波→紫香楽→平城とめまぐるしく変えた。このなかで恭仁京を造営させながら、紫香楽宮と近江甲賀寺の毘盧遮那仏造顕を命じた。造営事業が重複しつづけることを憂えたのか、天平十六年二月とうとつに難波宮への遷都の詔が発布された。その閏正月に「都は恭仁・難波のいずれがよいか」と官人・市人に聞き、「恭仁がよい」という多数意見を聞いた直後であったから、動きに違和感がある。この不自然な動きは、おそらく元正上皇が恭仁京造営を止めさせ、人民の疲弊を慮ってすでに形のある難波京に統一させようとしたものであろう。前任者からの、いわば叱責である。すなわち元正上皇と聖武天皇との間で意見の違いを露呈したが、聖武天皇は紫香楽宮に遷都することで押し切ったようだ。この時点の上皇と天皇では、同じ成人ならば天皇の方が強い。天皇大権は、律令の規定に基づいた正当なものだったからだろう。

天皇との意見の食い違いを生ずる場面もあったが、元正上皇は聖武天皇の治世のうちの二十五年間をよく掩護・補弼し、課せられた任務を果たして天平二十年四月に死没した。

二　対立・対抗する上皇

上皇の権限規定などないが、成立事情からすれば天皇権限を覆い、本体をはるかに上回る指導力を持った存在である。そういう存在でなければ、課された責務を果たせない。天皇からすれば、無償で掩護してくれるありがたい存在といえる。

しかし万一敵対したら、天皇にとってどれほど厄介だろうか。「鉄人28号」(横山光輝作)は正義の人である金田正太郎が操縦しているから力強く善行をなすが、操縦器を悪人に奪われれば、力強く悪事をなすのだ。なしたことが善か悪かはともあれ、事実、そんな場面が訪れた。それが淳仁天皇に対する孝謙上皇、嵯峨天皇に対する平城上皇であり、両者の対立は正反対の結果となって終熄した。

天平宝字二年（七五八）八月、基王・安積親王という聖武天皇の息子はすでに亡くなっており、聖武上皇自身も死没していたので、独身の孝謙女帝は聖武天皇の息子に繋ぐという役割を果たし得なくなっていた。そこで聖武天皇の嫡系を諦め、舎人親王の子・淳仁天皇を即位させ、あたらしい嫡流とした、と思われてきた。だが筆者は、妻である孝謙女帝が上皇となって、皇位を夫となった淳仁天皇に譲った。上皇・天皇として夫婦共治を実現したもの、と理解した。[5] 孝謙女帝が入婿した淳仁天皇の皇子を身籠もれば草壁・聖武系の血は守られていく、と母の光明皇太后は考えたのである。

しかし天平宝字四年六月に光明皇太后が死没して、孝謙上皇と淳仁天皇を強く縛りつけていた綱が緩み、夫婦関係が綻びはじめる。孝謙上皇は母の持っていた実質的な天皇権限を引き継いでいたが、それを発揮しようにも体調が優れないでいた。ところが転地療養先の保良宮で、看病禅師・道鏡の宿曜秘法により健康を回復。看病してくれた道鏡と効果を示した仏教に格別の信頼を寄せたのだが、寵愛の行き過ぎを懸念する淳仁天皇と政権担当者の藤原仲麻呂らに咎められた。諫言に憤慨した上皇は平城京に戻って、

> 小事は今帝 行給へ。国家の大事と賞罰の二柄は朕行はむ。（『続日本紀』天平宝字六年六月庚戌条）

といい、帝権の大小への分裂とみずからの優越を廷内に宣言した。

「上皇権が天皇権より優越する」といっても新規に権限を分類したわけでなく、その時点の上皇と天皇の関係のありさまそのままを明瞭にしたものであろう。このとき、天皇がすでに持っていた権限を奪うとなれば、実務の場で衝突してしまう。もともと淳仁天皇にそうした権限はなかったと考える

か、あるいは仁藤敦史氏のいわれるように[6]「国家大事の宣言は、一時の感情的な発言であり、必ずしも実質を示すものではなかった」(二一一頁)か。たしかに紀寺の奴事件の処理は、上皇の微妙な立場を思わせる。『続日本紀』天平宝字八年(七六四)七月丁未条によれば、紀寺の奴・益人らの身分の認定をめぐる訴訟が起きた。訴人は持統天皇四年(六九〇)作成の庚寅年籍に編附されるときに寺側が誤認して奴としてしまったものだと訴えた。寺にある庚午年籍(天智天皇十年［六七〇］作成)の写しで奴という記載を確認したが、編附のさいに奴婢と判定した理由の記載がない。それならば訴人のいう通り寺側の思い込みで奴と記されたのかもしれない。どうにも決めかねた乾政官は、孝謙上皇の裁断を仰いだ。そこで上皇は「疑わしいときは軽い方に」と考えて良民と裁定したのだが、紀寺側の紀伊保は正式な勅でないと疑って受諾しなかった。そこで上皇は口勅で御史大夫(大納言)と仁部卿(民部卿)に執行を命じた。孝謙上皇の判断より、淳仁天皇→太政官の行政ルートが重視されている感じはある。たしかにそうで、紀寺の奴の身分判定には天皇の正式な裁断が必要とされ、臣下からは最終判断と思って貰えなかった。上皇権限には限界が見える。そうだからこそ、孝謙上皇は駅鈴・内印をまっさきに奪わせたのであろう。だがそうはいっても皇室内では上皇は天皇より力が勝っていたし、紀寺の奴の件でも、最終的に押し通している。乾政官から上皇にお伺いを立てていることも、上皇に優越して裁断する力があることを乾政官は理解している。上皇の権限は、天皇の力を上回っていた。現に人事の決裁などを通じてつぎつぎ仲麻呂派の官人がその職を追われ、孝謙上皇派の官人に差し替えられていった。

上皇の政治力が天皇よりはるかに勝っていたことは、史書や文書類を見れば歴然としている。すでに挙兵準備を整え、仲麻呂派の軍事力を封殺する布陣も終えていた。中宮院にあって筋道を立てればほんらい淳仁天皇に帰属するものであろう天皇御璽と駅鈴を孝謙上皇側が奪おうとして、戦端が開かれた。争奪戦に負けて権力を維持できないとみた仲麻呂らは、手勢を率いて都を脱出。天平宝字八年九月、行く手はすべて先回りして封鎖されていたため、近江西岸に追い詰められて斬殺された。仲麻呂と同心しているとされた淳仁天皇は同年十月に廃帝とされ、淡路に配流・監禁された上でたぶん暗殺された。孝謙上皇側の全面的勝利であった。歴史上では藤原仲麻呂（恵美押勝）の乱とされているが、仲麻呂が好んで決起したのでなく、実態は天皇を圧倒的する権力を持っていた孝謙上皇側が挑発して仕掛けた軍乱であった。

いま一つの敵対的上皇との対決が、薬子の変といわれてきた事件である。

大同四年（八〇九）四月に平城天皇が退位したのは、そもそも体調が優れず、政務に堪えられなかったからである。この場合は、天皇を守護する上皇になるとかでなく、政界から引退して影響力など持たず対立する可能性もないいわば無の存在となるはずだった。

事件の遠因は、平城天皇の即位事情にあった。

天智天皇の孫にあたる白壁王が光仁天皇として即位したが、それは聖武天皇の娘・井上内親王との間の子・他戸親王を後継者にすえてやがて即位させ、結果として天武天皇系の血統を繋げるための布石だった。白壁王自身が天皇の本命となっていたわけじゃなかった。しかし井上皇后は、孝謙女帝を目指したのであろうか。天皇候補の本命はじつは自分だという自覚のもとに、光仁天皇を排除してみずからの即位を求めたため、天皇への大逆罪に問われた。この縁坐で他戸親王も廃太子となり、替わって光仁天皇と元本妻の子・山部親王が立太子して桓武天皇となった。

井上内親王が白壁王と結婚した時点で、他戸親王が嫡流に据えられた。元本妻の子である山部親王は無嗣子断絶となるよう仕組まれ、実弟の早良親王も出家させられた。こうした経緯のため、山部親王には、四十五歳の即位時でも子がいなかった。だから桓武天皇の皇太子には、実弟・早良親王が立てられた。だが子・安殿親王（平城天皇）が成長してくれれば、桓武天皇も実子への継承を望む。それが親心というものだろうが、その発揮のしようが稚拙であった。延暦四年（七八五）九月の造長岡宮使・藤原種継暗殺事件に関わっているとの嫌疑がかかると、桓武天皇はためらわずに早良親王を失脚させた。早良親王は絶食して死亡し、冤罪へのつよい抗議の意思を表わした。それからしばらくして桓武天皇周囲の人々の死が続き、桓武天皇はそれが早良親王の怨霊の祟りによるものと信じた。

その影響で皇太子の安殿親王も早良親王の怨霊を畏怖し、風病という名の病魔にしばしば襲われた。大同元年五月に即位したのちも体調が優れなかったのは、そのせいだった。平城天皇にはそれなりの国家構想と政治手腕があり、これを発揮して国政改革に立ち向かおうとしていた。だがついに執務することに堪えられなくなった。ところが平城天皇も父と同じく嫡子（高岳親王）がまだ育っていなかった。高岳親王は平城天皇の即位時にまだ七歳と年少だったため、実弟・神野親王を皇太子に立てていた。そこで大同四年四月、神野親王を即位させて嵯峨天皇とした。ここまでの経緯に、無理はない。

これで平城上皇が政界から手を引いて無為に過ごしてくれれば、平穏だった。高岳親王の処遇はそのうち課題となるだろうが、それは少しく先の話だ。

ところが転地療養の甲斐があったのか、平城上皇の体調は回復しはじめた。側近の藤原仲成・薬子兄妹の勧めもあったろうが、彼は嵯峨天皇を廃して重祚する意思を固めた。思いとしては、たんなる権力欲でなく、やり残している政策課題を自分流に解決したかったから。そういうところだが、表裏のあることで、どちらが本心かはわかるまい。

ともあれ同年十二月、上皇は公卿・外記局員など多数の官人を率いて平城旧京に遷居し、さらに畿内近国に造宮料稲を課し雇民を徴発して宮の復旧工事をはじめた。一方で嵯峨天皇も、上皇が政界に戻ってくるとは思わなかった。上皇がかつて設置した道ごとの観察使を廃止するなど、その執政内容を否定していた。今上天皇として、こうした判断はいまさら譲れない。こうして、「二所朝廷」(嵯峨天皇の詔文)といわれる分裂状態が出現した。中納言の藤原葛野麻呂や参議の藤原仲成・藤原真夏・多入鹿らは上皇の指示に従い、公卿会議は分裂。内侍尚侍の薬子は嵯峨天皇に近侍して天皇と臣下の間の文書を取り次ぐのが職務だったから、宮中の動静は平城上皇に逐一しかも精確に通報された。孝謙上皇のときと同じく、上皇が天皇を排斥しようとして、持っている巨大な権限を全面的に行使しはじめたのである。

だが、淳仁朝のときにははるかに劣勢だった天皇が、今度は上皇の野望を打ち砕いた。弘仁元年(八一〇)九月に平城上皇が天皇の許可なく平城旧京への遷都を命ずると、先んじて三月十日に非公式に設置しておいた蔵人所の長官(蔵人頭)藤原冬嗣を通じてひそかに事態収拾の対策を立て、平城上皇とその追随者の捕捉を命じた。まずは従三位・尚侍だった薬子の位官を奪い、仲成を佐渡権守に左降。ついで三関を封鎖し、東国で再起しようとする平城上皇軍を坂上田村麻呂らに邀撃させ、帯解あたりで行く手を遮らせた。やむを得ず平城宮に引き返したところを、捕えた。仲成は射殺され、薬子は服毒自殺して果てた。

この事件は歴史上「薬子の変」と呼ばれてきたが、それは天皇・上皇などが国家的な犯罪者となるはずがなく、なってはいけないという後世の政治的配慮からである。政治的なフィルターを外して事件そのものを観察すれば、明らかに上皇の発意と指示で惹き起こされた軍事行動であり、平城上皇の乱と称するのが穏当である。

孝謙上皇の乱と平城上皇の乱は、ともに上皇が天皇に対して起こした軍乱であるが、結果はまったく正反対となった。前者は天皇を排除して重祚したが、後者は天皇が勝って上皇を捕捉し逼塞させることとなった。

その帰趨の差はともあれ、そもそもは天皇を守るべき立場として成立した上皇が、いったん対立すれば強敵となる。二所朝廷と表現されたように、政治的権能は上から裂かれて二分され、廷臣たちも二所それぞれに分かれる。守るべく生まれた地位が本旨と違って敵対することになれば、国家を揺るがす大事を惹起する。そうした懸念を現実の形にしたのが、この二つの事件だった。

三　「治天の君」となる上皇

承和九年（八四二）七月の承和の変で覇権を手にした藤原良房は、やがて清和天皇の摂政となって幼少時の天皇権限を代理執行した。この代理権限は基経の関白就任で成人時にも拡大し、ともに外戚氏族の地位を独占していた藤原氏に引き継がれた。とはいえ、権限上は天皇が最上位にある。その天皇と政治判断が対立することは好ましくない。だから天皇が成人してくると、退位を求められて上皇とされた。天皇権限を行使させないために退位させたのだから、上皇は多数出現するものの、彼らに政治力を持たせるはずもない。摂関期の天皇と上皇は、対立的存在でなかった。

ところが治暦四年（一〇六八）四月、藤原氏を生母としない後三条天皇（母は禎子内親王）が即位した。これで、長く続いた摂関政治に影が差しはじめた。それまで皇太子に立てられれば、その証として壺切りの剣が渡されてきた。しかし後三条天皇が皇太子であったとき、壺切りの剣は渡されなかった。藤原氏の娘が皇子を産むのを待ち、それにこの剣をじかに渡すつもりだからだ、とまで噂された（事実ではない）。天皇の妻妾のだれかが妊娠したと聞けば、廃太子されるのではないか、陰謀に巻き込まれて命を落とすのではないかと狼狽する。そういう惨めな思いをさせられてきたから、後三条天皇には摂関家を深く恨むところがあった。天皇は即位後ただちに親政したが、四年半ほどで退位した。それが療養のための退位なのか、退位したあとに院政を志していたのか。本意がどちらだったかは不明だ。だがその無念の思いと天皇復権の野望は、子・白河天皇に引き継がれた。

白河天皇は延久四年（一〇七二）十二月から応徳三年（一〇八六）十一月までの約十四年、天皇として親政した。

摂関家も行使してきた権力のそもそもの源泉は天皇権限にあるので、天皇が親政するといえば代行者となれない。あくまでも臣下としての参考意見の具申をするに留まり、権力をふるえなかった。もちろん基経のように藤原氏の官僚たちに無言の圧力を加えて出仕させず、宮廷の吏務を動かなくさせてしまえば、天皇側が膝を屈してくるかもしれない。しかし嵯峨源氏以来、各天皇から輩出していた子女を賜姓源氏[7]にして登庸すれば、藤原氏が同盟罷業している穴を埋められなくもなかろう。人材は少なからずおり、時代は遷り替わっていた。

ともあれ白河天皇は天皇家の力を親政によって強化し、摂関家の権威を十分に弱めておいてから、堀河天皇に譲位した。そして上皇（院）としていわゆる院政をはじめた。なお、院政という言葉は、頼山陽が『日本外史』（岩波文庫本。二十二巻、一八二七年成立）に、

> これに由つてこれを観れば、平宗を延いて以て相門に抗するは、院政・廟論、相ひ伝承する所、其れ猶ほ寛平の菅氏を擢任するが如きか。　（上、巻之一、源氏前記　平氏［平氏論賛］一〇一頁）

としてはじめて使ったもののようだ。(8)

院政の権力基盤はかつて自分が行使してきた天皇権限を分割するもので、儀礼的な仕事やこまかい国務は天皇の仕事として残し、上は天皇（と皇太子）の人事を一手に握り、下は天皇の持つ高級官僚の人事権や重要な国務の最終決定に干渉したりして、摂関家を上回る権力を行使し続けた。白河天皇の親政期と院政期の執政を総括して、右大臣・中御門宗忠は、

> 後三條院崩後、天下の政を秉ること五十七年、意に任せ、法に拘らず除目・叙位を行ひ給ふ。古今未だ有らず。……理非の決断、賞罰の分明、愛悪ヲ掲焉にし、貧富顕然なり。男女之殊寵多きに依り、已に天下の品秩破るるなり。仍て上下の衆人、心力に勝へざるか。
> （史料通覧本『中右記』六、大治四年七月七日条、六五〜六六頁）

つまりかつて例を見ないほど、我意を押し通し、みずからの愛憎・好悪をもとに人事・決裁・賞罰などを行ない、貴族社会の伝統的な決まり事を破壊した。人々は耐え難い苦痛を味わった、と評した。

ときには、ほんらい藤原氏の私的な問題であるのに、摂関家の相続やその財産継承にも奔放に干渉

した。白河院は藤原忠実の関白を罷免して宇治に籠居させ、代わりに嫡子・忠通を関白としていた。ところが白河院を嫌う鳥羽院は、白河院歿後にこれを覆し、忠実を関白職の実質的職務である内覧に任じ、内覧は忠実の弟・頼長に継がせた。摂関家はこれによって父子兄弟間で分裂し、鳥羽院・美福門院を挟んだ確執を生じた。また後白河院も、治承三年（一一七九）六月に平盛子（白川殿）が死没すると、臣下間の相続問題に干渉した。盛子はかねて夫・藤原基実から摂関家領の荘園群を相続し、事実上、実家の平家の財源としようとしていた。その摂関家領を盛子の死歿後に没収し、院の倉預に管理させた。つまり後白河院の自領に組み込んだ。法も無視してまさに好き勝手に政界を操り、我意を通した。

　白河院政の時期には堀河・鳥羽・崇徳の三天皇と代替わりしているが、天皇家の実権は四十三年間、父・祖父・曾祖父にあたる白河上皇の掌中にあった。白河上皇の没後は鳥羽上皇が崇徳・近衛・後白河の三天皇の上に父として二十七年、後白河院は二条・六条・高倉・安徳・後鳥羽の五天皇の父または祖父として三十三年、後鳥羽院は土御門・順徳・仲恭の三天皇の父または祖父として二十三年も君臨した。最長は江戸時代の後水尾上皇で、明正・後光明・後西・霊元天皇の上に五十一年君臨した。

　院政を支えまた手足となった院庁は、ほんらい引退した上皇の生活の面倒を見る公設の家政機関である。だが院は、ここに中級貴族を軸とし受領国司などを混えた近臣団（院の近臣）を形成させた。摂関期ならば、院の近臣となったような人たちはとうてい権力の中枢に届かず、国政に関与しようもなかった。しかし院に仕えることで院宣・院庁下文を使い、院の意向に添ってその権力を背景としつつ摂関家と対峙した。院はおもに既存の権力者である藤原摂関家を翻弄し、擡頭する武士勢力を操

院政系図　□は院政の治天の君。⬚□のなかで上の天皇が下の天皇に対し、右の天皇が左の天皇に対して院政を執った。

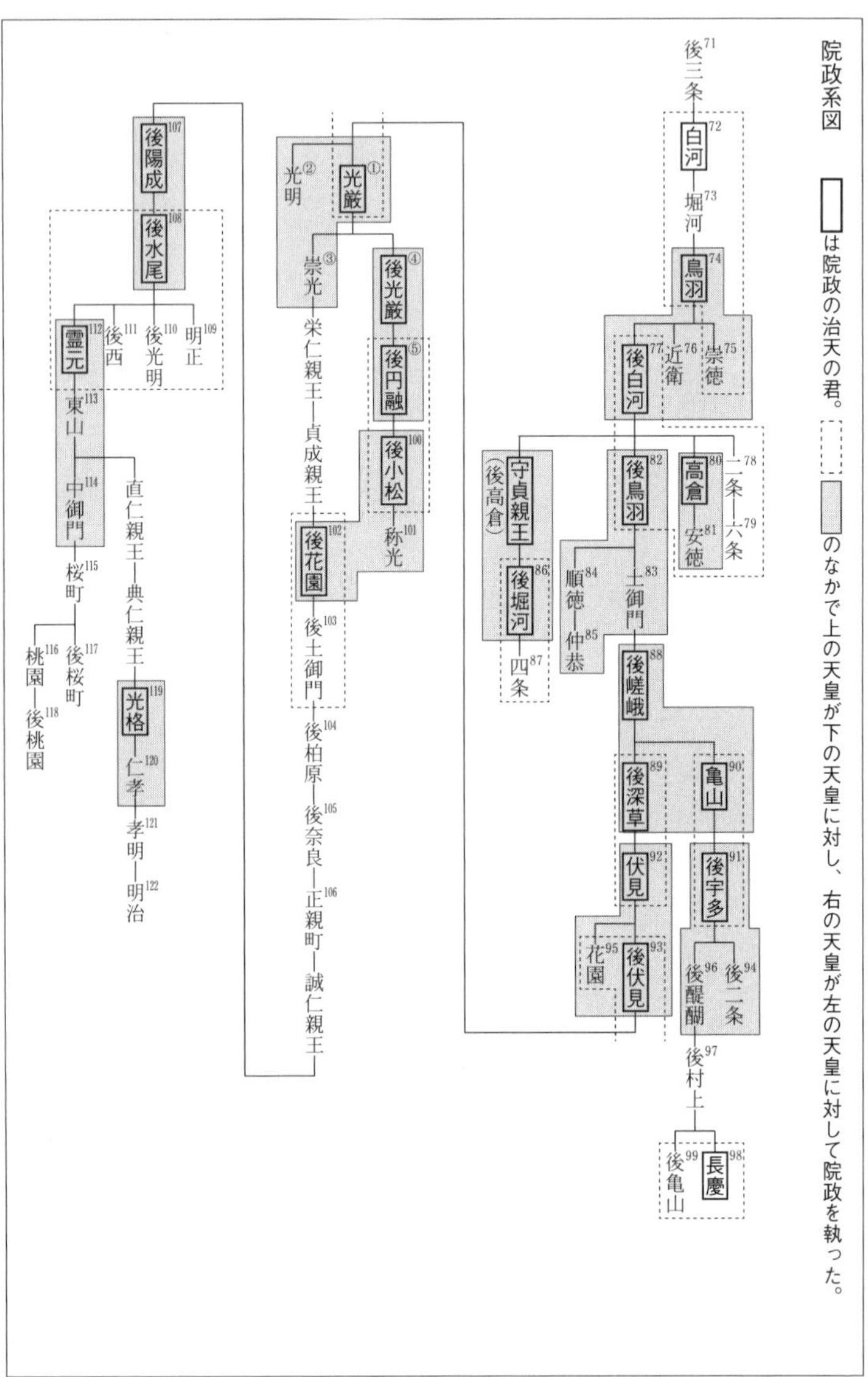

りながら国政を壟断していった。院政の主は国家の事実上の最高権力者といえたので、人々は実態を反映させて院を「治天の君」と呼んだ。ただし上皇になりさえすれば院政を敷けるというわけではない。天皇の父・祖父など直系の祖となり、天皇家の要いわば家督の位置にいなければ治天の君になれない。

これ以降、天保十一年（一八四〇）の光格上皇死歿まで、公家社会では、亀山朝・伏見朝や後醍醐朝などの天皇親政の一時期を除けば、すべて院政の主が権力を保持した。だから天皇の即位をめぐる駆け引きは、じつはだれが院政の主つまり治天の君となるのかを争うものであった。ただし院政・天皇・摂関と幕府の間のそれぞれの関係はこまかく変化し、その経緯は複雑である。それでも承久三年（一二二一）の承久の乱での後鳥羽院の敗北は大きく、議決機関とされてきた院評定の立場には大きな差が見られる。後鳥羽院以前は専制的で、後嵯峨院以降は公卿らと親和的で民政に努めた、という。[9] 対抗姿勢から公武協力・善政実施へと舵を切り替えたともいえるが、幕府に押さえ込まれた、という姿が露わである。

承久の乱以降の幕府は、後鳥羽院のような反幕府勢力の擡頭の防遏を何より優先した。その幕府の介入と操作に恰好の場を提供したのが、文保元年（一三一七）の文保の和談だった。この和談は、持明院統と大覚寺統の両皇統間で皇位を替わる替わる継いでいくという原則（両統迭立）を定めたことで知られている（正しくは、両統間で話し合って決めることに合意した。もちろんその合意を実施するには、幕府の許諾が必要である）。そのきっかけは、後嵯峨院の差配にあった。

後嵯峨院は、子の久仁親王と恒仁親王をそれぞれ後深草天皇（持明院統の祖）・亀山天皇（大覚寺統の祖）として皇位につけた。それによって三十一年一ヶ月、治天の君であり続けたのである。後嵯峨院は後継者を遺言で指名しなかったが、そこが問題であった。ふつうならば、同母兄弟ならば年長順に兄の後深草上皇が院政を敷くことになる。しかし後嵯峨院は、ことのほか亀山天皇を寵愛していた。このため朝廷内では、後嵯峨上皇の遺志を忖度して、院政の主をどちらにするかで揉めた。世仁親王（後宇多天皇）にすれば亀山院の院政となり、熙仁親王（伏見天皇）にすればそれは後深草院を治天の君とすることになる。廷臣たちの関心はもっぱら自分の栄華・出世であり、どちらに付けば人事問題で利益があり、どちらに付いたら冷や飯食いになるかである。後嵯峨院の胸中を察するといいながら、その先の人事を見越してそれぞれに去就を決めようと画策を繰り返していたから、両派がはっきりと色分けされてしまった。そこまでになってしまうといまさらどちらも引くに引けない。結局廷内で論議をしてみても決着ははかれず、鎌倉幕府にその判断を委ねるほかなかった。

　幕府は二皇子の生母・藤原姞子（大宮院）から後嵯峨院の遺志を訊き、亀山天皇を意中の人と確認した。亀山天皇は後宇多天皇に譲位し、院政をはじめた。これで一件落着かと思いきや、今度は後深草上皇が失意の余り出家するとの意思を表明し、廷内の対立は一向に収束しなかった。そこで後深草上皇派の関東申次・西園寺実兼が、鎌倉幕府に画策する。幕府は京都・幕府間の窓口にあたる関東申次からの提言なので、宮廷の意思としてこれを受け容れ、後深草上皇の子・熙仁親王を皇太子に立てさせた。後深草上皇派は、いまは我慢だが、やがて政権を奪還できる見込みになった。こうして十二年後に伏見天皇が即位し、父・後深草院が治天の君となった。実兼はその後も持明院統によりそい、伏見天皇のあとはその子・後伏見天皇が立ち、持明院統に一本化される様相を呈した。

だがここから、また宮廷発の一波瀾である。伏見院は実兼よりも京極為兼を信任したため、実兼が臍を曲げた。実兼は関東申次の立場で幕府に働きかけ、こんどは大覚寺統の邦治親王（後二条天皇）の立太子に成功する。そもそもはこうした偶発的な事情を重ねてきた末のことだったのだが、幕府も両統迭立となっている現状を追認し、後二条天皇の皇太子には伏見天皇の子・富仁親王（花園天皇）を、花園天皇の後には後宇多天皇の子・尊治親王（後醍醐天皇）の立太子とする案を受け容れた。こうして二統（四流）の間で交互に院政が敷かれる約束ができ上がった。この間に天皇家の幕府への従属度はさらに深まり、正和五年（一三一六）十月二日、反幕の嫌疑をうけた伏見院は「愚身、建治に儲弐に備はり、弘安に践祚を遂ぐ。是皆東関之貴命に依りて、生涯之先途を極む。此の芳恩を荷ひ乍ら、争か不義を所存ふべけん哉」（図書寮叢刊本『砂巌』一、伏見院賜于関東御告文、三〇頁）といい、幕府の命令で即位できた「芳恩」を謝し、忠誠心を見せるべき立場になっていた。

なお、二統対立の背景には政権の帰趨だけでなく、経済的な利権も絡んでいた。天皇家の主要財産には長講堂領という約一八〇箇所の荘園群と八条院領という約一〇〇箇所の荘園群があった。前者は後深草天皇に譲与され、後者は幕府の諒承を受けて亀山天皇の手に入った。このほかに二統のどちらに帰属するか明瞭でない約八十箇所の荘園からなる室町院領があった。これはのちに幕府の裁断によって折半されるが、天皇家を統一した家長となればすべてを支配下に収めうる。こうした利得がらみの争いでもあった。(10)

こうした推移のなかには天皇親政だった時期もあり、すべてが院政一色で蔽われたわけでもなかった。文保二年二月、後醍醐天皇はその当時として異例の高齢である三十一歳で即位した。天皇は即位の当初から親政をつよく志していた。もともと後醍醐天皇は即位の予定がなかった皇子であり、後二条天皇が急死したためだった。皇太子だった持明院統の花園天皇が即位し、大覚寺統側からの皇太子となった。しかし本命は大覚寺統嫡流での継承にあったから、後二条天皇の子・邦良親王の立太子・即位としたかった。だから後醍醐天皇は一代限りの繋ぎで、しばらく預かってから嫡流に戻すという諒解の上での即位だった。

だが、それは治天の君や廷臣たちの間の諒解であって、後醍醐天皇本人の意思でなかった。後醍醐天皇はおりから流入してきた宋学（朱子学）に影響され、その帝王学を学び取っていた。天皇親政による施政の志をつとに懐いており、即位して三年経った元亨元年（一三二一）十二月には、天皇の意思を貫いて父・後宇多天皇の院政を停止してしまった。これは院政への挑戦だけでなく、両統迭立への挑戦でもある。だから表向きは迭立の早期履行を求める形で、幕府の後ろ盾をもって強く譲位を迫る動きが起きた。それは当然だったろう。しかし院政を否定して天皇親政にこだわるのならば、話の筋道として、宮廷とともに迭立原則を裏で支える幕府は敵となる。理の赴くところ、倒幕に向かわざるを得なくなるわけである[11]。

そのあとの室町時代・江戸時代にも院はいたが、院のいる京都はもはや全国の支配の中心でなくなっていた。政治力が行使できる支配地も少なく、政務の対象としうる範囲も狭かった。そのため、院政の主がどうなるかは国家的な関心事・大きな政治的課題と意識されなくなった。

とはいっても摂関政治は天安二年（八五八）の藤原良房の摂政就任から治暦四年[12]（一〇六八）の後三条天皇の即位までとして二一〇年続き、上皇（院）の時代は後宇多院までとしても二三五年あった。

ともにきわめて長期にわたって、日本の歴史舞台に君臨してきた。

だがあらためて考えて見ると、天皇の父であるからといってなぜ権力を行使しうるのか。また摂関家も、天皇の外戚(がいせき)ならなぜ権力が行使できるのか。後三条天皇や後醍醐天皇のように、といってももちろん宮廷工作を万全(ばんぜん)にしなければいけないが、ともあれ拒絶もできた。「父だから」「母の実家だから」というのは権力譲渡のきっかけに過ぎず、権力を行使できる確(かく)たる根拠とはいえない。[13]

院も摂関家も、ただの家長であり外戚である。その位置に立てばかならず代行者として権力行使ができるわけではない。現に摂政・関白になった者の多くは、天皇の外祖父でなかった。[14]権力の源泉となる天皇を形式化し、代行者として振る舞う余地が生じたからはじめてできたのだ。ときおり天皇親政に戻るのは、その余地が天皇によって奪われたからである。上皇や外戚にそうした権力者になる余地を与えるかどうか、治天の君や摂関家、あるいはそのようなものを歴史にまた登場させるかどうかは、そのときどきの政治的社会的な勢力関係のありよう・都合(つごう)によって決まるのである。

日本国は立憲君主制なのか共和制なのか、明瞭になっていない。そのなか、仁孝(にんこう)天皇の父・光格(こうかく)上皇の院政が天保(てんぽう)十一年(一八四〇)十一月に閉じられてから約一八〇年ぶりに、上皇が登場した。高齢に配慮しての決定で、そのことに少しも異論はない。だが例外は前例であり、「例は此れよりこそは始まらめ」(新日本古典文学大系本『古事談』巻二―五三。白河上皇の言)つまり恒例(こうれい)のはじまりである。歴史は一つの足がかりをもとに、動き出し変化してゆくものである。良房の摂政だとて、はじめは幼年の清和(せいわ)天皇のときだからこその特例であって、そのあとに連綿(れんめん)と続くとはだれも思わなかったのであろうから。

【注】

（1）拙稿「軽皇子が黒幕だったという説はただしいか」（『古代史の思い込みに挑む』所収、笠間書院、二〇一八年）。

（2）『律令』（日本思想大系本）儀制令補注1e太上天皇。

（3）拙稿「知太政官事の就任順と天武天皇皇子の序列」（『飛鳥奈良時代史の研究』所収、花鳥社、二〇二一年）。

（4）注（3）の結論では、高市皇子の太政大臣就任は、知太政官事と同じく年齢順での起用であり、皇太子的な意味合いはなかったかもしれない、とした。太政大臣という名称が天智朝での大友皇子の皇太子的な地位を連想させた。そのために、高市皇子も事実上の皇太子扱いとなってしまった。これに懲りて、再設置のさいには知太政官事と改名したのであろう。そう考えることも可能である。文武天皇の即位が高市皇子の死歿直後であることを考えると、持統天皇が当初に意図した状態と異なってしまったとしても、このときの高市皇子が皇太子的な位置にあったことは認めざるをえないと思う。

（5）拙稿「淳仁天皇の后をめぐって」（『白鳳天平時代の研究』所収、笠間書院、二〇〇四年）。同「阿倍内親王の立太子構想」（『歴史研究』六七三号、二〇一九年七月）。のち『飛鳥奈良時代史の研究』（花鳥社、二〇二一年）に採録。

（6）仁藤敦史氏著『藤原仲麻呂』（中公新書、二〇二一年）。第五章藤原仲麻呂の乱、二一〇〜一頁。

（7）倉本一宏氏著『公家源氏―王権を支えた名族』（中公新書、二〇一九年）。

（8）Wikipedia「院政」、二〇二一年三月十五日更新。

（9）美川圭氏著『公卿会議―論戦する宮廷貴族たち』（中公新書、二〇一八年）、一九五頁など。院・天皇・摂関家のそれぞれの関心事やたがいの力関係による権限・組織などの変化がくわしく叙述されている。必ずしも院の独善的な意向のみで政治が動かされていったわけでもないことがうかがえる。

（10）美川圭氏著『院政―もうひとつの天皇制』（中公新書、二〇〇六年）。
（11）森茂暁氏著『後醍醐天皇―南北朝動乱を彩った覇王』（中公新書、二〇〇〇年）。
（12）美川圭氏注（9）書、「終章　公卿会議が生きていた時代」には「三代将軍足利義満が登場すると、おもな公卿たちは事実上義満に仕えることになる。後円融天皇は同じ年齢の義満としだいにそりがあわなくなり、最後にはことごとく対立した。それとともに、朝廷の活力は一気に失われる。今までまがりなりにもはたしてきた統治能力を失って、いわばただの『お飾り』となっていった」（二二八頁）とある。
（13）美川圭氏著『白河法皇―中世をひらいた帝王』（角川ソフィア文庫、二〇一三年。前身は同じ書籍名でNHK出版、二〇〇三年）では、後三条天皇と藤原頼通との確執、白河天皇と藤原師実との連携、鳥羽天皇と藤原忠実との諍いなどの個別場面の積み重ねとして、院政の権力樹立が描かれる。それはそれで納得できるが、いままでなかった父権行使がなぜ出来るようになったのか。その大局の説明は後景に退いた。本郷和人氏著『上皇の日本史』（中公新書ラクレ、二〇一八年）は招婿婚から父方重視に変化するという「婚姻形態の変化も、上皇による政治を生み出す要因の一つ」（六三頁）という古来の大雑把な理解で済ませようとするが、これでは個別の説明にならない。
（14）拙稿「42摂関政治の基盤は、良房・道長の例が典型だったのか」（『古代史の思い込みに挑む』所収、笠間書院、二〇一八年）。

（原題「上皇の時代の基礎知識」、「歴史研究」六七四号、二〇一九年九月）

［補注］
小著の三校中、槇道雄氏著『上皇と法皇の歴史　仙洞年代記』（八木書店、二〇二一年）が刊行された。五〇〇頁を超す大著で、天皇号の誕生や院政の原初形態から系統的に論じた網羅的な論著である。この書によってあらためて多くの記事を加え、根本的に書き直す必要も感じるが、いまは発表したときの旧態のままに留めざるをえない。

II

氏族・人物

神武東征譚成立の理由をさぐる

一　記紀の記す神武東征譚

神武天皇が征討軍を率いて南九州から東に向けて出発し、ついに大和を制圧するという話（神武東征譚・神武東遷）は、太平洋戦争以前であればほぼ全国民が知っていた。しかし一転して戦後は、だれからも教えられず、ことさらに学ぼうとしないかぎりまったく備わらない知識となってしまった。

そこで、まずはその大要を記しておこう。

この東征譚を記載する古代の基本文献は二書で、和銅五年（七一二）成立とされる『古事記』と養老四年（七二〇）に奏上された『日本書紀』である。成立した順に従って、まずは『古事記』（日本古典文学大系本）から見ていく。

大和王権においてもっとも上位の支配者は天皇で、天皇は大和王権の意思を代表する地位にある。この天皇家は大和王権を成り立たせているほかの氏族とは異なり、そのおおもとは高天原の主宰神が選抜して地上支配のために降臨させた邇邇芸命に発する。邇邇芸命が天上界から降臨して、地上の支配者となった。そのさい邇邇芸命は、国の中枢に当たる大和にでなく、「竺紫の日向の高千穂の久士布流多気に天降り」（一二九頁）した。その地で木花之佐久夜毘売と婚して日子穂穂手見命（火遠理命）が生まれ、日子穂穂手見命が海神の娘・豊玉毘売と婚して鵜葺草葺不合命を得た。この鵜葺草葺不合命が叔母の玉依毘売と結婚して生まれたのが、豊御毛沼命（神倭伊波礼毘古）のちの神武天皇である。これらの話は日向神話と総称されており、いずれも邇邇芸命が降り立った日向（宮崎県）を舞台にしている。このままでいくら年月が推移していっても、大和王権を開いたという話には繋がらない。

それが、豊御毛沼命が、高千穂宮で兄・五瀬命に相談を持ちかけたことから動きはじめる。豊御毛沼命が「何地に坐さば、平らけく天の下の政を聞し看さむ。猶東に行かむ（どこの地を拠所にすれば天下の政治が執れようか。もっと東に行こう）」（一四九頁）と提案し、これに同意した五瀬命が中心となって軍を興し、東征へと旅立つこととなる。

日向を発ち、豊国の宇沙の足一騰宮で接待を受け、筑紫の岡田宮に一年、阿岐国の多祁理宮に七年、吉備の高島宮に八年ほど滞在した。速吸門（明石海峡）で出会った槁根津日子に導かれて浪速の白肩の入江に停泊し、そこから上陸して大和に進もうとした。だが五瀬命は日下の蓼津において土豪・登美能那賀須泥毘古（登美毘古）の邀撃に遭い、その戦傷がもとで死亡。ここから豊御毛沼命が替わって軍を率いることに。太陽を背にすることで日の神を味方に付けようと図り、和泉の血沼海から大きく東に旋回。紀伊の男之水門を経て、紀伊半島東南の熊野に上陸した。そこから八咫烏の道案内により、吉野から宇陀へと入った。そこに盤踞していた宇陀の兄宇迦斯、忍坂の大室の土雲、さらに磯城の兄師木・弟師木も討ち果たす。さらに軍を進めたところで、登美毘古のかねて奉じていた邇芸速日命が天神の子である印を献上して服属してきた。こうして大和の平定に成功した豊御毛沼命は、伊波礼毘古として畝火の白檮原宮で即位し、神武天皇となった。大和王権から律令国家へと連なる天皇の国家統治の基はこうして開かれた、という筋書きである。

もう一冊の『日本書紀』（日本古典文学大系本）編纂は国家事業であって、記事にはこまかく年月日が付され、記載内容も物語的で詳細になっている。

こちらでも、瓊瓊杵尊の天降り先きは「日向の襲の高千穂峯」（神代下第九段本文）になっている。二世代目が彦火火出見尊、三世代目が鸕鷀草葺不合尊で、四世代目が彦五瀬命・稲飯命・三毛入野命、神日本磐余彦（神武天皇）となる。

大和に行こうとするきっかけだが、かねて国内の分権・割拠状態を嘆いていた。そこに塩土老翁が、

> 東に美き地有り。青山四周れり。其の中に亦、天磐船に乗りて飛び降る者有り。（一八九頁）

といってきたので、そこが、

> 必ず以て大業を恢弘べて、天下に光宅るに足りぬべし。蓋し六合の中心か。

つまり「大業を興し広めて天下を支配するのに不足がない。きっとこの国の中心だろう」と気付いて、大和に向けた東征を決意したという。

甲寅年十月五日に五瀬命ら遠征軍の一行が出発し、速吸之門（豊予海峡）で椎津根彦に会い、筑紫の菟狭・岡水門から安芸の埃宮に赴き、乙卯年三月に吉備の高嶋宮に三年滞在して武力・兵粮を準備。戊午年四月に河内国白肩之津から上陸したが、五瀬命は孔舎衛坂でそこの土豪・長髄彦と闘って負傷してしまった。和泉沿岸の山城水門・紀伊雄水門などを漂ううちに、ついに五瀬命が死亡。かわって

神武天皇（磐余彦・彦火火出見）が事業を継承し、全軍の指揮を執ることとなった。六月には熊野へと移動したが、その過程で暴風による海難事故に遭遇し、稲飯命・三毛入野命らを失った。
熊野の荒坂津から上陸して在地の女酋・丹敷戸畔を破ったものの、毒を撒かれて昏倒する。天から韴霊を授かって蘇生し、また授けられた八咫烏を道案内にして進軍を再開。八月に宇陀にいた兄猾を討ち取り、吉野に進んで国栖を味方に付けた。磐余には土豪の兄磯城がおり、磯城にも八十梟帥、葛城にも赤銅の八十梟帥が敵対していたが、香具山の社に祀られている現地の神の助けを受け、十一月にはこれらを平らげた。十二月になって、かつて兄を討たれ苦汁を嘗めさせられた因縁の長髄彦と対決した。神武天皇の弓には金鵄が止まって相手方を眩惑させたりしたが、抵抗も激しく、なかなか勝ち切れなかった。結局、長髄彦の奉祀してきた饒速日命が、長髄彦を誅戮して帰順。神武天皇は奈良盆地南部の要衝を押さえた。己未年二月には、なお帰順していなかった盆地中部の添県の女酋・新城戸畔、和珥（天理市）の居勢祝、臍見の猪祝らを攻め滅ぼし、葛城の高尾張邑にいた勢力も服属させて、奈良盆地の全域を完全制覇した。

六年にわたる東征はこうして終わり、三月には、

> 辺の土未だ清らず、餘の妖尚梗れたりと雖も、中洲之地、復風塵無し。（二一二頁）

つまり「周辺はまだ治まっていないが、中心部の大和は騒ぎがなくなった」とし、皇都の場所をここに定め、畝傍山の東南の橿原に宮室を作ることとした。庚申年九月には媛蹈鞴五十鈴媛命を正妃と定め、翌年（辛酉年）正月朔日に磐余彦が橿原宮で即位して、神武天皇元年が始まった、とする。

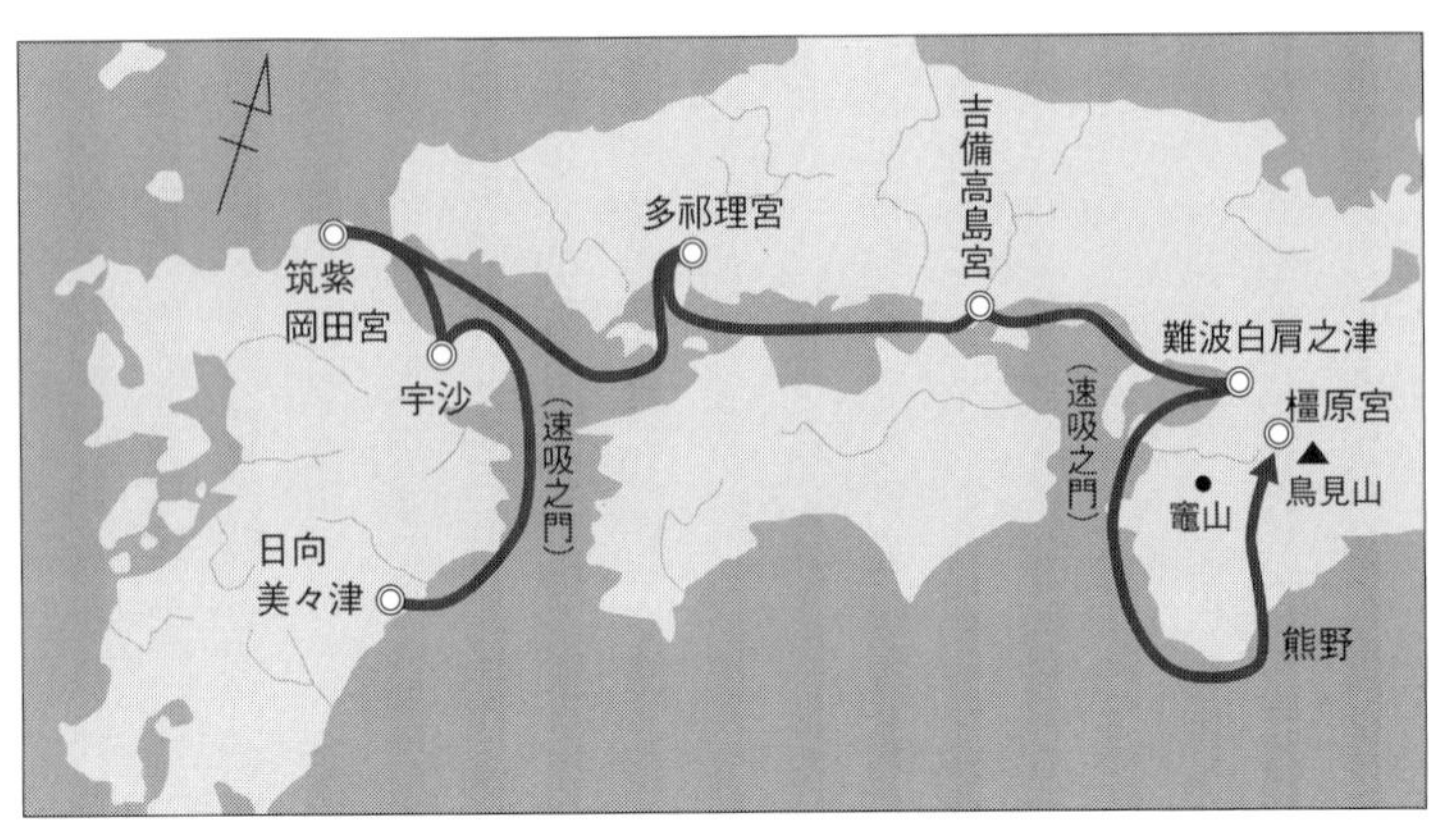

神武東征の経路

以上、大和王権開闢（かいびゃく）の事情を記した二書では、小異はあるが大きくは同じ。同工異曲である。東征のきっかけは、『古事記』は豊御毛沼命一人の決意と見通しだが、『日本書紀』では塩土老翁の言に助けられている。速吸之門を明石海峡とするか豊予（ほうよ）海峡とするかに違いがある。熊野への上陸のさいに、『日本書紀』は女酋・丹敷戸畔と戦っているが、『古事記』にはそれがない。また二度目の長髄彦との戦いの終わり方が、『古事記』では自発的な服属と見えるのに、『日本書紀』ではかなりの激戦になった上、饒速日命が誅戮して帰順したとする。また長髄彦制圧後に継続された平定戦の様子も、『日本書紀』は落とさない。

こまかく見ればいろいろと違うのだが、それでも大局的に見ればともに日向から東進して大和を征服しており、具体的な遠征コースも瀬戸内海北岸を通行し、浪速へと到達している。その後、兄・五瀬命の戦死で紀伊半島を迂回（うかい）することとなり、熊野から宇陀・吉野を経て奈良盆地の制圧に成功する。討伐されたのも兄猾・兄磯城など同一の勢力で、かつ行く手を阻んでいた中心的敵対者はともに長髄彦とされている。こうした基本的な話の要素や筋書きには、ほとんど変わりがない。

しかしこの話には、いまだに定説ができないほどの難問がある。

この書は八世紀前半に作られた。まずは八世紀前半の人たちに読ませるための書である。その八世紀前半現在に生きている人たちにとって、その眼前にあっていま仕えている律令国家は明らかに大和に中心を置いている。自分が仕えている国家は、そもそもどんな事情でここ大和に出現して、どんな過程を経て発展してきたのか。その経緯（いきさつ）が、この二書に明瞭に語られているはずだ。それなのに、そのはずなのに、なぜか国家発祥（はっしょう）の地はほとんどの人が行ったこともない日向（ひゅうが）にあって、かつすでにあった大和固有の勢力を制圧して建設されたとされている。建国の主はなぜ日向に生まれたとされたのか。初代天皇はどうして遠路はるばる大和を征伐し、ここに王権を樹立したと称しているのか。このいわば引っ越し話は史実の反映なのか、何かの都合によるまったくの虚構なのか。そういう疑義が解けず、議論百出の課題となっている。

二　史実とされる神武東征譚

何にせよ大和王権の創立事情を物語る史料としては、『古事記』『日本書紀』の二書の記載がもっとも規模が大きい。ほかの史料など、ほとんどないに均（ひと）しい。そこには「日向から長駆（ちょうく）して大和を遠征し、大和王権を創立した」という話が記されている。何よりそう記されているという厳然たる事実があり、その話からは古代びとの国を纏（まと）めていく動きを想像するし、そこに創業者たちの夢が語られている蓋然性がある。だからこの話をなんとか合理的に解釈し、氷結（ひょうけつ）している開国創業の話を解凍しよう。そう考える向きはなお強い。それにそもそも「この記事内容は、古代のこととして疑わしいから」と全部切り捨ててしまっては、探究の手がかりすら失くしてしまう。

まずは『古事記』『日本書紀』の記述通りに読んでみよう。

神武天皇元年は紀元前六六〇年にあたり、それに先立つ神武東征は『古事記』ならば十六年間以上で、『日本書紀』ならば七年間である。これでは縄文時代になってしまい、階層分化もさほど進んでいないはずの縄文社会ですでに階級社会の統一国家ができようとしていたという話では無理がある。これは大和王権の成立を雲がかかるほどつまり辿るのを諦めさせるほどに古くみせるための作為と考え、不当に延ばされている部分を合理的に縮めて、現実的なものへと調整してみてはどうか。たとえば干支を作為したと考えて時代を六十年単位すなわち干支一運繰り上げてみたり、今日の一年を二年に数える農耕暦を想定して適用してみる人もいる。たしかに干支年の操作で、いくつかの記事は『三国史記』などにある実年代に合わせられる。

だが、それによって部分的には調整できたとしても、『日本書紀』の記事全体の年紀を統一的にただしうるわけでもない。また二年を一年に縮めるにしても、その暦が『日本書紀』全体に一貫して適用されていたわけでもない。ある部分について、恣意的に調整してみただけである。それでも『古事記』『日本書紀』の記事内容にある種の修整を施して、あとはその記載されたように読み取ろうとする、つまり神武東征譚をはじめとする『日本書紀』の記事などの筋書きを基本的に書かれた通りに史実と受け取ろうと努力する人は少なくない。文献史料に面したさい、虚心坦懐にそのあるがままに読み取り、まずは書かれているように理解しようとする。それは、向き合う者の基本姿勢である。『日本書紀』の編集前にあった史料のありようと編集方針が十分わからないなかでは、そうした手探りでさまざまな視点からの記紀研究は当然多彩になされるべきであろう。

それはよいのだが、記紀の記事内容の裏付けを得ようがために、記紀を見たあとに著わされたものまで使うのは理に合わない。

たとえば『先代舊事本紀』の記事で傍証としたくとも、聖徳太子・蘇我馬子撰とする書の由緒は虚偽で、『日本書紀』を見ながら著わしたものである。同様に『古語拾遺』も、『日本書紀』記事の傍証には使えない。『日本書紀』の記事内容は『先代舊事本紀』『古語拾遺』にも同じように見られるから裏付けられるわけでなく、『先代舊事本紀』『古語拾遺』の記事は『日本書紀』の記事を採っているだけだ。

それと同じように、神社縁起の祭神名を集めて『日本書紀』に先行した伝承が各地にすでにあったかのように見なしても、その結果には説得力がない。

たとえば日向国児湯郡の都萬神社には許乃波奈佐久夜比売が祀られ、都農神社では神功皇后が神武天皇ゆかりの地に社を創建したとの伝えがある[1]。各地で採取できるこうした伝承に価値を見い出し、それを集めて古代社会を復原しようとするのは、一般論ならフィールド・ワークの発想として不自然でない。しかし『日本書紀』の記事はいまに残るこれら地元の伝承を採ってできたわけでなく、『日本書紀』の記事を読んだ地元の人が『日本書紀』に合わせた縁起譚を作った。そう見ておくのが穏当である。

類似のことは、いわゆる元伊勢伝承にも見られる。『日本書紀』には倭姫命が天照大神を奉斎して伊勢に鎮座するまでの巡幸記事がある。それもとにして、かなり増幅させた『皇太神宮儀式帳』（八〇四年成立、群書類従本）『倭姫世紀』（鎌倉中期成立、新訂増補国史大系本）が作られ、それが流布するに連れてその記事に当たる地点などに神輿の係留地伝承などが出来上がる。その伝承地は時とともにしだいに具体的にされ、御杖神社や弁天岩など関連の遺跡・遺物が増えてくる。(2) こうして拡充されてゆくのであって、継起の関係は逆でない。

だから原点となる記紀の伝承記事については、記紀の享受史の観点から地域別に調査しようという話でなければ、記紀の記載の範囲内でまずは研究を深めていくべきである。

そこで記紀を見直すと、この東征譚には、道筋に盤踞する北九州の筑紫氏・肥氏や吉備氏などとの熾烈な攻防戦の描写がない。これほど強大な地域勢力があるのに、彼らが黙ってその支配域を通過させてやるはずもなく、もちろん協力も申し出ないし、手もなく服属するはずもない。今川義元を葬ったばかりの織田信長が京都から呼ばれるや、道筋に割拠する斎藤道三・龍興父子や朝倉義景・浅井長政らと戦いもしないで、足利義昭を擁して天下に号令できたように描かれたとすれば、唐突すぎて現実味がなかろう。また紀伊半島を迂回してからの戦闘上の困難が、韴霊・八咫烏・香具山社神・饒速日命などの神助で解決してしまう。これらを人間が実際にした戦闘の軌跡とみることには、安易に同意できない。

記紀の記載から神武東征譚を深めてゆくのは容易でないが、とはいえ何の事実もなくまた必要もなかったのに神武東征を夢のように発想するはずがない。もちろん人は過去の記憶を美的に神話化しがちなのだそうだが、(3) それでも何らかの過去・イメージの祖型となる史実がそこにあったのではないか。

そこで、大和王権成立前後にじっさいに起きた大事件が神武東征伝説へと脚色されたと仮定して、もととなるその事件と関係の人物探しとがはじまる。今のところ有力な候補としては、邪馬台国・狗奴国・応神天皇・継体天皇などがあがっている。

『魏志倭人伝』（新人物文庫）によれば、三世紀中ごろの日本には邪馬台国を中心とする三十ヶ国の連合体とそれに対峙する狗奴国があった。邪馬台国連合の女王・卑弥呼は景初二年（二三八）六月に中国の魏王朝に朝貢使を遣わし、明帝から冊封されて王（国王）に任ぜられていた。卑弥呼歿後の内部抗争を東征譚のもととする意見もあるが、(4) その後は宗女の壹与がその混乱を収拾して冊封を継承させていたようだ。ただし、もともと中国史籍では倭国内の先き行きが辿れないのだから、邪馬台国連合の存在から一世紀経ったころに成立していた大和王権との継起・関係は慎重に不明としておくべきである。それが筋と思う。

だがいかに自重すべきでも、この二つの事実を結びつけないで放置する方が不自然でもある。いろいろに考えようがあるので、無駄に意見を出さないで静観するのも賢い態度だが、だからいろいろ意見を出してその歴史像を試してみるのも一案として無益でない。

邪馬台国が大和にあれば、そのまま邪馬台国が大和王権になっていったともいえるし、邪馬台国連合を崩壊させてあらたに大和王権が成立したともいえる。ただし、これでは大和内部の抗争にしかならず、劇的な大遠征を伴う東遷伝承は生じえない。しかし筑後国山門説を採れば、邪馬台国連合がその勢力をしだいに拡大させ、ついには大和を併呑して、あるいは屹立対峙していた大和勢力を打倒して列島中央部を占拠。山門から本拠を大和へと遷す。全国制覇の経過をそう描いて見せれば、邪馬台国連合はたしかに東行しており、この事実を先祖代々の伝承として知っていた『日本書紀』編者が当然のこととして採用した、と想像しておかしくない。

だが研究者間では大和説が優勢であるし、邪馬台国連合と大和王権の間には長い空白がある。前方後円墳の普及をもととして大和王権の成立を四世紀半ばとみる説に従えば、この間は一〇〇年。一〇〇年もあれば、時代は大きく変わりうる。

治承三年（一一七九）、前太政大臣・平清盛は「治天の君」である後白河院を鳥羽殿に幽閉し、独力でほぼ国政の権柄を掌中に収めた。だが一〇二年後の弘安四年（一二八一）に弘安の役を戦った執権・北条時宗は、その間に鎌倉将軍・源家三代も挟んでおり、何より清盛の子孫でない。織田信長は天正十年（一五八二）に武田勝頼を滅ぼし、天下統一も時間の問題となっていたが、一〇〇年後の天和二年（一六八二）に征夷大将軍だった徳川綱吉は信長の子孫じゃない。

また九州の邪馬台国連合が大和王権の前身だったのなら、神功皇后三十九年条に、

魏志に云はく、明帝の景初の三年の六月、倭の女王、大夫難斗米等を遣して、郡に詣りて、天子に詣らむことを求めて朝献す。

などとは書かせないだろう。『日本書紀』編者は、(5)魏の明帝から冊封を受けた女王はすでに四十年近くも大和に君臨していた神功皇后とみなしているのに、邪馬台国だとまだこの時点で北九州にいなければならない。邪馬台国・冊封の話は、神功皇后が摂政就任前の北九州にいるうちに置くか、記事としては取り下げておくべきだったろう。

ところで邪馬台国所在説は周知のごとく全国どこにでもあるが、九州説中で支持者のもっとも多い

山門説を採った場合、東征の出発地は北九州となる。しかし『古事記』『日本書紀』が記す出発地は日向であり（日向市美々津町の立磐神社には美々津を東征の出発地と特定する伝承があるというが、それを古伝とみなすべき根拠はない）、筑後からの進発が想定される地では起点が合わない。そこで邪馬台国は大和王権の前身でなく、その南にあった狗奴国としたらどうなるか。狗奴国が北上して筑後国山門にあった邪馬台国連合を破り、さらに東進して大和に攻め入ったとするのだ。邪馬台国と違って魏帝からの冊封を受けておらず、『魏志』の記載に制約を受けない。これは水野祐氏の所説(6)であるが、日向を東征の起点としていることも含め、話の辻褄がよく合っている。

しかし右と同じように、一〇〇年の空白の間は埋めがたい。さまざまな勢力の興起・衰亡の可能性が無視され、現存する知識だけで辻褄合わせされている。それにもしも大和王権が狗奴国を前身とし、そこを政権創業の地とするのなら、後身の大和王権・律令国家は創業の地からなぜ嫌われ、いわば実家の叛乱に手を焼くこととなるのか。

というのも、和銅六年（七一三）日向の南四郡を割いて大隅国を建てたのだが、その大隅と西隣の薩摩は律令国家にしばしば反抗してきた。

それに天武天皇八年（六七九）十一月に倭馬飼部連を大使とする調査団を多禰嶋（種子島）に送り込み、その派遣に応えて『日本書紀』同十一年七月甲午条、

隼人、多に来て、方物を貢れり。是の日に、大隅の隼人と阿多の隼人と、朝庭に相撲る。大隅の隼人勝ちぬ。

とある。創業の地にいまも住む人たちを見舞うだけなのに、まるで見も知らぬ異界の住人が初めて慕

って服属してきた姿を見て喜んでいるかのようだ。また文武天皇二年（六九八）四月覓国使として文博士・刑部真木ら八人を送ってもいる。これも国覓ぎであって、本国とは無縁な地に向けた朝貢の招聘工作である。いわば実家に当たる創業の地の人たちを訪ねるのに国覓ぎと呼ぶのはひどいだろう。しかも同四年六月条では肝衝難波が肥人を従えてその覓国使を軍事力で脅したとみえ、竺紫惣領が鎮撫に動員されている。

『続日本紀』（新訂増補国史大系本）大宝二年（七〇二）八月丙申条には、

薩摩、多褹、化を隔てて命に逆らふ。是において兵を発して征討し、ついに戸を挍し、吏を置く。（一五頁）

とあるも、『続日本紀』養老四年（七二〇）二月壬子条に、

大宰府奏し言す、隼人反して、大隅国守陽侯史麻呂を殺す、と。（七九頁）

とある事態となり、中納言・大伴旅人が征隼人持節大将軍となって鎮定に送り込まれている。

隼人の地はどうみても反大和王権色の強い土地柄であって、大和王権発祥の地、創業譜代の政治・軍事基盤として国家を支えているという自負心や母なる故郷という和やかな雰囲気が感じられない。(7) 隼人の地に興った勢力が大和に入って王権を樹立したとの構図自体は破綻が少ないが、地元の歴史的現実がその連続性を否認している。

もっとも明治政府は薩摩藩・長州藩が中心となって樹立した政権で、薩摩・長州で画策したのだから、そこは揺籃の地ともいえる。それなのに明治九年（一八七六）に長州で萩の乱（前原一誠の乱）、同十年に薩摩で西南戦争が起きている。だから揺籃の地と戦うことになる歴史も、なくはない。しか

しこれは、倒幕時に掲げた「雄藩＋士族」共和の国家構想とじっさいに樹立された政権が掲げた政策理念の間に深刻で調整しがたい隙を生じたからである。ありがちなことではない。

こうしてみると、『魏志』の記事と『日本書紀』の記事を擦り合わせるのは、そう簡単でない。そこで、それならば『日本書紀』記載のつまり大和王権の内部資料だけで、神武東征の原話を見つけようという試みがなされる。

井上光貞氏は、[8]戦前の扱われ方からなかなか手を付けられずにいた神武東遷神話をあえて採り上げ、筑紫にいた神功皇后・応神天皇母子による東征をその原形として描いてみせた。

『日本書紀』仲哀天皇八年九月己卯条によれば、熊襲討伐を審議していた仲哀天皇に、三韓征伐を最優先せよとの神託が下った。この託宣を信じなかった仲哀天皇は、翌年二月に神罰を被って歿した。懐妊中の神功皇后がこれにかわって遠征に赴き、勝利した。神功皇后は、朝鮮からの帰路となる北九州で応神天皇を出産した。しかし大王（仲哀天皇）が亡くなって空位となり、大后も日本本土を離れているなかで、かつ懐妊中の神功皇后の子が神から登極を保証されているとは知らなかったために、畿内では空いたままになっている大王位をめぐって不穏な動きを生じていた。異腹ながら仲哀天皇の子である麛坂王・忍熊王が邀撃の態勢をとり、王位を奪おうと待ち構えていた。事前に察知した神功皇后は瀬戸内海を東進し、忍熊王らを討ち取って大和に凱旋した。皇后はその後六十九年にわたって摂政し、応神天皇の保護に当たった、と描かれている。このときの神功皇后の東征の記憶が拡幅されて国家草創譚へと書き替えられていった、とみなしたのである。

反対勢力を倒して大和入りを果たしたことが東征譚の原形になったといえるものなら、継体天皇もその候補者でありうる。[9]

継体天皇元年（五〇七）二月、越前国三国にいた男大迹王は大連・大伴金村に推戴され、河内樟葉宮において即位した。前王統の後継者が絶えたためというから、喜んで迎え入れられるはずなのに、本拠のある大和になかなか入れない。山背国筒城（綴喜）、弟国（乙訓）など大和の国境北辺をさまよって、継体天皇二十年にやっと磐余玉穂宮を建てて大和国内におさまった。この不自然に滞留していた二十年間とは、じつは大和国内にあった前王朝勢力を制する戦いに明け暮れていた日々のことだった。そうした軍事行動が事実あったのだとすれば、これも河内側から攻め入っているようなので、また大和王権から見れば東征という言葉に該当する。もっとも近時に王権を奪取した継体天皇の即位の経緯が、時・所を大規模に拡げた東征譚へと捏ね上げられた、ということだったのかもしれない。

しかし『日本書紀』の神功皇后・応神天皇による東征は、神武東征譚と大まかに似ているようにみえるが、邪馬台国東遷説と同じように、北九州から難波へ侵攻したことにしかならない。出発点は日向でない。まして継体天皇の大和入りがもしも軍事力を行使した事実上の東征だったとしても、舞台の出発点となっている越前も河内もその場所はまったく日向と関係しない。

ついでながら、江上波夫氏が提唱している騎馬民族征服王朝説[10]では、朝鮮半島にいた扶余系騎馬民族出身の弁辰国の「流移の王」が九州に大挙して上陸してきた。それが『日本書紀』のいう崇神朝の創設にあたり、その後裔の応神天皇のときに東征して大和入りを果たす、という筋書きになる。いまではほぼ否定されている説だが、世界史的な視点で日本史を見る眼を持つよう喚起した画期的で、戦前の古代史学にお灸を据えた刺激的な学説であった。だが説の当否はともあれ、これも日向が起点でないので、東征譚の原形となった史実とはみなしがたい。

三　観念としての東征譚

神武東征譚が現実に起きていたことの反映でないとすれば、『帝紀』『旧辞』伝承者あるいは記紀編集者の観念の所産となる。(11)創業者の業績を事実以上に飾り立て、一日一食という貧困の極みから大富豪になった。あるいは、松平元信（のち元康、徳川家康）のように今川家の人質となり、安倍川原で苛められるなど数々の辛酸を舐めてきた。さもありそうな、同情されそうで崇敬されそうな忍従の逸話を盛り込む、小手先の賢しらである。だって、その創業者に潰された工場主もいたろうし、家康に命を奪われた人々も数多くいたろうから。

まずは編集時の事情で、目先きの政治課題とされていた事柄についての懐柔策だった。そういう見方がある。

それはすでに記したが、隼人との抗争である。

七世紀末から八世紀初頭にかけて、政府は南島に覓国使を派遣してきた。大きくは国の四周すなわち東西南北から朝貢を受けていることが有徳の天子の証となるから、隼人や南島からの朝貢を求めた。また目先の用途としては、このさき遣唐使が派遣されることがあったとして、彼らが帰国するさいに南島に漂着することもありうる。この南路上での使者たちの身の安全を確保しておく必要性があった。ところが隼人は中央政権に膝を屈せず、反抗的だった。といって反大和王権勢力として一丸となっているわけでもなく、なかには好みを通じてくる隼人もいた。そこで大和王権としては通好を望む隼人との和親をはかりまたほかの隼人を帰順させるための手を打った。それが隼人と大和の共通祖先伝説で、過去を溯れば隼人の祖とはごく親しい間柄にあったと宣伝したい。こんな話を作っただけで少しでも懐柔できるのなら、お安いご用ではないか。現代でも古代でも、戦争は高くつくのだ。

『日本書紀』では彦火火出見尊の兄（海幸彦）が阿多隼人の祖とされており、神武天皇の大伯父に位置づけられている。隼人の居地の近くに瓊瓊杵尊が降り立ち、それが大和王権揺籃の地となったのだとまで持ち上げられれば、大和王権に「同郷の人たち」「遠い親戚」と親しみも感じてくれるだろう。そうした思惑からの懐柔策であえて揺籃の地と決めたため、現実に政権を置いている大和との間を繋がねばならず、東征説話を作り出さねばならなかった、という説明になる。

これだと瀬戸内などの戦闘場面がなかったり、大和国内の制圧に話が終始している理由もわかる。動機は明瞭だが、この程度の目的のために、輝かしくすべき創業の話をそこまで枉げ、改造してしまうだろうか。創業者たちの苦労を知っていて戦績を大事に伝えていた大和王権中枢の人にとって、近時のささいな都合によって無惨に改竄されることは、屈辱的で受け容れがたくないか。

『日本書紀』編者に託された、国家として求められていた理念を形にしたとも見なせようか。

天武天皇・持統天皇ら国家経営者の思惑としては、天皇は、国生みをした伊弉諾尊・伊弉冉尊から「光華明彩しくして、六合の内に照り徹る」（神代上・第四段一書第十）といわれた日の神・天照大神の子孫である。その子・忍穂耳命を天降りさせて地上世界の支配者にと一度は決めたが、待つ間に生まれた瓊瓊杵尊に委ねることとなった。天照大神直系の子孫として地上に降り立つならば、どこがふさわしいか。その観念のもとで俯瞰すると、大和よりも、日に向うという名の日向が神話的には適切だ、と。

かりにそうだとすれば、『古事記』にある国生み神話には九州内に日向という国名が見えない。だから、大半の宮廷びとにとってはまったく馴染(なじ)みのない新知識であり、親子三代以上仕えてきたのに「これはびっくり！　はじめて知る創業の地」となってしまう。この筋書きが、廷内にどれだけ素直に受け容れられるだろうか。

また日に向かう地に降り立つというのなら、伊勢(いせ)の方が馴染(なじ)みがあってよかったのでは。伊勢は『日本書紀』垂仁(すいにん)天皇二十五年三月丙申(へいしん)条に、

　是の神風の伊勢国は、常世(とこよ)の浪の重浪(しきなみ)帰(よ)する国なり。

とあって、天照大神が鎮座するときに誉められたところで、じっさい下文に「天照大神の始めて天より降ります処(ところ)なり」ともある。常世からの風が来て、かつ天照大神がはじめて地上に来臨(らいりん)した所である。しかも伊勢から出発して大和中心部に遠征するのなら、もともと日の神を背負う形にもなるわけで、日向からの大遠征を構想するより恰好(かっこう)の降臨地点でなかったか。

さて、最後に筆者の見解も述べておきたい。

筆者は、大和王権の出発点を北九州や日向とする説は採らない。前方後円墳が巨大権力者の葬儀形式であって、かつ権力継承儀礼の場とされた。その前方後円墳が大和に発生し、同心円的に各地に拡がった。そうであるのなら、大和王権はそもそも大和に発祥したと考えるのが穏当である(12)。そうであれば、大和王権内に起きた過去の事件や王権内部の抗争劇が記憶されていて、それが拡幅(かくふく)されて東征譚となっていったとか少しでも反映しているなどとは思わない。これはまったく観念的な創業説話で

あり、その着想は日向という地名に由来するとしてよかろう。

記紀では日向に降臨した創業者一族が大和を制圧したとしているが、出発地はそれらしければもともとどこでもよかったのだ。狙いは、何よりも外部から大和を制圧して天皇（大王、全体の統治者）となったという話にすることだった。そうすべき理由は、大和在地の豪族との間に決して超えられない隔絶した差を付けておくためである。じっさいには大和在地の豪族間で連合体を作り、大王を共立したのだろう。だがその成り立ちでは、大王と在地豪族との間に大した差がつかない。だがいまや大和王権（律令国家）の主宰者の地位を得ており、大王（天皇）としてはその隔絶した地位をできれば長く、また不動のものとしたい。そうした目的を果たすための創業譚である。『日本書紀』の冒頭を思い出してほしい。そもそも大王の祖はどういう登場の仕方をしているのか。天上界から降りてきたと設定している目的は何だったか。そうだ、記紀神話において大王の祖は高天原から降臨したと力説しているが、それはとくに大和を基盤とする臣姓豪族とはもともとの生まれが違うとしたかったから。どんなにあがいても、在地土豪には及び得ない特殊な存在だ。こう語ることで、あからさまに飛び抜けて、彼らとの間に絶対的な差を付けてしまいたかった。それが記紀神話設定の目的である。

その目的を達成しようというのならば、大王の祖がみんなと同じ大和出身としてしまっては駄目だ。彼らには覆せないほど隔絶した存在にしてしまいたいのなら、彼らの仲間であった事実などなく、彼らとはまったく違う異世界から来たって、彼らの上に有無をいわせず居座った格別な存在である。そう思わせる必要があった。さらに大和の在地豪族たちは神武天皇にかつて叩き潰された敗者の側であって、脛に制圧時に負った傷を持つ身だ、と彼ら自身に印象づけたかったこともあろう。日向は七世紀末でも支配体制がまだ整っておらず、混沌としていろいろな勢力が無秩序に混在して閲ぎ合っている。そのために、誰がそこから出てきたとしても、そこから出てきたのか出てなどいないのか、確かめようのない場所である。だから、そこを起点として、その淵源を韜晦してみせたのであろう。

じっさいの歴史過程では、その主が磐余彦と名乗っているのだから、在地豪族の主が周辺豪族に共立されたのだ。その痕跡はアリアリだ。だが、創業譚としては「豊御毛沼命が他所から入部して、みんなの知っている磐余彦と称するようになった(13)」かのように仕立てられたのであろう。

【注】

(1) 式内社研究会編『式内社調査報告』第二十四巻［日向国］（皇學館大学出版部、一九七八年）。都萬神社は二〇三〜八頁、都農神社は一九七〜二〇二頁。

(2) 拙稿「卑弥呼のほのかなる面影―倭姫命」（『闘乱の日本古代史』所収、花鳥社、二〇一九年）。七〜八頁。

(3) ジョン・コートル氏著『記憶は嘘をつく』（石山鈴子氏訳、講談社、一九九七年）に「精神分析をしても記憶のもともとの記録が掘り起こせるとは信じていない。『歴史的』事実は掘り起こせない。できるのは『物語的』真実、すなわち、『美的な仕上げ』が施され、クライアントの現在の性格にマッチしたひとまとまりの真実にすぎない」（第二章すべてのものが『そこ』にある?、八二頁）とし、「神話はアイデンティティを、子や孫の代が精神的刺激を受けたり恐ろしさに思わず後ずさりするような形に変え、ヒーローやヒロインや悪者をこしらえ、抽象的な意味に具体的なイメージを、善悪に明快さを、個別のできごとに典型的な余韻をもたらす」（第八章昇華した記憶、三四一頁）とする。

（4）前田晴人氏「神武東征」（『歴史読本』六十巻四号、二〇一五年四月）。

（5）鈴木英夫氏「征服王朝一〇の疑問」（『別冊歴史読本』十八巻四号、一九九三年一月）。

（6）水野祐氏「狗奴国東遷と神武天皇の正体」（『歴史と旅』二十二巻九号、一九九五年九月）。

（7）拙稿「栄光の隼人王国」（『天平の政治と争乱』所収、笠間書院、一九九五年）。

（8）『日本の歴史1　神話から歴史へ』（中央公論社、一九六四年）。

（9）和田萃氏「神武の即位伝承」（『別冊歴史読本』二十一巻五号、一九九六年一月）。三舟隆之氏「ハツクニシラス天皇神武の東征」（『歴史と旅』二十八巻六号、二〇〇一年八月）。

（10）鈴木武樹氏編／江上波夫氏ほか著『論集騎馬民族征服王朝説』（大和書房、一九七五年）。

（11）津田左右吉氏著『神代史の新しい研究』（二松堂書店、一九一三年）。

（12）寺西貞弘氏「神武天皇」（『歴史読本』五十一巻十三号、二〇〇六年十月）。

（13）『日本書紀』では「夫れ磐余の地の旧の名は片居（片居、此をば伽哆韋と云ふ）、亦は片立と曰ふ（片立、此をば伽哆哆知と云ふ）」とある。外部から征服者として磐余彦が入ってきたので、もともと片居・片立といっていたのを征服者の実名を顕彰するために改めたとしている。念を入れて、外部者を装っている。しかし新政権に征服者側を顕彰して地名を変えさせる習慣と意思があったとすれば、そうした大和と同じ地名が日向側にも数多く見られてよい。それがないのであれば、磐余はもともと大和の地名だったろう。

（原題「神武東征の基礎知識」、『歴史研究』六九〇号、二〇二一年四月）

葛城一族滅亡のシナリオ

一　葛城氏の滅亡

葛城氏の滅亡は、二段階の事件と書き留められている。

『日本書紀』（日本古典文学大系本）允恭天皇五年七月己丑条によれば、大王だった允恭天皇は、先帝・反正天皇の仮の葬儀である殯を葛城襲津彦の孫・玉田宿禰に執行するように命じておいた。ところがこの日にたまたま地震が起きた。間の悪い、それでいていつでもありそうなことである。儀礼の場所となる殯宮の施設が顚倒したり崩れたりしなかったかと気に掛け、現場の様子をうかがわせるために尾張吾襲を遣わした。吾襲の見たところ殯宮にとくに問題はなく、人々は協力しながら黙々と立ち働いていた。ただ責任者である玉田の姿はその場に見られなかった、と報告した。この報告を受けた大王はふたたび吾襲に命じ、玉田の本拠である葛城を見てくるよう指示した。

葛城の家に赴いた吾襲は、びっくりする。なんと、玉田の家では男女を集めて酒宴を催し、騒いでいる真っ最中だった。この状況について、もちろん吾襲は玉田にどうしてこんなことになっているのかと、その事情を問い詰めた。玉田はともかくも大王に知られるとまずいので、そうならないよう吾襲に賄賂として馬一頭をやり、とりあえず口止めした。しかしそれだけでは不安になり、ひそかに兵を送って、帰路にあった吾襲を襲って殺してしまった。できるかぎりの手は打ったものの、こうしたことは露見してしまいがちだ。すぐにも発覚することに怯え、身の安全のために当時アジール（聖域）と見なされていたらしい武内宿禰の墓域へと逃げ込んだ。

大王は、もちろん玉田を召喚した。玉田はその召喚に応じるために墓域から出てきたものの、事情はすでにばれていて何か自分を陥れる罠が仕組まれているのではと疑い、万一の修羅場に備えて鎧を衣の下に着て出掛けた。玉田の犯意に確証を持っていなかった大王は、玉田の本心をしっかり見定めたいと思い、小墾田采女をして酒を注がせながら観察させた。采女は、玉田の衣の下に鎧が見えたことを、大王にそのまま報告した。これによって、大王は玉田に反逆の心があることを確信し、成敗するよう指令した。玉田は逸早く抜け出して本拠地の家に逃げ戻ったが、大王は兵士を派遣してこれを囲み、ついに玉田を捕捉して処刑した。これが一つめの顛末である。

二つめの話は、『日本書紀』雄略天皇即位前紀の安康天皇三年八月条に見られる、安康天皇と大后・中蒂姫皇女との夫婦の会話を立ち聞きしたことにはじまる事件である。

安康天皇は酒を飲みながら大后に「大后の連れ子である眉輪王のことが怖い」といい、その次第を溯って思い出しつつ語った。たまたま建物の下で遊んでいた眉輪王がその話を立ち聞きしてしまい、憤激した眉輪王は大后の膝を枕にして熟睡中であった安康天皇を刺し殺してしまった。

ことの次第は、こういうことだ。

安康天皇は即位するや、実弟の大泊瀬皇子（のちの雄略天皇）に、父の異母妹・草香幡梭皇女を娶せたいと考えた。そこで坂本臣の祖・根使主を遣わし、彼女の実兄である大草香皇子と交渉させた。大草香皇子は喜んだ。「自分は病重く死を待つばかりであって、妹の行く末が気がかりだった。いま後宮に迎えてくれるとはまったく望むところであって、途方もないほどの恩恵だ。この真心を示すために、家宝としてきた押木珠縵を奉りたい」といい、根使主に託して吉報を待った。まさに快諾したのである。ところが、根使主は自分に託されたりっぱな珠縵が欲しくなった。そのささいな物欲のために、悪心を起こした。大草香皇子は「同族とはいっても、妹まで差し出せようか」と手厳しく拒絶したと、まったく正反対の虚偽の報告をしたのだ。その言葉を信じた大王は、無礼な返答に憤激して、兵を送って大草香皇子を殺させた。そして大草香皇子の妻だった中蒂姫を戦利品のように後宮に入れ、幡梭皇女は既定方針の通り大泊瀬皇子に娶らせた。

　殺された大草香皇子と妻の中蒂姫の間には、すでに眉輪王という子がいた。縁坐となるべきところだったが、母が安康天皇の大后になったため、父の罪を不問にされた。宮中では過去の経緯を知らないままに育っていたが、このときの立ち聞きではじめて事情を知った。眉輪王は、父がいないとすでに知っていたかもしれないが、殺されたことしかもそう命じたのが安康天皇だったとは知らなかった。つまり眉輪王からすれば、父の仇討ちを果たしたにすぎなかったのだ。

　ここまで葛城氏とは関係しない話だったが、ここから巻き込まれる。

　大泊瀬皇子は大王が暗殺されたという報告をうけたとき、まず自分の兄弟が関わっていると疑った。日ごろの発言に、何か不穏なものがあったのかもしれない。同母兄の八釣白彦皇子・坂合黒彦皇子が詰問され、さらに眉輪王も尋問を受けた。白彦は事情聴取の過程で斬殺されたが、黒彦と眉輪王は隙を見て大臣(おおおみ)・葛城円(かつらぎのつぶら)の家へと逃げ込んだ。

もちろん大泊瀬皇子は、ただちに身柄(みがら)の引き渡しを求めた。ところが、円は「人臣が庇護(ひご)を求めて王宮に逃げ込むことはあるが、君王が臣下の家に隠れるとは聞いたことがない。彼らは私の心を恃み(たの)として家に来たのに、むざと差し出すことなどできない」といって拒絶した。大物政治家・大親分としての度量(どりょう)を見せた、というところだ。しかし、話は映画とは違う。大泊瀬皇子は軍兵を増やし、囲みを解かなかった。観念した円は「私一人は誅殺(ちゅうさつ)されても命令に従わないが、娘の韓媛(からひめ)と葛城の七ヶ所の領地を献上するので罪は許して欲しい」と申し出た。大泊瀬皇子はその提案を受け容れず、円・黒彦・眉輪王を家ごと焼き払い、殺し尽くしてしまった、という。

なお『古事記(こじき)』(日本古典文学大系本)では、白彦は黒彦とともに殺されており、献上された領地は五ヶ所となっている。また葛城韓媛は大泊瀬皇子がすでに求婚していた相手とされていて、この事件後に雄略天皇の妃となっている。

これが、葛城氏の滅亡のしだいを物語る話である。実年代では五世紀後半、おそらく末期あたりの出来事ということになる。

二　葛城氏の本拠地

葛城氏の名は葛城山にちなむもので、山の東側には東麓に葛木上郡(かづらきのかみ)、東北麓に葛木下郡(かづらきのしも)がある。なお茨城県・茨木市がともにイバラキであるように、葛城の訓みはカツラギではなくカヅラキである。郡名は二文字に整える政策のため葛上郡(かつじょうぐん)・葛下郡(かつげぐん)とされたが、いまの御所市(ごせし)・大和高田市などにあたる。この二郡に忍海郡を加えた範囲が、葛城氏のそもそもの勢力圏域であった。

もっとも氏族の名とか姓とかは、ほんらい大王から授与されるものである。五世紀後半の時点ではそうした賜氏姓の制度ができていないから、葛城「氏」はまだ存在していない。実名の上に、ほかの集団と識別するためにただ地名を冠していただけではないか、という。厳密にいえば、たしかにその通りであろう。

この三つの郡域で、葛城氏の本拠地は葛城高宮にあった。それは、以下の記事でわかる。

葛城襲津彦の娘・磐之媛は大王・仁徳天皇の大后となっていたが、とても嫉妬深く、また寛容さに欠けていた。仁徳天皇は異母妹の八田皇女を妃に加えようとしたのだが、断乎として同意しなかった。中国では、後宮の女人を寝所に呼ぼうにも、皇后の許可が無ければ呼べないことになっていた[1]。皇后には、それだけの権威があったのだ。仁徳天皇の要望は好色ゆえといえばそうなのだろうが、血統の継続・保存を第一に考えなければならない立場で、しかも子たちの死亡率の高いなかでは数人以上の女性を後宮におくこともやむを得ない。また後宮に納れて姻戚関係を結ぼうとする氏族側の策動もあったはずで、利害関係から強引に押し込もうとする動きも考えられる。理解できないものでもない。そうしたあたりまえの事情など知っていたろうが、ともあれ磐之媛は何と説得しても拒絶した。

それならばと仁徳天皇は、磐之媛が紀伊国熊野岬（和歌山県新宮市）あたりに祭儀用の御綱葉を採りにいっている最中、後宮に八田皇女を納れてしまった。激怒した磐之媛は宮廷に帰らず、難波大津まで迎えに出ていた仁徳天皇を無視した。難波済から淀川を溯り、山背川（木津川）から那羅山（平城山）を経て、やや戻る。結局筒城宮（京都府京田辺市あたり）に住んだままそこで没した、という。

それはそれとして、この移動中に那羅山からはるか南の葛城山を望んだおりに、

つぎねふ　山背河を　宮泝り　我が泝れば　青丹よし　那羅を過ぎ　小楯　倭を過ぎ
我が見が欲し国は　葛城高宮　我家のあたり　（『日本書紀』仁徳天皇三十年九月乙丑条）

と詠んで「自分の生家のある葛城の高宮が見たい」と願った。高宮は令嬢・磐之媛が育った、まさに葛城氏本宗家の本拠地だったのである。

そういって思い出されるのは、葛城氏の同族・後裔と称してその旧跡を継ごうとしていた蘇我馬子の言葉で、『日本書紀』推古天皇三十二年（六二四）十月癸卯条にあるように推古天皇に対し、

葛城県は、元臣が本居なり。故、其の県に因りて姓名を為せり。是を以て、冀はくは、常に其の県を得りて、臣が封県とせむと欲ふ。

といい、葛城の旧本拠地を大王家から奪取しようとしていた。

そして子・蝦夷は皇極天皇元年（六四二）是歳条に、

蘇我大臣蝦夷、己が祖廟を葛城の高宮に立てて、八佾の儛をす。

とあり、葛城氏の中心が高宮であることを知った上で、葛城氏の継承者として振る舞おうとした。その目的を果たすためにも、この高宮に蘇我氏の祖廟を建てる必要があったのだ。

高宮というのは、御所市伏見・高天・北窪・南郷の一帯にあたる。その南郷周辺からは五世紀代の豪族関連の墳墓・居館址・工房遺跡などが見つかっていて、葛城氏の栄華のあとを物語るものとして注目されている。(2)

御所市室にあって室大墓とも呼ばれている室宮山古墳は、全長二三八メートルで周濠をもつ前方後

円墳である。南部葛城地域では最大規模の古墳であって、後円部墳頂には二基の竪穴式石室があり、そのうちの一つには五・五一メートルの石室に三・七七メートルの龍山石製石蓋を持つ長持型石棺が納められていた。五世紀初めの築造というから、玉田が逃げ込んだという葛城氏の始祖・武内宿禰の墓か、または葛城氏初代・襲津彦の墓かと見られている。

南郷安田遺跡には、竪穴建物群・大型掘立柱建物・塀(または柵)で囲まれた区画があり、山側にはさらにそれらを取り囲む塀が検出されている。三重の丸柱列で、外側の柱列は十七メートル。総面積は二八九平方メートルとなり、現下で古墳中期最大の建物となるのだそうだ。またこの南西にある極楽寺ヒビキ遺跡は、西側に広場を持ち、西南隅には五間四方の楼閣状高床建物がある。その周囲には石垣積みの堀と塀

室宮山古墳。五世紀後半の前方後円墳で、葛城襲津彦の墓かといわれる

が巡らされていたらしく、南には施設に入るための石垣積みの土橋が築かれていた。この両遺跡の間には、南郷大東遺跡がある。この遺跡は祭祀施設と考えられていて、斜面を流れる小川を堰き止め、石貼りの貯水池・木樋／造り出しの水槽・覆屋・垣根・木樋が順に並べられている。五メートル四方の垣根のなかにある四メートル四方の覆屋のなかで、水槽内に滾々と湧き上がってくる水を使い、なんらかの祭祀が行われていたと見られる。南郷角田遺跡では、配下においた渡来人たちを働かせていたと思われる金属加工の工房も見つかっている。

こうした葛城氏の中核的な生産施設・祭祀施設の遺跡が、本拠地の高宮の周辺に密集して発見されている。まさに葛城氏に奉仕する人々の住まう城下町である。

なおのちのことだが、清寧天皇に後継者がいなかったため、飯豊皇女がかりに大和王権の執政にあたったことがある。そのときの飯豊皇女の王宮は忍海高木角刺宮で、葛城の地の真ん中にあった。つまり忍海はもともと葛城氏の勢力基盤であったのだが、葛城一族が滅亡させられた後、その旧領をことさらに分断した。選りに選ってその真ん中を削り取って、忍海郡を建てさせた。その忍海郡が王家のあたらしい拠点となり、葛城の地元の忍海氏に支えられる王族が出てきたわけである(3)。

ところで葛城氏は五世紀末に滅びたと記してきたが、塚口義信氏は葛城氏を二系統に分けている。滅びたのはそのうちの葛上郡の玉田宿禰・円大臣系であって、もう一方の葛下郡の葦田宿禰系は滅びていなかったとされた(4)。たしかに雄略朝においても、雄略天皇に対して葛城坐一言主神は上位か対等の格式で接して見せている。奉祭していた葛城氏が滅びているようには、とうてい思えない。だから、大族である葛城氏には二系統が並立していたのであって、倒されたのは半分だけだという説には

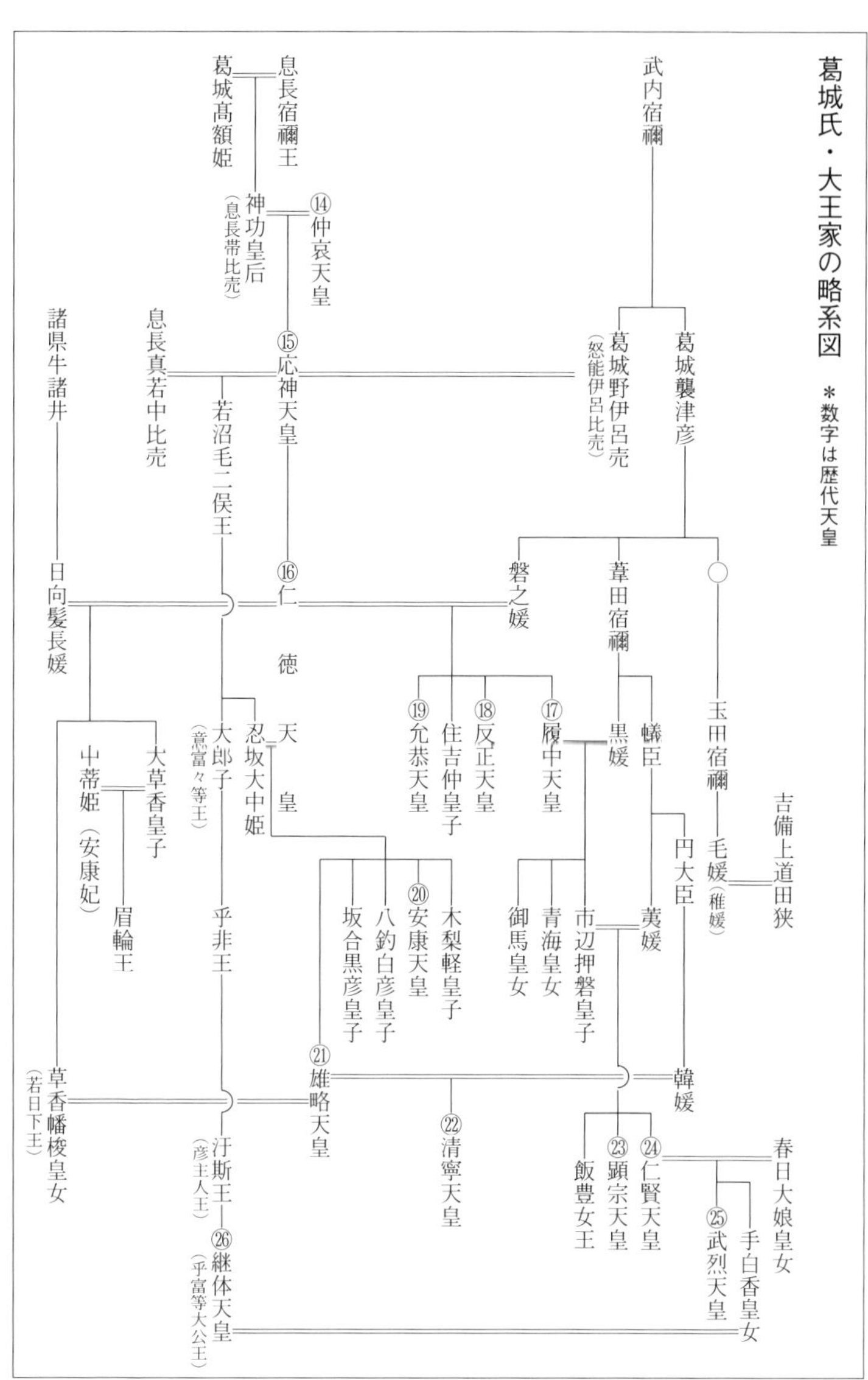

葛城氏・大王家の略系図
＊数字は歴代天皇
武内宿禰
葛城襲津彦
葛城野伊呂売（怒能伊呂比売）
息長宿禰王
葛城高額姫
神功皇后（息長帯比売）
⑭仲哀天皇
⑮応神天皇
息長真若中比売
若沼毛二俣王
諸県牛諸井
日向髪長媛
⑯仁徳天皇
磐之媛
葦田宿禰
玉田宿禰
吉備上道田狭
毛媛（稚媛）
⑲允恭天皇
住吉仲皇子
⑱反正天皇
⑰履中天皇
黒媛
蟻臣
円大臣
大草香皇子
中蒂姫（安康妃）
眉輪王
大郎子（意富々等王）
忍坂大中姫
乎非王
木梨軽皇子
⑳安康天皇
八釣白彦皇子
坂合黒彦皇子
御馬皇女
青海皇女
市辺押磐皇子
荑媛
草香幡梭皇女（若日下王）
㉑雄略天皇
㉒清寧天皇
韓媛
汙斯王（彦主人王）
㉖継体天皇（乎富等大公王）
飯豊女王
㉓顕宗天皇
㉔仁賢天皇
春日大娘皇女
㉕武烈天皇
手白香皇女

それなりの根拠と魅力がある。

だが葛城氏の基盤の中枢は葛上郡にあり、葛城と呼ばれる範囲は葛上郡・忍海郡と葛木御県神社・葛木倭文坐天羽雷命神社など葛木を冠する神社の認められる葛下郡南部までで、せいぜい二上山北麓までだ。葦田宿禰の名に残る葦田という地名は茅渟王の「片岡葦田墓」という名にたしかに痕跡を残していて、旧葛下郡の上牧町の大字名にいまもその名がある。ただその片岡は葛下郡の設置にさいして編入された、もともと葛城氏とは無関係の地域であって、しかもその葦田の地名がどこまで古く溯れるか明らかでない。葦田宿禰系葛城氏のもう一つの巨大な本拠地がそこに置かれていた、とまで推測する根拠とはなしがたい。またもしも葦田宿禰系が有力氏族としてなお残っていたのならば、そのあとの崇峻天皇即位前の丁未の変や崇峻朝の新羅遠征の将軍としてみえる葛城臣烏那羅まで政界で誰の活躍も見られないのがかえって不思議である、という[5]。

名門葛城氏が葦田宿禰系だけでも存続していたとはあらまほしきことだが、円とともに一族がほぼ滅ぼされたのだと認めざるを得ないようだ。

三　葛城氏と大王家

では、葛城氏はなぜ滅ぼされたのか。

それは初期大和王権にあって強大で半独立的な権勢を保持していたので、大王のもとに権力を集中させるにはどうしても排除しておくべき存在だったからだろう。

その権勢の大きさは、まずは大王家との姻戚関係に窺える。

葛城氏の祖とされる襲津彦は、妹・野伊呂売を応神天皇に嫁がせている。仁徳天皇には襲津彦の娘・磐之媛が大后として入り、その間に生まれた子は履中天皇・反正天皇・允恭天皇となって即位している。磐之媛は三代の大王の国母となっている。さらに履中天皇には襲津彦の孫（葦田宿禰の娘）・黒媛が嫁ぎ、市辺押磐皇子を産んでいる。市辺押磐皇子は暗殺されたために大王になれなかったが、葦田宿禰の孫（蟻臣の娘）・荑媛との間に生まれた男子は、仁賢天皇・顕宗天皇となったし、それに男王が途切れたなかで一時執政した飯豊皇女もいる。葛城氏所生の子たちは、大和王権の中枢を担った。そして雄略天皇には、玉田宿禰の娘・稚媛（毛媛）と孫・韓媛が嫁ぎ、後者は清寧天皇を産んでいる。

　このようなことは入内できさえすれば、どの氏でも同じだと思うかも知れない。だがそうではなく、特別なことだった。同時期に和珥氏の娘も入内しているが、あきらかに差を付けられていた。和珥臣の祖の日触使主の娘・宮主宅媛と小甂が応神天皇の妃となり、前者が菟道稚郎子を産んだ。菟道稚郎子は応神天皇に寵愛されて皇太子ともされたというが、即位をためらい、父の没後に自殺している。和珥氏の同族・大宅臣の祖・木事の娘・津野媛を皇夫人、弟媛を夫人とし、後者は高部皇子を産んでいるのだが、この子も即位できない。雄略天皇には、春日和珥深目の娘・童女君も嫁いでいた。

　すなわち春日氏も有力な姻族と目されていた。だから入内できる。そういう目で見られていなければ、そもそも入内もできなかったろう。だがそれでも、菟道稚郎子のように先帝からとくに目を掛けられて後継者と指名されるまでになっていても、和珥氏所生という血筋では大王位をじっさいに継ぐところにまで行けない。自殺して辞退する、という悲惨な結果に終わっている。これに比べれば葛城氏はあきらかに格上で、一目置かれている。
葛城氏の大后・妃が大王とかならずしもうまくいっていなかったことも、かえってその証拠である。さきに記したが、磐之媛は仁徳天皇の大后であった。仁徳天皇が八田皇女を強引に入内させたことをきっかけに別居し、大王からの迎えの使者を受けても断乎として戻らなかった。勅命にも怯まなかった。仁徳天皇としては大后を離縁することも廃后することもできず、強制的に拘引することもできない。お手上げの状態になり、両者は対峙したままで、ただ無駄に時を過ごしていっただけだった。また稚媛（毛媛）は吉備上道田狭の妻であったのに、海外出張中に雄略天皇の後宮に納れられてしまった。これはひどい。上に立つ者のやることじゃないし、これでは留守中が不安で命令に従おうとする者がいなくなるようにも思える。ともあれ、これで平穏な結婚生活になろうはずがない。また韓媛は父・円大臣を殺されており、いわば謀反人・犯罪者の娘なのに雄略天皇の妃となっている。これも父の仇を夫として気持ちのよいはずがない。

要するに大王家にとっては、どんなに文句をいわれ反抗されようとも、葛城氏の出身者から大后・妃を選ばざるをえず、葛城氏の娘から生まれた子ならば次期大王となる資格を持てる。春日氏は姻戚となれても、その点が駄目なのだ。葛城氏とはやむを得ない状況での結婚つまり政略結婚となるから、仲がうまくゆくはずもない（ちょっと、いいすぎだが）。そうなってしまって、そうなると分かっていたとしても、葛城氏との結合とその支持がなお必要だった。葛城氏の持っていた力は、そういうものであった。

配偶者を出していく葛城氏は、大王家とほぼ対等であって、大王の命令に一方的に従わなければならないという立場になかったようだ。

『日本書紀』に記された襲津彦の外交活動は、大和王権内でのそうした強い立場をよく物語っている。

神功摂政五年三月、襲津彦は新羅からの人質・微叱許智伐旱をその使者とともに日本に送還するのに付き添った。この当時の人質は、約束を守ることの保証という意味だけでなく、外交官的な役割を持っていた。だがこの人質は、前者に重みがあったようだ。対馬の鉏海の水門に碇泊していたとき、そこにいると誤解されるように藁人形が置かれていた。その人形に欺かれて、人質を逃がすという大失態を犯した。襲津彦は逃亡を援助・工作した新羅の使者を焼き殺した上で、そうさせた新羅に対し報復に出た。新羅の蹈鞴津（慶尚南道多大浦）に入って草羅城（梁山）を攻め落とし、領民を捕虜として帰還した。もちろん政治的には大した意味を持たない、しょせん自棄っぱちの行動に過ぎないが。

神功摂政六十二年、神功皇后の命令を承け、襲津彦（沙至比跪）は朝貢してこない新羅を攻撃しに出征した。しかし二人の美女に欺かれ、かえって友好関係にある加羅の高霊国を襲ってしまった。襲津彦はひそかに帰国したものの、妹を経由して神功皇后が怒っていることを知った。そこで石穴に隠れ、ついに死没してしまったという。

応神天皇十四年には、弓月君が引き連れている百済の一二〇県の民が新羅に妨害されて加羅に留まっているというので、襲津彦に迎えに行かせることとなった。しかし三年経つというのになお帰国してこないので、応神天皇十六年八月にあらためて平群木菟と的戸田を迎えにいかせることになった。仁徳天皇四十一年三月には、百済王族の酒君が紀角宿禰に対して無礼な態度をとったので、捕らえた上で襲津彦に付して大王に進上した。だが、酒君はすでに大王から許されているからと主張し、襲津彦を欺いた、というような記事が散見できる。

神功朝から仁徳朝まで仕えていたというのはいくら何でも長寿すぎるし、しかも一度石穴で死んでいるとある。こうした不可解な齟齬（そご）をふくんだ記述は、襲津彦という存在が特定の個人でなく、複数の祖先の活躍の物語が一人に仮託（かたく）されているためと考えるべきだろう(6)。

その当否についての追究はともかく、右の一連の記事からは、葛城氏が大和王権の外交部門を専門的に担当していて、失態として描かれているものの、要するにかならずしも大王が命令した通りの結果にならなかったことが窺える。朝鮮半島や中国などへの対外的な業務は、葛城氏の判断が大和王権を代表していた。大王は対内的なまとめ役の顔であって、対外的には葛城氏が独自に判断したものであっても、それが大和王権全体の判断と見なされた、ということである。その意味でいうなら、大和王権は馬車の二輪にたとえられる双頭（そうとう）政治だったともいえる。だから大王家とどんなに仲がよくなくとも葛城氏出身の后妃を必要とし、葛城氏を生母とする子を即位させるわけである。ただしだからといって、大王より上に位置づけられる葛城王朝が樹立されていた、とまで読み取るのは無理がある。葛城氏の女子が后妃となることは多々（たた）あるが、葛城氏の男子がそのまま大王になった例はない。

葛城氏と大王家とがかなり双頭に近い力関係にあったろうことは、雄略天皇と葛城坐一言主神（かづらきにいますひとことぬし）との挿話が裏付けとなる。

話の原型に近い『古事記』（日本古典文学大系本）の話を先にする。

ある日、雄略天皇は紅の紐をつけた青摺（あおすり）の衣（ころも）を着た従者たちを連れて、葛城山に登ろうとした。そのとき向かいの山裾（やますそ）から、同じような服装で同じような規模の一団が山を登ってゆくのが見えた。雄略天皇は、大王の行列に似せるとは無礼な奴らだ、と思った。「この国に私のほかに二人と王はいないのに、だれがこのようにして行くのか」と誰何（すいか）し、従者たちは大王の命令一下に攻撃を加えようと矢をつがえた。すると、相手側も同じように矢をつがえる。戦闘は必至（ひっし）と見えたが、戦いを交える前にまずはと、雄略天皇は「名を名乗れ。たがいに名乗ってから戦おう」と呼びかけた。殲滅（せんめつ）してしまうにしても、誰と戦い誰を滅ぼしたか分からないままでは、名誉にも誇りにもならない。穏当な判断である。すると相手は「先に問われたから、まずは私が名乗ろう」といって、正体を一言主神であると明かした。これを聞いた雄略天皇は恐れ畏（かしこ）まり、大御刀（おおみたち）・弓矢をはじめ従者の衣服までを残らず献上した。それらを受納した一言主神は山の峰を行列でいっぱいにし、泊瀬朝倉宮（はつせあさくらのみや）近くの長谷（はせ）山口まで雄略天皇の一行を見送った、という話である。

これが『日本書紀』になると、彼我（ひが）の力関係のニュアンスがすこし変わる。

雄略天皇四年二月に、雄略天皇が巻き狩りをしようと葛城山に登った。そこで自分の容貌・容姿に似た背の高い人に出会い、それは神だろうと察知した。ただそれでも、あえて誰何してみた。相手は「姿を現した神である。まずは自分の名を名乗れ」と返答してきたので、雄略天皇は「幼武尊（わかたけるのみこと）だ」と答えた。すると相手は「一事主神（ひとことぬしのかみ）である」と名乗った。こうしておたがいを理解し、日の暮れるまでともに狩猟を楽しんだ。そののち、一事主神は畝傍（うねび）山麓の来目水（くめがわ）まで雄略天皇を丁寧に見送りにまでできた、という。

『古事記』『日本書紀』のいずれでも、葛城氏が奉祭する一言主神と雄略天皇は肩を並べて行動している。わが葛城氏の奉祭する神は大王と同格で、それに比肩するかそれ以上の力を持っているのだ、と内外に知らしめる話である。そう読み取ってよかろう。

そういう時期がきっとあったのだろう。この神話をもとにして、そう認めてよいとも思う。

しかしそうだったからこそ、大王家としては、大和王権下で大王家が絶対的権力を握るためには、葛城氏の存在が目の上のたん瘤に思えるのだろう。双頭政治を意味するかのように、葛城氏から后妃を受け容れている。大王家の母家として圧力をかけつづける葛城氏を、どうしても弱体化させなければならない。その荒々しい解決策が、大泊瀬皇子（雄略天皇）による円大臣らの族滅であった。

また、これはやや穿ちすぎの話かもしれないが、安康天皇は葛城氏に配慮しそれとの妥協を図って、履中系の市辺押磐皇子に血統を戻そうとしていたのではないか。変更されれば即位の可能性を断たれる大泊瀬皇子がこれを嫌い、大王位を奪い取るために黒彦と眉輪王をことさらに逃がして葛城円のもとへと追い込んだ。葛城氏を潰すことが最終目標とされた軍事クーデタだった、という解釈もできなくない。円は眉輪王らを庇って受け容れたが、これはそもそも葛城氏の血縁者でなかった。庇わなければ義理に欠けるわけでもなく、庇うべき理由などない。だから、

> 蓋し聞く、人臣、事有るときに、逃げて王室に入ると。未だ君王、臣の舎に隠匿るるをば見ず。方に今坂合黒彦皇子と眉輪王と、深く臣が心を恃みて、臣の舎に来れり。詎か忍びて送りまつらむや。
> （『日本書紀』雄略天皇即位前紀、四五八頁）

といって、引き渡しを求められたときに「義俠心によって」というような不思議な返答をしている。しかしこうした遺り取りなど、じつはまったくなかったのかも。大泊瀬皇子側がわざと犯人を泳がし、

究極として滅ぼしたい相手の家に追い込み、犯人の一味であるかのようにして処刑してしまった。そうもいえる。この場面で円がたとえ二王を引き渡しても、大泊瀬皇子は家に入れた円を罪に問うつもりでいた。その意図が読み取れたから庇ってみせた、ともいえる。勝者はいかようにも歴史を作れるのだ。この事件の真相は、狙い澄まして罠にかけたのだったかもしれない。

四　葛城氏の勢力基盤

最後に葛城氏を支えた権力基盤について、平林章仁氏の研究成果(7)を頼りに描いてみよう。まずは氏族としての軍事力と経済力の基盤だが、それは外交・渉外活動の過程で得られた渡来人に置かれていた。

神功摂政五年に襲津彦が新羅の使者に欺かれ、その報復に草羅城（さわらのさし）を攻め落とし、その付近の領民を奪ったと記したが、そのときに倭国内に連れてきた渡来人を葛城氏領内の桑原・佐糜（さび）・髙宮・忍海（おしぬみ）の四ヶ所に住まわせた。髙宮は葛城氏の本拠地で、桑原は葛上郡桑原郷、佐糜は同郡佐味（さみ）郷、忍海は忍海郡に当たる。これが漢人の祖となり、金属加工や宝玉（ほうぎょく）の製造などに当たったのである。鉄器を中心とした金属加工技術は農業生産を向上させるし、じかに軍事力を強くもする。宝玉は、高い交換価値を付加することによって豊かな財物を齎（もたら）してくれたろう。さらに応神天皇十四年には、弓月君など今来の漢人（あやひと）を迎えており、外来の先進技術は葛城氏の手もとに多くが集まっていた。

葛城氏の本拠地は大和盆地南部の葛城山の麓で、海にも川にも面していない。外交で活躍するには、葛城氏を支持し協力してくれる氏族がどうしても必要であった。

まず葛城の南に位置する紀氏が同盟者となった。紀氏の祖・木角宿禰は武内宿禰の子で、襲津彦の異母兄弟にあたる。いや、その血脈が真正の話かどうかを詮索するよりも、そこに親密な氏族関係が窺えればよかろう。紀氏との関係は、葛上郡内に紀氏の同族の楢原氏・大坂氏などが盤踞していることでも確認できる。これによって瀬戸内海の南側を航行する自由が得られ、外交交渉にさいしての紀氏の軍事援助・参戦も期待できるようになった。

吉備氏との関係は、玉田宿禰の娘・稚媛（毛媛）が吉備上道田狭の妻となっていたことで分かる。毛媛はのちに雄略天皇の計略で後宮に納れられるが、吉備氏と葛城氏との具体的な結束が図られていたことは、なによりもこの婚姻関係が証明している。これによって、瀬戸内海の北側の航路も確保され、吉備水軍も味方となってくれる。葛城氏の外交交渉にさいして、その強力な後楯となってくれていたのである。

また『日本書紀』の話では玉田宿禰を追い詰める役割を果たした尾張吾襲だが、尾張氏は葛城氏ともともと提携関係にある氏族である。葛城は高尾張邑ともいい、これが尾張氏の氏名の由来となっている。また『古事記』によれば、尾張連等の祖・意富那毘の妹は葛城之高千那毘売とある。『先代旧事本紀』（鎌田純一氏著『先代舊事本紀の研究　校本の部』、吉川弘文館）には尾張連の祖・瀛津世襲命の別名が葛木津彦命とあり、尾張氏族員と葛城出石姫・葛城尾治置姫・葛木避姫などとの通婚も記されている。それらの婚姻がたとえ事実でなくとも、氏族が成立するさいの淵源で、葛城氏との関係が深かったと物語りたいのである。尾張氏は、地盤の開拓先としておもに東海地方に勢力を伸ばしていた。東海に尾張氏が出て行ったからそこが尾張と呼ばれたのであって、出て行った地の名が尾張だったから尾張氏を名乗ったという順じゃない。この尾張氏が葛城氏と連携しているのなら、東海地方で尾張氏に従う海洋族もまた葛城氏の援軍となってくれたろう。

　そしてはるか西に位置する日向（ひゅうが）の諸県（もろあがた）郡の豪族との広域の連携も窺える、という。円（つぶら）大臣が滅亡した事件で、安康天皇を暗殺した眉輪王は円大臣に匿（かくま）ってもらえると考えていたらしい。それはなぜなのか。彼の母は葛城氏との縁などないが、何か少しは縁があったに違いない。そうでなければ、大泊瀬皇子も眉輪王の処刑ついでに円を滅ぼそうなどと思いつくことすらできまい。そこまで考えると、繋（つな）がりが見える。日向の諸県牛諸井（もろあがたのうしもろい）の娘・髪長媛（かみながひめ）が仁徳天皇に嫁して大草香（おおくさか）皇子と草香幡梭（くさかのはたび）皇女を産み、その大草香皇子と履中天皇の娘・中蒂姫（なかしひめ）皇女の間の子が眉輪王である。その日向には平群（へぐり）郷があり、襲津彦の兄弟とされる平群都久（つく）宿禰つまり同族伝承で結ばれた平群氏を介して、葛城氏とが繋がる。日向勢力が進出して河内に日下宮王家（くさかのみやおうけ）を築き、その援助をしながら葛城氏は日向まで勢力を扶植（ふしょく）していた。だからこそ縁故を辿（たど）ってやってきた眉輪王を庇（かば）った、というわけである。

　このほか、和珥（わに）氏を介して奈良盆地北部、息長（おきなが）・朝妻（あさづま）などの氏族を介して近江（おうみ）と結びつき、大和川・淀川水系や難波津（なにわつ）（大阪湾）を勢力下に収めていた、と推測されている。

　外交だけでなく国内にも目配（めくば）せをしており、葛城氏は五世紀の初期大和王権を代表する巨大氏族であった。もしも大王との鬩（せめ）ぎ合いに勝っていたら、大王になれる家だったのかもしれない。夢すら見ないのだったら身を全（まっと）うできたかもしれないが、そうした夢を見そうだったから目の敵（かたき）にされ、族滅に近い潰され方をしたのであろう。

【注】

（1）三田村泰助氏著『宦官―側近政治の構造』（中公新書、一九六三年）。七七〜八頁。

（2）室宮山古墳・南郷安田遺跡・極楽寺ヒビキ遺跡・南郷大東遺跡・南郷角田遺跡などの理解は、森浩一氏企画／伊藤勇輔氏・楠元哲夫氏共著『日本の古代遺跡6　奈良南部』（保育社、一九八五年）、「巨勢山とその周辺」九二〜五頁。奈良県立橿原考古学研究所「御所市南郷安田遺跡調査概要」（一九九五年調査）。泉森皎氏「御所市南郷遺跡の調査」（『季刊明日香風』四十七号、一九九三年七月）。平林章仁氏著『謎の古代豪族葛城氏』（祥伝社新書、二〇一三年）、第四章「遺跡から見る、渡来人との関係」などによる。

（3）平林章仁氏注（2）書、「第六章　葛城氏滅亡後のヤマト王権」。

（4）「古代の氏族③　葛城氏」（『季刊明日香風』二十号、一九八六年十月）。

（5）加藤謙吉氏著『大和の豪族と渡来人―葛城・蘇我氏と大伴・物部氏』（吉川弘文館、二〇〇二年）、「葛城氏と渡来人」中の「葛城氏の滅亡」。

（6）加藤謙吉氏注（5）書、「葛城氏と渡来人」中の「葛城襲津彦と渡来人」。一六頁。

（7）平林章仁氏注（2）書、「第三章　葛城氏の権力基盤」。

（原題「葛城一族の基礎知識」、「歴史研究」六二四号、二〇一四年九月）

物部氏の神話と職掌

一　饒速日命は、なぜ神武東征前に降臨していたのか

物部氏については、篠川賢氏著『物部氏の研究[1]』が近年刊行され、多方面にわたる研究状況が網羅的に把握できるようになった。筆者もおもにこの書に依存しつつ、ところどころに私見を加えてみたい。

篠川氏によれば、物部氏において祖とされる人には①饒速日命・②大綜麻杵・③伊香色雄・④十千根・⑤目の五人がいる。

①饒速日命には、『古事記』『日本書紀』に著名な物語がある。

『日本書紀』（日本古典文学大系本）神武天皇即位前紀戊午年四月条・五月条に、

> 夏四月の丙申の朔甲辰に、皇師兵を勒へて、歩より龍田に趣く。而して其の路狭く嶮しくして、人並み行くこと得ず。乃ち還りて更に東胆駒山を踰えて、中洲に入らむと欲す。時に長髄彦聞きて曰はく、「夫れ、天神の子等の来ます所以は、必ず我が国を奪はむとならむ」といひて、則ち尽に属へる兵を起して、徼りて、孔舎衛坂にして、與に会ひ戦ふ。流矢有りて、五瀬命の肱脛に

中れり。皇師進み戦ふこと能はず。……　五月の丙寅の朔癸酉に、軍、茅渟の山城水門 亦の名は山井水門。茅渟、此をば智怒と云ふ。に至る。時に五瀬命の矢の瘡痛みますこと甚し。乃ち撫劒りて雄誥して曰はく、撫劒、此をば都盧耆能多伽弥屠利辞魔屢と云ふ。「慨哉、大丈夫にして、慨哉、此をば宇黎多棄伽夜と云ふ。虜が手を被傷ひて、報いずしてや死みなむとよ」とのたまふ。時人、因りて其の処を号けて、雄水門と曰ふ。進みて紀国の竈山に到りて、五瀬命、軍に薨りましぬ。因りて竈山に葬りまつる。　（一九一～四頁）

とあり、同年十二月条には、

十有二月の癸巳の朔丙申に、皇師遂に長髄彦を撃つ。連に戦ひて取勝つこと能はず。時に忽然にして天陰けて雨氷ふる。乃ち金色の霊しき鵄有りて、飛び来りて皇弓の弭に止れり。其の鵄光り曄煜きて、状流電の如し。是に由りて、長髄彦が軍卒、皆迷ひ眩えて、復力め戦はず。長髄は是邑の本の号なり。因りて亦以て人の名とす。皇軍の、鵄の瑞を得るに及りて、時人仍りて鵄邑と号く。今鳥見と云ふは、是訛れるなり。昔孔舎衛の戦に、五瀬命、矢に中りて薨りませり。天皇銜ちたまひて、常に憤懟を懐きたまふ。此の役に至りて、意に窮誅さむと欲す。……時に長髄彦、乃ち行人を遣して、天皇に言して曰さく、「嘗、天神の子有しまして、天磐船に乗りて、天より降り止でませり。号けて櫛玉饒速日命 饒速日、此をば儞藝波椰卑と云ふ。と曰す。是吾が妹三炊屋媛 亦の名は長髄媛、亦の名は鳥見屋媛。を娶りて、遂に児息有り。名をば可美真手命 可美真手、此をば于魔詩莽耐と云ふ。と曰す。故、吾、饒速日命を以て、君として奉へまつる。夫れ天神の子、豈両種有さむや。奈何ぞ更に天神の子と称りて、人の地を奪はむ。吾心に推るに、未必為信ならむ」

とまうす。天皇の曰はく、「天神の子亦多にあり。汝が君とする所、是実に天神の子ならば、必ず表物有らむ。相示せよ」とのたまふ。長髄彦、即ち饒速日命の天羽羽矢一隻及び歩靫を取りて、天皇に示せ奉る。天皇、覧して曰はく、「事不虚なりけり」とのたまひて、還りて所御の天羽羽矢一隻及び歩靫を以て、長髄彦に賜示ふ。長髄彦、其の天表を見て、益踧踖ることを懐く。然れども凶器已に構へて、其の勢、中に休むこと得ず。而して猶迷へる図を守りて、復改へる意無し。饒速日命、本より天神慇懃したまはくは、唯天孫のみかといふことを知れり。且夫の長髄彦の稟性愎佷りて、教ふるに天人の際を以てすべからざることを見て、乃ち殺しつ。其の衆を帥ゐて帰順ふ。天皇、素より饒速日命は、是天より降れりといふことを聞しめせり。而して、今果して忠効を立つ。則ち褒めて寵みたまふ。此物部氏の遠祖なり。（二〇七～二一〇頁）

とある。すなわち、饒速日命（邇藝速日命）は高天原に生じ、大和の白庭山（桜井市の鳥見山か）に天孫降臨していた神であった。降臨先の土豪・長髄彦に奉祭され、長髄彦の妹・御炊屋姫を妻ともしていた。そこに五瀬命・神武天皇の率いる東征軍が河内側から押し寄せてきたが、長髄彦は生駒山の手前の孔舎衛坂でよく防ぎ、五瀬命を敗死させた。しかし神武天皇軍は経路を変えて熊野から南大和に侵入し、長髄彦とふたたび激戦となった。天神の子孫を奉祭していることに統治者としての自負心を懐いてきた長髄彦は、神武天皇側にその旨を問い質し、天から将来している宝物をたがいに確認し合った。神武天皇は長髄彦の奉祭神も天孫と知ったものの、長髄彦はもはや戦闘を中止して恭順することができなかった。饒速日命は長髄彦の性格が悪く、神と人の世界の違いを理解できないと見て、長髄彦を誅殺して東征軍に帰順した。神武天皇は饒速日命の行ないを褒め、以後寵用したという。この

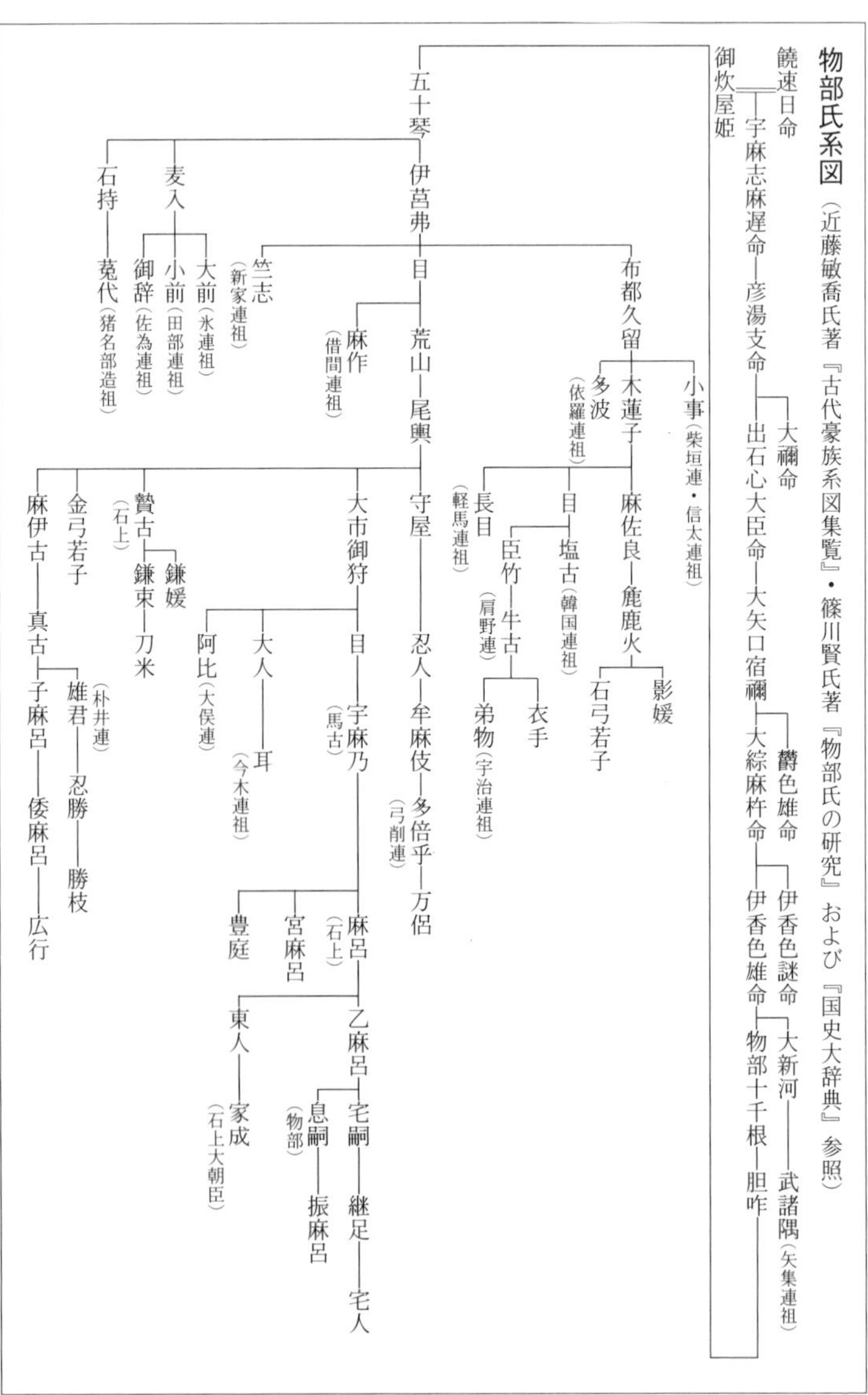
物部氏系図（近藤敏喬氏著『古代豪族系図集覧』・篠川賢氏著『物部氏の研究』および『国史大辞典』参照）
饒速日命
御炊屋姫
宇麻志麻遅命
彦湯支命
大禰命
出石心大臣命
大矢口宿禰
欝色雄命
大綜麻杵命
伊香色謎命
伊香色雄命
大新河
武諸隅（矢集連祖）
物部十千根
胆咋
五十琴
伊莒弗
石持
菟代（猪名部造祖）
麦入
大前（氷連祖）
小前（田部連祖）
御辞（佐為連祖）
布都久留
小事（柴垣連・信太連祖）
木蓮子
多波（依羅連祖）
麻佐良
麁鹿火
影媛
石弓若子
目
塩古（韓国連祖）
臣竹
牛古（肩野連）
衣手
弟物（宇治連祖）
長目（軽馬連祖）
竺志（新家連祖）
目
荒山
麻作（借間連祖）
尾輿
守屋
忍人
牟麻伎
多倍乎（弓削連）
万侶
大市御狩
目
宇麻乃（馬古）
麻呂（石上）
乙麻呂
宅嗣
継足
宅人
息嗣（物部）
振麻呂
東人
家成（石上大朝臣）
宮麻呂
豊庭
大人
耳（今木連祖）
阿比（大俣連）
贄古（石上）
鎌媛
鎌束
刀米
金弓若子
麻伊古
真古
雄君（朴井連）
忍勝
勝枝
子麻呂
倭麻呂
広行

褒賞のあとに見られる「此物部氏の遠祖なり」は、物部氏の祖先神として『日本書紀』のなかでもっとも早く登場するもので、物部氏を語るときに欠かせない記事である。『古事記』（日本古典文学大系本）によれば、

邇藝速日命、登美毘古が妹、登美夜毘売を娶して生める子、宇摩志麻遲命。此は物部連、穂積臣、婇臣の祖なり。（一六一頁）

とあり、宇摩志麻遅という子がいたとする。

②大綜麻杵は、『日本書紀』崇神天皇即位前紀に、

御間城入彦五十瓊殖天皇……母をば伊香色謎命と曰す。物部氏の遠祖大綜麻杵の女なり。

と見られ、同じことは『古事記』開化天皇段にも、

若倭根子日子大毘毘命……庶母伊迦賀色許売命に娶して、生みませる御子、御真木入日子印恵命。

とあって確認ができる。

③伊香色雄は、大物主神の祟りで国内に疫病が蔓延し、その対策を練っている場面に登場する。『日本書紀』崇神天皇七年八月己酉条に、

秋八月の癸卯の朔己酉に、倭迹速神浅茅原目妙姫・穂積臣の遠祖大水口宿禰・伊勢麻績君、三人、共に夢を同じくして、奏して言さく、「昨夜夢みらく、一の貴人有りて、誨へて曰へらく、『大田田根子命を以て、大物主大神を祭ふ主とし、亦、市磯長尾市を以て、倭大国魂神を祭ふ主とせば、必ず天下太平ぎなむ』といへり」とまうす。天皇、夢の辞を得て、益心に歓びたまふ。布く天下に告ひて、大田田根子を求ぐに、即ち茅渟県の陶邑に大田田根子を得て貢る。天皇、即ち親ら神

浅茅原に臨して、諸王卿及び八十諸部を会へて、大田田根子に問ひて曰はく、「汝は其れ誰が子ぞ」とのたまふ。対へて曰さく、「父をば大物主大神と曰す。母をば活玉依媛と曰す。陶津耳の女なり」とまうす。亦云はく、「奇日方天日方武茅渟祇の女なり」といふ。天皇の曰はく、「朕、栄楽えむとするかな」とのたまふ。乃ち物部連の祖伊香色雄をして、神班物者とせむとトふに、吉し。又、便に他神を祭らむとトふに、吉からず。

とあり、倭迹速神浅茅原目妙姫（倭迹迹日百襲姫と同じか）と穂積臣の遠祖大水口宿禰・伊勢麻績君の三人が「大田田根子を大物主神の祭主とし、市磯長尾市を倭大国魂神の祭主とすれば太平になる」という夢を同時に見て、大物主神と活玉依媛との子である大田田根子を喚ばせた。そして神に捧げ物をする者を「物部連の祖伊香色雄にしたいと占ったら、吉い」という結果となった、とある。

　この話の結末は崇神天皇七年十一月己卯条に、

十一月の丁卯の朔己卯に、伊香色雄に命せて、物部の八十平瓮を以て、祭神之物と作さしむ。即ち大田田根子を以て、大物主大神を祭る主とす。又、長尾市を以て、倭の大国魂神を祭る主とす。然して後に、他神を祭らむとトふに、吉し。便ち別に八十万の群神を祭る。仍りて天社・国社、及び神地・神戸を定む。是に、疫病始めて息みて、国内漸に謐りぬ。五穀既に成りて、百姓饒ひぬ。

とあり、疫病の流行を食い止めることに成功している。ここには「伊香色雄に命せて、物部の八十平瓮を以て、祭神之物と作さしむ」とあるのだから、伊香色雄は祭祀に当たる適性を審査されて合格し、配下の物部は神祭りに使う用具の製造に関わった人たちであったと分かる。

なお『先代旧事本紀』（鎌田純一氏著『先代舊事本紀の研究　挍本の部』吉川弘文館）では、

崇神天皇

諱は御間城入彦五十瓊殖尊といへり。稚日本根子大日日天皇の第二皇子なり。母は皇后伊香色謎と曰ひ、物部氏の遠祖大綜麻杵命の女なり。（二一九頁）

とし、右に掲げた伊香色謎命（崇神天皇の生母）の兄弟と記している。

④十千根は、『日本書紀』垂仁天皇二十五年二月甲子条に、

春二月の丁巳の朔甲子に、阿倍臣の遠祖武渟川別・和珥臣の遠祖彦国葺・中臣連の遠祖大鹿嶋・物部連の遠祖十千根・大伴連の遠祖武日、五の大夫に詔して曰はく……。

とあり、垂仁天皇から神祇祭祀を怠らぬようにとの詔をうけた「五の大夫」の一人で、物部連氏の遠祖と記されている。同二十六年八月庚辰条で「屢使者を出雲国に遣して、其の国の神宝を検校へしむと雖も、分明しく申言す者も無し。汝親ら出雲に行りて、検校へ定むべし」（二七〇〜一頁）との勅命をうけて、出雲の神宝の検校に派遣されている。さらに同八十七年二月、石上神宮の神宝を管掌してきた五十瓊敷命が「我は老いたり。神宝を掌ること能はず」（二七八頁）となって隠退を表明し、そのあとは命の妹・大中姫命に託すことにした。しかし大中姫命は「吾は手弱女人なり。何ぞ能く天神庫に登らむ」と固辞し、大中姫命の周旋で十千根が管掌することとなった。いまも物部氏が神宝を管理しているのは「此其の縁なり」とある。

⑤目は、『続日本紀』（新訂増補国史大系本）養老元年（七一七）三月癸卯条・石上麻呂薨伝に、

大臣は泊瀬朝倉朝庭の大連、物部目が後なり。

とあって、物部連氏の後裔である石上氏によって祖と仰がれている。

この目は『日本書紀』雄略天皇即位前紀・安康天皇三年十一月甲子条では、

> 天皇、有司に命せて、壇を泊瀬の朝倉に設けて、即天皇位す。遂に宮を定む。平群臣真鳥を以て大臣とす。大伴連室屋・物部連目を以て大連とす。

として登場する。雄略天皇元年三月是月条の后妃子女一覧によると、

> 次に春日和珥臣深目が女有り。童女君と曰ふ。春日大娘皇女 更の名は、高橋皇女。を生めり。童女君は、本是采女なり。天皇、一夜與はして脤めり。遂に女子を生めり。天皇、疑ひたまひて養したまはず。女子の行歩するに及りて、天皇、大殿に御します。物部目大連侍ふ。女子、庭を過る。目大連、顧みて群臣に謂りて曰はく、「麗きかな、女子。古の人、云へること有り。娜毗騰耶皤廛珥。此の古語、未だ詳ならず。清き庭に徐に歩く者は、誰が女子とか言ふ」といふ。天皇の曰はく、「何の故に問ふや」とのたまふ。目大連、対へて曰さく、「臣、女子の行歩くを観るに、容儀、能く天皇に似れり」とまうす。天皇の曰はく、「此を見る者、咸言ふこと、卿が噵ふ所の如し。然れども朕、一宵與はして脤めり。女を産むこと常に殊なり。是に由りて疑を生せり」とのたまふ。大連、曰さく、「然らば一宵に幾廻喚ししや」とまうす。天皇の曰はく、「七廻喚しき」とのたまふ。大連の曰さく、「此の娘子、清き身意を以て、一宵與はじたまふに奉れり。安ぞ輙く疑を生したまひて、他の潔く有るみを嫌ひたまふ。臣、聞る、産腹み易き者は、褌を以て体に触ふに、即便ち懐脤みぬと。況むや終宵に與はして、妄に疑を生したまふ」とまうす。天皇、大連に命して、女子を以て皇女として、母を以て妃とす。

とあり、たった一夜の交わりで童女君が妊娠して春日大娘皇女を産んだことを、雄略天皇は不可思議として疑った。不貞による不義の子と思ったから、妃・子と認定するのすら躊躇っていた。目はその疑念を明快に晴らし「妄に疑を生したまふ」ことを窘めた、という。人の目利きと物事の正邪を判定する能力を買われた、という趣旨でもあろうか。

以上の五人が物部氏の祖として登場する。

まずはこの伝承が成立していった順だが、それはどのように考えられているだろうか。

篠川氏は、物部氏の独自の祖としてもともと伝承されていたのは十千根だったと理解する。初出の記事は垂仁天皇時代とされているが、この氏祖たちの話は記述時の現状を溯らせた脚色である。十千根とともに大臣・大連となったという武渟川別・彦国葺・大鹿嶋・武日の後裔である阿倍宿奈麻呂・和珥［粟田真人・小野毛野］・中臣［藤原不比等・中臣意美麿］・大伴安麻呂が同時に議政官であった和銅元年（七〇八）の在職状況をもとにして、これ以降のどこかの時点で、和銅年間のこの議政官の顔ぶれを垂仁天皇の時代へと溯らせて再現させたものである、という。

物部連の傘下にいて下働きをこなすのが物部だが、その物部の前身となる宮廷内の集団が王権祭祀・幣物製作という職掌に関わっていくのを指揮していくなかで、物部連の祖は多数の伴造氏族を配下に置くこととなる。その仕事をやりやすくしたり指揮系統を確立したり割り振りを明瞭にするためか、彼らの間で擬制的血縁関係を組もうとする機運が生じた。物部氏はその要請に応えて十千根の父として伊香色雄を造り出し、造られようとする同族集団の結び目として始祖伝説中に嵌め込ませた。そして大和王権から物部を統轄する氏族として公認されると、あらたに氏祖となった伊香色雄が

「王権の神話・伝承」中に位置づけられ、配下の氏族も伊香色雄を祖とした同族伝承を唱えるようになってゆく。

ところが天武・持統朝のころ、伝統的な服属儀礼が律令制的な践祚大嘗祭に転換してゆく。そのなかで、穂積氏も祭祀と軍事を職掌としているので、いつも一緒に行動することになっていた。物部氏と性格が似ていた。そのためこの二氏が接近し、集団的な親近性を深めた。また采女氏も采女の管理を行なうなかで、警衛と処罰を通じて物部氏と関わりを持っていたので、しだいに仲間として接近していた。

天武天皇の殯宮では石上麻呂・穂積虫麻呂・采女筑羅がともに誄を奉じており、天武朝の宮廷内で協働する関係が確認できる。こうした職掌の重複関係から交流を深めざるをえなくなり、その挙げ句に三氏に共通する祖として宇摩志麻遅を造り出すこととなった。ところが『日本書紀』編纂中に石上麻呂が左大臣という高官に昇ったため、この時点で頭一つ高くなった政治力が反映した。物部氏の力が昔から高かったように装い、祖をことさらに顕彰するため、宇摩志麻遅の上に饒速日命を加上した。これによって物部氏は、関係氏族のなかで一段上位に位置づけられることとなった。こういう経緯で「物部氏之遠祖」という注記の各記事ができあがったのだ、とされた。

始祖として「十千根→伊香色雄→宇摩志麻遅→饒速日命」がつぎつぎ加上されてゆく事情や加上される時期については、右の理解でよいのだろう。だが加上の手順と動機がかりに理解できたとしても、それで表題にしている問題が解決するわけではない。

篠川氏は、氏族の側に伝承されてきたご大層な武勇譚などがあっても、その祖先伝承が『古事記』

『日本書紀』などに採用されたわけではない。氏・姓を与えるのは大王の専権事項であり、大王らの「王権の神話・伝承」のなかに彼らが組み込まれ、その話に組み込まれて氏・姓が与えられるのだ。彼らの固有伝承は「王権の神話・伝承」に反映されない、とされる。

たしかに支配者層の称号となる氏・姓を賜与するのは、一方的に大王がなす特権である。たとえば中臣連鎌足に「姓を賜ひて、藤原氏とす」（『日本書紀』天智天皇八年［六六九］十月庚辰条）として藤原朝臣氏ができるのだし、天皇の子たちの臣籍降下にしたがって次々に与えられていった平朝臣氏・源朝臣氏の氏名も、羽柴と名乗っていた秀吉が豊臣氏となったのも、天皇がみな賜与したものである。私たちが勝手に足利・新田・三浦・大庭とかいっているのは、氏の名などでなく、すべて名字（苗字）である。名字はその居住地の地名などにちなむもので、世間での分別の便宜上付けられたいわば通称・通り名である。支配者層にあることを意味する氏の名とは、起源もランクも異なる。ちなみに氏の名なら「藤原ノ不比等」「源ノ頼朝」のように氏と名の間にノを入れて読むが、名字ではノが入らない。それで区別が付くだろう。

話を戻すが、氏の名を賜与されていよいよ支配者層に入るとなったとき、組み込まれる「王権の神話・伝承」でその位置づけが決まる。そうした強制が王権側からなされるとして、そうした過程はありそうなものに思える。秀吉も信長に仕えようとしたとき「某父は織田大和守殿に事へ、筑阿弥入道と申候て、愛智郡中村之住人にて御座候。代々武家之姓氏をけがすと云共、父が代に至て家貧しければ」（小瀬甫庵『太閤記』上、岩波文庫本、七三頁）云々として織田氏に合わせた自分の家の物語を述べているが、これを採用し登庸する側の信長にも新参者を抱えて配属させる根拠として織田家において自分が物語りたい信念があったろう。現代の会社でも、入社を希望した社員が描く物語に対して、その人を営業にまわすのも人事にまわすのも、その会社の経営論理に合わせて組み込んだ配置ともいいうる。ただ、では組み込んだというその「王権の神話・伝承」とはそもそもどんな物語と想定しているのか。その物語のなかで、物部氏は当初どんな位置づけで組み込まれていたと思っているのか。その姿・形が行論中にほとんど明らかでない。それが明らかにならないのでは、「王権の神話・伝承」がすでにあって、そのなかに組み込まれたといわれても、議論もできないし納得しようもない。いったい何に、どんなものが存在して、どのように組み込まれたと納得したのか。それが納得したという人の間で共有されず、だれにも姿が摑めないのでは、話の基盤がそもそもできていないのではないのか。

いや、その「王権の物語・伝承」は、すでに眼前にある。「王権の神話・伝承」が集成されたものこそ、『古事記』『日本書紀』の話なのだ、というのだろうか。もしそうならば、物部氏集団は左記のように位置づけられたこととなろう。

饒速日命は、高天原の天忍穂耳命と栲幡千々姫命との子として生じ、地上に降臨した天孫の一人だった。天孫の証となる十種の天璽瑞宝を携え、天磐船に乗って河内国河上の哮峰に降り立ち、さらに東遷して大和国鳥見白庭山（桜井市登美外山）に居を定めた。はじめに降り立った場所から東遷していくという筋書きは、神武東征譚の構想を先取りした形になっている。そこで知り合った在地土豪の長髄彦からの奉仕を受け容れ、その妹を娶った。安定的な支配をしていたが、そこに五瀬命・神武天皇の東征軍の侵入を受ける。その侵入を一度は阻み、さらに熊野から奈良盆地南部に侵入してきた神武天皇軍とふたたび闘う。一軍を率いる長髄彦からすれば、天璽神宝を持っている天孫を奉祭しているので、自分にこそ正当性があると確信していた。だから長髄彦は使者を立てて「天神の子と称りて、人の地を奪はむ。吾心に推るに、未必為信ならむ」（『日本書紀』神武天皇即位前紀戊午年十二月条）と非難した。これに対して神武天皇は、奉祭する君が天神の子と云うのなら、その表物を見せろと申し入れた。インチキだと思っていたのだ。そこで饒速日命の天羽羽矢と歩靫を示すと、神武天皇は「事不虚なりけり」つまりそれが高天原から授けられた真正の表物だと認めた。神武天皇も同じ物を示したので、長髄彦は畏れ畏まった。しかしだから長髄彦が引き下がったとは描かれていない。いや、話の筋として、引き下がる必要などなかろう。両者ともに同格の天孫であったのだから、本来ならばここで停戦して、同じ資格を持つ者として優劣をふくめてこの先どう折り合いを付けていくべきかを話し合うべき場面である。ところが長髄彦はそのまま戦いを継続してしまったため、訳の分からぬことをする者として饒速日命に誅戮されてしまう。

しかもこの筋書きには、つとに伏線が張られていた。

『日本書紀』によれば、神武天皇は東征出発前から、天孫・饒速日命の降臨を知っていた。

> 塩土老翁に聞きき。曰ひしく、『東に美き地有り。青山四周れり。其の中に亦、天磐船に乗りて飛び降る者有り』といひき。余謂ふに、彼の地は、必ず以て大業を恢弘べて、天下に光宅るに足りぬべし。蓋し六合の中心か。厥の飛び降るといふ者は、是饒速日と謂ふか。（一八九頁）

とあってから、東征に出発している。大業をなすに適した国の中心部にはすでに天神が天降りしていて、その名が饒速日命であろうことまで推測とはいえ事前に知っていた。

右の話に見られる物部氏の祖の姿が、王権として位置づけた「王権の神話・伝承」なのだろうか。そう見なしてよいのか。それならば饒速日命の小規模な東遷と神武天皇の大規模な東征は、規模こそ違っているが同工異曲といえる範囲のことでないのか。そもそも饒速日命が支配すべき国の中心に降り立って支配しはじめていたのなら、そちらの天神を高天原の本命としてもよいではないか。饒速日命は天神の子として有資格者であり、しかも圧政に味方した悪神というわけでもない。長髄彦とともに人々を呻吟（しんぎん）させることなく国政を執（と）れていたのなら、執政を委任したままでよい。うまく統治されているのに浪風を立て、あえて戦いに持ち込んで制圧しようとまでするのでは、領土欲に駆られた侵略者の風貌しか思い描けない。権力欲に満ちた西辺の勢力が反乱を起こし、土豪から支配権を捥（も）ぎ取り、平穏に過ごしていた人民を蹂躙（じゅうりん）し、ついに覇権を打ち樹てたという自慢話に聞こえる。このような筋立てでは、王者を更迭（こうてつ）して取って代わるだけの正当性の根拠とならない。これはほんとうに王権側が用意した物語に淵源を持つ「王権の神話・伝承」の後身としてふさわしいのか。

それに、王権側から一方的に「王権の神話・伝承」に位置づけられ、その許諾を条件として物部氏という氏姓を賜与されたとするなら、位置づけられた氏祖は定まっているのに、氏族間の職務上の都合で捏造（ねつぞう）・加上した共同の始祖がどうしてあらたに「王権の神話・伝承」に組み込めるのか。それとも、一度仲間として入り込んでしまえばあとはどのようにも書き変えられるのか。そういう可変性もある「王権の神話・伝承」は、だれがどのように管理していて、王権内でどのように扱われてきたものと考えられるのか。筆者には、やや理解しがたい。

饒速日命の伝承が作られた理由については十二通りもの解釈があるそうで、筆者は「大王家側の伝承が次々加上・変改されていくなかで、大王家のもともとの伝承のなかで奉仕してきた物部氏のなかに残った大王家の本来の祖先神話の名残り」と考えた(2)。これは「王権の神話・伝承」がかつて独立して存在したと認めた上で、その内容が各氏族の伝承が変化するとともにそれを飲み込みつつ変わっていくと想定した上での推論だった。今もなお、上記の饒速日命の降臨・東遷の話には、物部氏の前身が王権と接し、それ以来、前物部氏集団が持たされてきた王権神話の原初的な姿を残している蓋然性（がいぜんせい）があると思っている。物部氏のもとに残されていた「王権の物語・伝承」は、戦乱などで原書を失った大王家にふたたび戻され、物部氏の話をもとに『古事記』『日本書紀』の東遷譚などが構想された。そう考えてもよいと思う。

二　物部の職掌と氏名の意味は

物部氏は伴造（とものみやつこ）だから、特定の職掌をもって大和王権に仕える氏族である。仕えるさいの職務内容は、氏の名として負っている。それが伴造である。馬飼（うまかい）連氏なら馬飼部、矢作（やはぎ）連氏なら矢作部を率い、朝廷内では独占的に馬の飼育・調達や矢の製作などの業務に当たる。王権内ではそうした完全分業体制が取られていた。役職をその氏名（うじな）に負っているというのなら、物部では物が職務内容となるわけで、それを果たす部である。そうなるとそのモノノベの意味内容が問題となる。だが、この「モノ」とは何なのかが、いまだに明瞭でない。

モノノケ（物の怪）のモノつまり精霊・霊魂の意味に取れば、祭祀担当となる。上記したように、伊香色雄が大物主神の祭祀に大田田根子が関わることの適否を判断しているのも、祭祀担当業務の一環と理解できる。

これに対してモノノフ（武士）・モノノグ（物の具）・ツハモノ（兵）のモノつまり武人・武器と解すれば、業務内容は非常時の軍事活動、平生の警察業務と考えられる。

『令義解』（新訂増補国史大系本）職員令の刑部省管轄の囚獄司には、

物部卌人〈謂ふこころ、此伴部之色なり。故に式部、補任す。其れ衛門府の門部、亦同じなり〉罪人の決罰を主当する事を掌る〉。物部丁廿人〈謂ふこころ、諸国の仕丁、仗を帯び獄を守る者は、即ち民部省より充つる所なり〉

とあり、物部四十人が配され、部下の物部丁二十人を率いる。決罰は罪科の判断つまり判決だが、決した刑罰を執行することも仕事の一環となる。物部は衛門府（三十人）・東西市司（二十人）にも見られ、警察事務の実行部隊となっている。来目物部伊区比は蘇我摩理勢父子を、物部二田塩は蘇我石川麻呂を処刑している。鎮圧・逮捕・収監・判決からその執行に至るまでのすべての過程で、強制するための武力は欠かせない。

しかも『日本書紀』崇峻天皇即位前紀によれば、守屋は「親ら子弟と奴軍とを率て」、敏達皇太后（のちの推古天皇）のもとに結集した蘇我馬子をはじめとする朝廷が集め得たほぼすべての軍兵を敵に回して、

是に、大連、衣摺の朴の枝間に昇りて、臨み射ること雨の如し。其の軍、強く盛にして、家に塡ち野に溢れたり。皇子等の軍と群臣の衆と、怯弱くして恐怖りて、三廻却還く。（一六二頁）

とある。さすが大和王権の軍事氏族であり、中核部隊としての雄姿を彷彿

させる奮戦ぶりである。ただし、こうした武人像が氏族創設の当時の、つまり本来負っていた任務だったのかどうか、明らかでない。職務遂行の過程で身につけた業務能力ということも、ままあろうからである。

篠川氏は、もともとモノノベといわず、物部の音読みのブツブと呼ばれていたと推測されている。『日本書紀』所引の『百済本記』では、ほかにも印哥臣（伊賀臣）・為哥岐弥（伊賀君）・烏胡跛臣（的臣）や意斯移麻・己麻奴跪など一字一音で当てられているなかで、物部は漢字で記されている。これは和訓でなく、物部がすでに生じていて、このような表記となった証拠とみなした。そして、その名を示すように物品一般の生産がこの氏族の本来的職務だったと推測していった。上記の伊香色雄の話でも「物部の八十平瓮を以て祭神之物と作さしむ」とか「神班物者とせむと占う」とあり、祭祀執行に当たっての祭器造りに携わっている。祭器はその一部であって、祭器だけでなく、大和王権が必要とする物一般の製作を専門的に掌る氏族として、物部氏が成立したという解釈である。

推論されてゆく過程はもっともと思うが、『百済本記』編者はどのようにしてこう表記したと考えるのだろう。たとえば、日本人が書いてきた字をそのまま記載したと考えるのか、それとも百済人が選んだのか。もし百済人が聞こえたままの日本語の発音を字音に写して表記したとするなら、物部と書かれている字の内容に即して表記されているという理解は認めづらくなる。字音で書かれているとして一貫させるのならば、これもただの字音に写されてブツブ（たとえば夫都夫）などと表記されて然るべきでなかろうか。そもそも『百済本記』成立時の記述が、物部と筆記されていたものを見て写したと考えてよいのか。よいとすれば物部という表記は『百済本記』成立前にすでにあったことになり、『百済本記』編者はただあったままを転載しただけかもしれない。まだ異論の余地が少なからずある。

三　尾輿・守屋は仏教導入反対の急先鋒だったか

物部氏の出身者で大和王権の政治中枢に立った最初の人は、武烈から宣化までの四朝に仕えたという麁鹿火（荒甲）であろう。応神天皇からの王統が武烈天皇までで断絶してしまうと、大連・大伴金村が擁立した継体天皇を許勢男人とともに支持して、大連に任ぜられた。

篠川氏は、物部氏のように連の姓を賜った氏族は、継体天皇とともに大和入りしたいわば旗本勢力のような存在だったと推測されている。注目すべき説と思うが、この時期を大局的に見た場合、王室に高齢で入婿し、まずは新旧勢力間の融和を要するというときである。それなのに、ことさらに旧勢力との差異を強調するような指標を掲げるものだろうか。それが新政権にとってどれほどの得策なのか、検討がなお必要であろう。

継体天皇二十一年（五二七）六月、大和王権は征新羅将軍近江毛野に六万の兵をつけて朝鮮半島に送り込もうとしたが、その行く手を九州北部の雄・筑紫磐井に遮られた。麁鹿火は磐井討伐の将軍に抜擢され、翌年十一月にこれを討滅した。対新羅戦への兵站基地となる那津官家（福岡市南区三宅）の設置に尽力したともあり、対外軍事氏族としての地歩を固めた一戦であった。

麁鹿火の跡目は、その嫡系に渡らなかった。系譜上では三代前の布都久留の弟に目がおり、その孫の尾輿が欽明朝に大連を授けられている。物部氏を纏める氏の上は、この当時、一系で世襲される地位でなかったようだ。氏族内には有力な家が複数存在していて、その長老間で回されるものだったことが窺える。

宣化天皇三年（五三八／欽明天皇七年）、百済の聖明王から欽明天皇の朝廷に仏像と経論がもたらされた（仏教公伝）。仏教を、国の教えとして採用するように諭されたのである。

このときに国教としての導入の可否を諮問された尾輿は、導入を認める大臣蘇我稲目と激しく対立した。『日本書紀』欽明天皇十三年（五五二）十月条によれば、

> 我が国家の、天下に王とましますは、恒に天地社稷の百八十神を以て、春夏秋冬、祭拝りたまふことを事とす。方に今改めて蕃神を拝みたまはば、恐るらくは国神の怒を致したまはむ。

と発言し、これをうけた欽明天皇は仏像などを稲目に個人的に托し、

> 情願ふ人稲目宿禰に付けて、試に礼ひ拝ましむべし。

と処理させた、という。尾輿のいうことを是認して国教としての導入を拒んだわけで、「朕、昔より来、未だ曽て是の如く微妙しき法を聞くこと得ず」（同上条）といったというが、そもそも内心では導入に反対だったのである。この拒絶の方針は子・敏達天皇にも引き継がれており、つまりこの時点の大王家の基本姿勢だったと思われる。

仏教公伝後に天然痘が流行したこともあって、尾輿は稲目の向原の家をその元凶として襲撃し、仏像を難波堀江に廃棄した。この争いは世代を超え、敏達天皇十四年（五八五）には敏達天皇の勅許を得た上で、尾輿の子・守屋が稲目の子・馬子の建てた大野丘北の寺の施設を破壊し、仏像をふたたび難波堀江に廃棄した。敏達天皇の殯庭では、たがいに相手の体形・容姿を嘲笑するなど感情的な対

立ともなった。おりしも用明天皇のあとの大王位をめぐって穴穂部皇子がその奪取に動くと、守屋はこれを支持。しかし敏達天皇の太后・額田部皇女は同意しなかった。さらに、この意向を汲んだ馬子は太后を擁して穴穂部皇子および守屋を討滅する軍を興した。守屋は本拠地の河内・渋川（阿都の別業、大阪府八尾市跡部周辺）に兵を集めて迎え撃ったが、側近の迹見赤檮に裏切られて射殺された。守屋の資産の半分は没収されて摂津の四天王寺に施入され、残りの半分は守屋の妹で蘇我馬子の妻の手に渡った。

尾輿と稲目、守屋と馬子の二代にわたる諍いは、仏教受容を争点として熾烈になった。そう読み取る向きもあるが、それが対立の原因だったわけではなく、基本的には朝廷内指導者間の勢力争いであった。時代の趨勢としては中央官司を軸とした集権化の方向にあり、どちらが中心となって国家の舵とりをしていくのかということで、両雄ともには並びがたい状況にあった。それが後継大王の選定をめぐる軍事対立ともなったのだ。

そのことは、守屋の擁したという穴穂部皇子がもともと守屋の血縁者・縁戚でなく、馬子の甥（馬子の姉妹である小姉君の子）だったことでも判る。対立のための対立、反対のための反対である。それに『日本書紀』崇峻天皇即位前紀には、

時の人、相謂りて曰はく、「蘇我大臣の妻は、是物部守屋大連の妹なり。大臣、妄に妻の計を用ゐて、大連を殺せり」といふ。

とあり、物部大連（守屋）の滅亡はその妹（蘇我馬子の妻）の計略に載せられたものと噂されていたという。ことさらに諍いのもとを作ってその権勢や財を奪おうとする人が、両者のごく近くにいたこ

とも、推測できる。

ともあれ、これにより物部氏嫡系は大市御狩の系統に移り、宇麻乃（馬古）が孝徳朝に氏印大刀を受けて氏の上を認められ、以後（石上）麻呂→乙麻呂→宅嗣へと継がれていった。

四　物部氏の分布とその後

物部氏の足跡はいまも辿れる。

物部氏に奉仕する物部が多数設定されれば、指定された地域名としてたとえば物部郷という地名を生ずる。個別の住民としてでもあるていど集住していれば、物部某の名の活動は史籍にどこかで残る。彼らがあちこちに存在しているのは、物部氏の活動の結果である。また物部氏が活動するための基盤である。古代史籍からその分布を窺うと、その範囲はことのほか広域に及ぶ。

まず物部郷は、尾張国（愛智郡）・駿河国（益頭郡）・下総国（千葉郡）・近江国（栗太郡）・美濃国（多藝郡・安八郡・本巣郡）・上野国（多胡郡）・下野国（芳賀郡）・越後国（頸城郡）・丹波国（何鹿郡）・丹後国（与謝郡）・備前国（磐梨郡）・備中国（賀夜郡多気郷の小里）・淡路国（津名郡）・土佐国（香美郡）・筑後国（生葉郡）・肥前国（三根郡）・日向国（那珂郡）・壱岐国（石田郡）の十八ヶ国におよび、そのなかに二十郷（里）がある。

物部氏の祖神か氏神かを祀ったとみられる物部神社も、伊勢国（壱志郡・飯高郡）・尾張国（春部郡・愛智郡）・甲斐国（山梨郡）・武蔵国（入間郡）・近江国・美濃国（厚美郡）・越中国（射水郡）・越後国（頸城郡・三嶋郡）・佐渡国（雑多郡）・丹波国（船井郡・何鹿郡）・丹後国（与謝郡）・但馬国（城埼郡）・石見国（安濃郡）・播磨国（明石郡）・豊後国（直入郡）・肥前国（三根郡）・壱岐国（石田郡）の十七ヶ国におよび、そのなかに二十一社（神）が見られる。

さらに物部は、畿内・南海道諸国のすべてに見られ、東海道は甲斐・安房、東山道は飛驒・陸奥・出羽、北陸道は加賀・能登・佐渡、山陰道は丹後・但馬・石見、山陽道は美作・安芸・長門、西海道は筑後・豊後・薩摩・大隅・対馬を除く諸国に分布している。

郷名・神社名・人名のデータをすべて重ねれば、物部氏・物部が関係しない地域などほとんどない。これだけの部民が全国に分布しているのであれば、それは全国がほぼ物部氏族の勢力基盤になっていたということだ。

大和王権が必要とするものではあるが、生産技術があまり特別でないような生活物資を生産・調達していた大氏族には、渡来系の秦氏がある。[3] 物部氏の職務内容がもしも篠川氏がいわれるような物品一般の生産であるなら、物部もこの秦氏と肩を並べるような大氏族だったのだろう。多くの人民を傘下に収めた氏族の雄として、その族長が大連となるというのも頷ける。話はやや異なるが、語学教員が文学部に所属している大学では、学長選挙をやると文学部長がかならず当選する。それは文学部長にはつねに優れた能力を持つ人がなってきたからでなく、ただ傘下の教授票が多いからである。その趣きと連なるところがある。

さて、守屋を敗死させた物部氏では、石上を本拠とする系統に氏の上が移った。

麻呂は壬申の乱で大友皇子に最後まで付き随った舎人として登場したが、失脚していない。それどころか、のちには正二位左大臣となり、政界の首座に立っている。明瞭ではないが、天武天皇は政権を勝ち取る原動力となった壬申の功臣をもちろん表彰したが、だからといって執政官の地位にまでは登庸しない。軍事のプロフェッショナルと執政のプロフェッショナルは別物。いわば餅屋は餅屋というような、行政の専門職と軍事的功績とは別の才覚であって、混ぜるべきでないという信念があったようだ。ちなみにこの人事感覚は、李氏朝鮮の第三代国王・太宗（李芳遠）にも見られる。それはそれとして子・乙麻呂は従三位中納言、乙麻呂の子・宅嗣は正三位大納言となって、奈良朝でも議政官の一枠を確保しつづけていた。しかしその後はたまたま人材に恵まれなかったのか、弱年での死没が重なったか、または度重なる天平の政変に巻き込まれて人材が枯渇したか、公卿になる者は出なかった。

ところで麻呂は石上朝臣を名乗り、乙麻呂・宅嗣は物部朝臣・石上朝臣・石上大朝臣としばしば氏姓を改めている。このために、その名の付く石上神宮は、もともと物部氏の氏神であった。そこには一〇〇〇振以上の刀剣が収蔵されていて、延暦二十三年（八〇四）兵杖を山城国葛野郡に移したさいは延べ一六万人弱が動員された。物部氏はこうした大量の武器を氏有資産として保有してきたから、傍流の石上氏が継いでもなお有力な氏族でいられた、というような理解が広く行われている。

しかし篠川氏は、これを厳しく否定されている。

石上神宮はあくまで大王家が主となって奉斎する神社であって、その神宝の所有権は大王家に属する。神庫には諸豪族から服属の証として大王に献上された宝物が貯えられており、朝廷全体にとってのアジール的な性格を持たされていた。だから物部氏一氏の神社であったことなど、一度もなかった、とする。先掲の『日本書紀』の記事にあるように、石上神宮は五十瓊敷入彦命が管理していたが、老年となったため、妹の大中姫(おおなかつひめ)に相談して、管理業務を物部十千根に委ねたにすぎない。現地を基盤とした物部首氏が管理に当たっていたので、統属関係から十千根が管理者に推挙された、ということだったようだ。

【注】

（1）日本古代氏族研究叢書①（雄山閣、二〇一五年）。

（2）拙稿「物部氏と『先代旧事本紀』」（『古代の豪族と社会』所収、二〇〇五年）。

（3）加藤謙吉氏著『渡来氏族の謎』（祥伝社新書、二〇一七年。第三章秦氏）。

（原題「物部氏の基礎知識」「歴史研究」六六三号、二〇一八年十月）

祖先を神として守り抜く信念に生きた物部守屋——俠の歴史①

人物概要

敏達天皇・用明天皇の治世下で、国家の重鎮として大連を務めた。国家の宗教政策をめぐって崇仏を求める大臣・蘇我馬子と対立し、敏達天皇の勅許をえて中臣勝海とともに仏法排撃を実行した。用明天皇二年（五八七）用明天皇の没後に欽明天皇の皇子・穴穂部皇子の擁立を図ったが、穴穂部皇子は馬子らに殺され、守屋は敏達天皇の大后であった額田部皇女（推古天皇）を推戴した朝廷軍に攻め滅ぼされた。

一　丁未の変の顚末

ことのはじまりは、用明天皇元年（五八六）、大王・敏達天皇の死没直後に穴穂部皇子が動いたことにあった。穴穂部皇子は欽明天皇の子で、敏達天皇にとっては異母弟にあたる。彼は、敏達天皇の大后である額田部皇女（のちの推古天皇）に後継大王へ推挙してくれるよう求めに、敏達天皇の遺体が埋葬前に仮安置されている広瀬（広陵町）の殯の宮へと赴いた。依頼内容は次期の大王への推挙か、次期は病弱だったがすでに勾大兄皇子（用明天皇）が就任するものと宮廷内に認知されていたので次々期だったかもしれない。いずれにせよ早い時期の大王候補として、その名を挙げておいて欲しかったのだろう。もちろん出先きの殯まで押しかけなくても、夫が身罷った王宮に服喪中の額田部皇女が留まっていたのなら、常住のその住まいを訪ねればよかった。穴穂部皇子は一般人などでない。王族であるし、何より異母姉弟なのだから、ふつうに訪問すれば素直に招じ入れられる親戚である。ここでも会わないのなら、どこでも会えないだろう。ただ、特定の仕事をこなすために滞在している出先きに、まったくの別件を相談しようと会いにいけば拒まれる蓋然性が高い。そんなこと、現代でもそうだろう。だがおそらくは、服喪の長い期間をやや離れたところにある殯宮で過ごすと聞いて、戻ってくるまで待てなかったのだろう。それほどに心急くことだったのである。

ところが行ってみると、殯の宮は厳重に守られていて、警護責任者となっていた三輪逆は門を閉ざしている。「七度、門を開け」といったというが、七というのはたくさんという意味である。つまり繰り返し面会を要求し、押し問答となったものの入場を拒まれた。大后にはついに会えずに帰らされたのである。

会えなかった鬱憤晴らしのためか、穴穂部皇子は、三輪逆の無礼な発言・振る舞いを問題とした。穴穂部皇子はおそらく「『だれとも面会しないことになっている』というのは、額田部皇女の意思なのかどうか。『穴穂部皇子だと分かっていても、なお面会しない』ということか、ともかく確かめに行ってこい」と要求しているのに、逆が「『どんな方も通すな』とのご意思です」とか答える。それが、自分の好悪・軽重などの判断基準で面会を阻んでいるように思えたのだろう。門前払いされた者が懐きがちな思いである。

額田部皇女に訴えたかった大王の継承問題からすれば、臣下としての接遇礼儀などおよそ論点のずれた問題のすり替えにすぎない。だが穴穂部皇子は、ここで大連・物部守屋と大臣・蘇我馬子に「逆は殯の宮で勝手に『私は、朝廷を荒らさず、鏡面のように清浄に保つように奉仕する』と誄（弔辞）をあげて誓い、天皇の子弟や大臣・大連を差し置いて自分一人で奉仕しているかのようにいう。しかも殯の宮のなかに入れず、門を開けろといったが聞き入れなかった。まったく無礼なので、斬ってしまいたい」（『日本書紀』〔日本古典文学大系本〕用明天皇元年五月条）と訴えた。守屋も馬子も同意したので、穴穂部皇子は、守屋とともに磐余の池辺（広瀬の誤りか）を囲んだ。

逆はこの動きを察知し、まずは三輪氏の名にし負う本拠地・三諸岳（三輪山）に退き、そこから戻って大后の別業（別荘）に身を潜めた。しかし大連が職権を発動して探索しはじめたことでもあり、同族の密告によって潜伏先がばれてしまい、守屋は軍士を率いてそこに向かった。

穴穂部皇子も宮を出ようとしていたが、馬子は「王たる人は刑人を近づけないものだ。みずからその場に出向いたりしてはなりません」と諫めた。そこでは止められずに終わったが、出先きでさらに諫言しつづけ、ともかくじかに手を下すことだけは止めさせた。そこに守屋が戻ってきて、逆を成敗したことが報告された。馬子は「天下の乱れる日も近そうだ」とそのときいったが、守屋は「おまえのような小臣が知るところじゃない」と言い返した、という。

穴穂部皇子に従った守屋の立場は、悪くなった。逆は敏達天皇と大后の寵臣であったから、大后は深く穴穂部皇子を恨んだ。そして穴穂部皇子を諫めて止めるべき地位にいながら、軽率に盲従して手を下した守屋に対しても、とうぜん不快な気持ちになったろう。さらに、あたらしく大王となった用明天皇が「仏法に帰依する」と明言しているのに、守屋は昂然と反対の意思を表明した。廷内での政治状況はにわかに穏やかでなくなり、押坂部毛屎が守屋に「あなたを陥れようという画策があり、退路を断たれる危険性がある」と報らせてきた。

守屋は、この報にただちに反応した。

別業（別荘）のあった河内の阿都（大阪府八尾市）にまずは退き、部下に集まるよう指令を出した。かねて好みを通じてきた中臣勝海も守屋に味方するために軍士を集め、また大王を目指す穴穂部皇子にとっての有力な対立候補である押坂彦人大兄皇子（敏達天皇と前の大后広姫との子）と竹田皇子（敏達天皇と後の大后の額田部皇女との子）の像を造ってその死を祈った。しかし習得していた予知能力のせいか、冷静になって趨勢を読んだか、押坂彦人大兄皇子側に寝返ろうと翻意した。その挙動の一部始終を見張っていた守屋の側近・跡見赤檮は、ただちに勝海を斬殺。朝廷側と守屋陣営とは、そのまま一触即発の状態へと進んでいった。

翌年四月、かねて病弱で療養中だった用明天皇が没した。後継の大王選びは、公然たるものとなった。五月に守屋は穴穂部皇子の擁立に向けて動き出し、穴穂部皇子に「将に淡路に馳猟せむ」（『日本書紀』崇峻天皇即位前紀五月条）つまり狩り装束という武装をして淡路で合流しようと呼びかけた。ただし、こうした遺り取りが事実かどうかは分からない。王宮やみずからの本拠地に呼ぶのでなく、淡路に集まるというのが、いかにも不自然だからだ。こうした「情報」は諜者または捕虜となった者から齎されたともいえるが、そもそも滅ぼしてしまえば「死人に口なし」で虚か実かなど問われることはない。それでも、この情報に接したといって、六月七日、馬子は額田部皇女を奉じ、佐伯・土師・

的らに命じて穴穂部皇子と宅部皇子（宣化天皇の子）を襲わせた。佐伯丹経手らは穴穂部皇子の宮を囲み、楼閣の上にいた王子の肩に兵士が斬りつける。王子は飛び降りてなお建屋に逃げ込んだが、兵士たちは隈なく探して殺した。翌日には、王子とかねて深い親交があったという宅部皇子も殺害された。

七月に入ると、馬子は王子・諸臣に呼びかけ、守屋討伐軍を興した。もちろん額田部皇女を擁立し、その諒解のもとでの動きである。

穴穂部皇子の弟である泊瀬部皇子（のちの崇峻天皇）・竹田皇子・厩戸皇子（聖徳太子）らを先頭に押し立てて、蘇我・紀・巨勢・膳・葛城・大伴・阿倍・平群・坂本・春日などおもだった廷臣たちがこれに従った。

五月に穴穂部皇子を擁立しようとして以来、守屋の動きは記されていない。拱手傍観しているはずもないから、王宮の立ち並ぶ飛鳥周辺で、蘇我氏に対抗すべく懸命な政治工作をしていたのだろう。だが宮廷・額田部皇女への工作に失敗し、ついに討伐軍の発令を許してしまった。

こうなれば戦うほか途はなく、本拠地の渋河（東大阪市）に馳せ戻って、一族に緊急招集をかけた。だが討伐軍の動きは予想を超えて速く、守屋は手元の子弟と奴軍とを率い、稲城を築いて応急の防衛態勢をとった。稲城とは、侵入されそうな出入り口に稲穀を山積みし、足もとを不安定にさせてとりあえず立ち止まらせる工作である[1]。稲穀は大切な兵粮なのだが、もはやそんなことをいっていられないほど急迫した状態であったことが感知できる。

守屋は朴（榎）に登って、雨のように矢を射かけた。そうこうするうちに応援の軍勢も家に満ち、

守屋に勝つための誓願がもとになって建てられたという四天王寺

野にあふれるほどになった。押し寄せた朝廷の大軍を三度も押し返す奮戦を見せたが、懐刀の舎人・跡見赤檮がとつぜん裏切って守屋を射落とし、その子たちもろとも殺してしまった。しょせん朝廷の大半を相手とする衆寡敵せずの希望のない戦いであり、その心の隙に付け込む調略にしてやられたのだろうか。予期せぬ展開に「厩戸皇子や馬子が四天王など諸天王・大神王に祈ったために、その功徳で奇跡が起きたのではないか」という噂が飛び交ったらしいが、「家を出るときに右足から出たから試験に受かった」というような、根拠のない因果関係の連想か後出しの作り話である。それはともあれ守屋とその子らが没し、継体朝以降の廷内に絶大な力を振るってきた物部氏の宗家はあえなく断絶してしまった。

　これが丁未の変といわれる内紛の顚末である。

　これならば、守屋は思慮分別がなく人望もない穴穂部皇子を自分の都合でむりやり擁立したため、額田部皇女や馬子など多くの廷臣らとことさらに対立して敗れていった、としか見えない。
だが、一連の記事にはことさらな悪意が込められていないか。
『日本書紀』用明天皇元年五月条によれば、

穴穂部皇子、炊屋姫皇后を奸さむとして、自ら強ひて殯宮に入る。

とあり、殯の宮にむりやり押し入って、あろうことか服喪中である敏達天皇の大后・額田部皇女を奸そうとしていた、とする。悪行・悪心を見透かされて面会を阻止されたのに逆ギレし、その腹癒せに、業務を遂行しただけの三輪逆を殺させた。そんな悪逆・粗暴な王子が擁立されても、彼に付き随おうという廷臣のいるはずもない。討伐されてしかるべき。『日本書紀』は、読み手にそう読み取るよう求めている。

しかし、穴穂部皇子は逮捕もされていないし、一度も訊問されていない。その王子がかつて殯の宮を訪れた動機について、しかも殯宮に入ってもいないし成就もしていない「炊屋姫皇后を奸さむ」という意図まで、どうして知り得たのだろうか。自分の悪辣な意図・下心が判明してしまえば、三輪逆が無礼だったという主張は成り立たなくなり、成敗してしまったことも罪に問われる。だから、殯宮を訪ねた意図について、周囲の人たちにそんな「本心」を漏らしていたはずがない。つまりこの「奸さむとして」は『日本書紀』記事を書いた人の悪意ある推測にすぎない。

また『日本書紀』崇峻天皇即位前紀には、先にも触れたが、「守屋は、もともとほかの皇子を排し、穴穂部皇子を大王に立てようとしていた。遊猟にかこつけて擁立しようとして、ひそかに穴穂部皇子のもとに使いを送り、『王子と淡路で狩猟をしたい』と伝えた」が「謀泄りぬ」という。淡路でといいながらじつは守屋の本拠地の河内の渋河に迎えるつもりであってもいいが、ともあれじっさいに淡路にも渋河にも両者とも行っていない。これは、未然にやめたということか。ありもしなかったことと、区別がつかない。また五月に擁立を考えたといいながら、六月七日に穴穂部皇子が殺されている。五月中は何をしていたのだ。そして穴穂部皇子が討伐されたのなら、擁立の企てはばれているだろうに、守屋は何も手を打たずにいて、討伐軍の派遣はさらに一ヶ月後の七月である。一つ一つの動きが緩慢（かんまん）すぎ、また間（ま）が空（あ）きすぎている。穴穂部皇子の事件と守屋討滅はもともと関係がなかったが、これと結びつける作為を施して廷内をまとめるのに二ヶ月を要した。「謀（はかりごと）泄りぬ」ではなく、「公然と確認できないような謀計が、ひそかに聞こえてきた」ことにする画策に時間を費やし、廷内の根回しで流した噂を「事実」にまで押し上げていったというのが本当のところではなかったか。嘘も百度唱えれば真実になる、のだ。結果として真実にしてしまえば、嘘だったとばれることはほぼないし、ばれてどうということもない。

守屋の画策でないと考えてきたのは、守屋にとって穴穂部皇子は擁立すべき人だと思えないからだ。穴穂部皇子は欽明天皇の皇子だが、母は蘇我馬子の姉妹の小姉君（おあねぎみ）である。いくら敵の敵は味方とはいっても、よりによって、宿敵・馬子の甥を擁立するだろうか。

穴穂部皇子が大王位を狙って動くことはあったかもしれない。欽明天皇の子には石姫（いしひめ）皇后との間に敏達天皇がおり、蘇我堅塩媛（きたしひめ）との間に用明天皇がいた。これに加えて小姉君所生で、穴穂部皇子や泊瀬部皇子がいたのに、即位への打診がない。用明天皇のあとには敏達天皇の子であるつまり下の世代の押坂彦人大兄皇子や竹田皇子が取り沙汰（ざた）されている。同じ欽明天皇の子で、馬子の甥にあたるのに、このまま黙っていては永久に「即位を」といわれない。そういう焦燥感から、敏達天皇の大后に推挙を求めにいったのであろう。もちろんそれなら群臣のトップにいる叔父・馬子を頼ればよいはずだ。かつて筆者は、「馬子は小姉君が嫌い」という個人的な心のうちがわかる珍しい例だと推測した。[2]その当否はいまだ定かでないが、いくら敵を共通とする同志であったとしても、馬子の甥では擁立する気になるまい。手持ちの駒がないのならば、何も馬子の甥にしなくとも、物部氏との姻戚関係などないが、蘇我氏との縁もない押坂彦人大兄皇子を推した方がよい、と思う。守屋滅亡に繋がる事態の一連の叙述は、勝者の筆先きで色濃く脚色された虚構であろう。

二　仏教公伝をめぐる対立

では、なにが原因で守屋は滅ぼされたのか。

それは、仏教導入をめぐることもふくむ国政上の政策的な対立だったろう。

そもそもの対立は、守屋・馬子の父である尾輿・稲目のときにはじまった。欽明天皇七年（五三八／宣化天皇三年、『日本書紀』は欽明天皇十三年とする）、百済の聖明王は金銅の釈迦像・幡蓋・経論とともに「この法は、多くの法のうち最も優れている」という言葉を添え、欽明天皇に仏教を伝えてきた（仏教公伝）。

仏教は、いまでこそ一宗教にすぎない。しかし当時は、いわば世界大百科事典のような壮大で精確な知識を基礎に体系化・理論化して得られたもっとも信用度の高い社会観・世界観であり、現代の「科学的根拠」のような重みが認められていた。この仏教の導入によって文化・文物の理解が進み、多面的な活用が見込まれる。『隋書』（新人物文庫）は、仏教の導入で日本ははじめて文字を知った、と書いている。それは誤認だが、中国ではそう認識しているくらい中国の周縁国は実用的な知識から深遠な哲学思想にいたるまでの文化・文明を仏教を通して獲得してきた。獲得した国家の文化水準・技術水準を飛躍的に高めるから、これを知らせることは利敵行為ともなりかねない。だから高句麗に仏教が入ったのが小獣林王二年（三七二）、百済には枕流王元年（三八四）なのに、高句麗・百済に敵対的だった新羅が法興王十五年（五二八）ごろの採用で、日本も同じく一世紀以上の間が空けられている。

それならば、日本が仏教を喜んで受け容れたのかといえば、そうではなかった。それは、ここで問われたのが「一般に人民が仏教を信じてもよいか」でなく、「仏教を国家の基軸となる教え（国教）として採用し、それに伴う国家行事などを行なうかどうか」だったからである。

無宗教とかいわれている現代でも、日常生活から葬儀にいたるまで、なんらかの宗教性を帯びた行動をしている。加地伸行氏によれば(3)、それは儒教原理だという。たしかに日本人は、自分が持っている自律的な生活感覚を宗教のせいと思っていないだけのことかもしれない。ともあれ、そこに「ほかの国では定評がある教えだ」といわれても、まったく馴染みのない宗教原理が齎されて「これを国家宗教の基本としなさい」と勧められても、在来の宗教による哲理・習慣と合わなくて混乱を起こすことが必定である。

新羅では高句麗僧から仏教が伝わったが、いざ国教化となると少数の導入賛成派と多くの反対派との間で争いとなった。『三国史記』（学習院大学東洋文化研究所本）新羅本紀によれば、法興王十五年賛成派の異次頓が刑死・殉教することとなり、そのさいに示された奇跡を目の当たりにして、やっと反対する者がいなくなったという。国家の公認には、それなりの事件や時間が必要だったのである。

日本も、まさにそうした混乱に陥った。

『日本書紀』欽明天皇十三年十月条によれば、欽明天皇は「これほど素晴らしい法を聞いたことがない。だが、受容の可否は自分で決めかねる」といって群臣の意見を聴取すると、大臣の稲目は「西の諸国はみな礼拝している。日本だけが背くべきでない」といったものの、大連の尾輿と中臣鎌子は「わが国の王は天地の多数の神々を一年中祀ることを務めとしている。それを改めて蕃神を礼拝すれば、国の神々が怒るだろう」と反対した。とくに中臣氏は朝廷内での祭祀担当であり、氏族としての存立が危うくなるゆゆしき重大問題であった。

ここでは稲目に「試みに礼拝させてみよう」で終わり、国教化しなかった。それに欽明天皇も大王家も、この時点では本心賛成でなかった。

稲目は下げ渡された仏像などを取りあえず小墾田の家に安置し、向原の家を寺院に造り替えた。ところが仏像を齎した百済の人たちのだれかが病んでいたようで、天然痘が流行りはじめた。これから近代まで連綿と、ほぼ一世代に一度繰り返し流行する、その最初となった。そんな流行の因果がわかるはずもないから、思い当たることは国つ神（国土神）の祟りだと考えた尾輿と鎌子は稲目の仏像を破壊し仏舎を焼いたのである。

この抗争は、次世代の物部守屋と蘇我馬子に引き継がれた。

敏達天皇十三年（五八四）九月に、百済から鹿深某が弥勒石仏を、佐伯某が仏像を持って帰国した。

馬子はその二体を受け容れて邸宅の近くに仏殿を建て、還俗（げんぞく）していた高麗恵便（こまのえべん）を僧侶として招いた。さらにその恵便を師として（おそらくは高句麗まで赴いて受戒させ）尼三人を得度（とくど）させ、尼たちに法会（ほうえ）を執行させるようにした。石川の邸宅にも仏殿を建て、翌年二月には大野丘（甘檮丘）の北に塔を建てて司馬達等（しばたっと）が得たという舎利（しゃり）を柱頭に収めた。

おりしも馬子が病にかかったので、これを占わせた。すると、これは父・稲目が崇（あが）めた神すなわち仏が祟（たた）っているのだ、という。そこでその旨を大王に奏請（そうせい）し、弥勒石仏を礼拝する公的な許可を得た。ところが折悪（おりあ）しく、またもその直後に疫病が流行った。「だから、仏教を導入すると、国つ神が怒るんだよ」という守屋・勝海の猛然たる抗議をうけた敏達天皇は、そもそも「仏法を信（う）けたまはず」（信じていない）でもあったし「事態は明白なので、仏法を禁断せよ」と命じた。守屋は塔を切り倒し、仏像・仏殿を焼き、仏像の残骸を廃棄した。ついで佐伯御室（みむろ）が大王の命によって尼を捕縛し、海石榴（つばきの）市で見せしめのために鞭打（むちう）った。

それからしばらくして、敏達天皇と馬子が天然痘にかかった。感染していた人々は「仏像を焼いた罪だ」といい募（つの）った、という。馬子はこの流言を後ろ盾に「仏法の力をかりなければ、病は癒えない」と奏請した。大王は折れて「馬子一人が信仰することは認めるが、ほかの人々は禁止する」とし、三人の尼を返還させた。馬子はふたたび仏殿を建て、仏像を据えて尼とともに供養（くよう）した。ある伝えでは、守屋・中臣磐余（なかとみのいわれ）らがその仏殿などを焼きになおも押し寄せたが、馬子が力盡（ちからづ）くで防いだという。

敏達天皇十四年八月に大王は死没したが、その殯宮で刀剣を佩（お）びていた馬子の姿形を、守屋は「猟（しし）矢（や）に射られた雀のようだ」とあざ笑った。すると今度は、手足を震わせて誄していた守屋のことを、馬子が「鈴をつけたら面白かろう」と揶揄した。もはや論理性を通り越した感情的対立までに至っており、『日本書紀』は「是に由りて、二の臣、微に怨恨を生す」とする。しかしどう見てもこれは長く対立してきた気持ちの縺れであり、葬儀での言い合いていどが怨恨のはじまりであろうはずがない。では、何が対立の根本的な原因だったのか。それは、いうまでもなく仏教の国教化をめぐる対応に見られる国策理念の違いである。

蘇我氏からすれば、稲目が欽明天皇に答えていたように「仏教信仰の受容は周辺の他国もすでにしていることであって、もはや時代の趨勢である」と思えた。しかし国際感覚と国内感覚のズレの問題だけではない。

臣姓ながら経済官僚として擡頭してきた蘇我氏は、屯倉の効率的管理や船賦などの厳密な徴収を実施するため、文字を操る渡来人を数多く配下として集めてきた。その渡来人たちが母国ですでに信仰しはじめていた仏教は、「やがてこの国にも齎される」と思え、しかも違和感のない教えだった。個人的な信仰として許容できるというだけでなく、渡来人から東アジア諸国の情報を聞き込んでゆくなかで、蘇我氏には中央集権政策の一つとして仏教の国教化が不可欠に感じられたのではないか。

倭国のいまの状況では、氏族がそれぞれにその祖先を神と崇め、精神的にはまとまりのない政治中枢をもつ国家となっている。自己集団だけの利益を求める氏族の利害調整に明け暮れてとりとめのない状態にある朝廷。それを構成する大王や氏族に、国家統治集団としての一体感を持たせなければ。氏族ではなく中央集権国家の要として国の利益を優先させる感覚を持たせなければ。そのためには、汎用性の高いあたらしい宗教に全員を帰依させるのがよい。そうすれば、同じ信仰を持つ、信者同士の連帯感が生じる。きたるべき中央集権国家の中枢に、信者としての一体感がある指導体制が作れる。

しかもすでに中国においてまた朝鮮三国において、仏教は国家をまとめる補強材として成功していた。そういう実例が知られている。さらにその上に、仏像が皇帝の顔に似せて作られ、皇帝即如来（そくにょらい）だとの信仰すら出てきているという。それをそっくり導入できれば、仏教への信仰が深まれば深まるほど、臣下が大王に服従する気持ちが強くなるわけである。大王を軸とした中央集権体制は、制度・法律的に強制されるだけでなく、同一宗教の信徒という心情的な網に包まれ、揺るがぬものとなる。そういう将来性を見据え、またその利用価値を熟知していた。だから疫病の原因として非難を浴び、繰り返し仏像・仏殿を焼却されても、蘇我氏はこの信仰を手放そうとしなかった。

だが物部氏から、いや蘇我氏の周縁にいないほかの氏族員からみれば、この案はまったく受け容れがたい。それは、中臣氏など祭祀という廷内での担当に抵触（ていしょく）するから不都合（ふつごう）だとする業務関連氏族の事情だけでもない。どの氏族もが、共通して懐（いだ）いている思いだろう。尾輿が言い放った思い、つまり先掲の「方（まさ）に今改めて蕃神を拝みたまはば、恐るらくは国神の怒を致したまはむ」である。

それぞれの氏族には、それぞれに族員を厚く庇護（ひご）してくれる神がいる。

物部氏には饒速日命（にぎはやひ）がおり、その族員はこの神の子孫だと思っていた。つまり族員の祖先神が、その子孫を守り抜いてくれると信じて、祈りを捧げながら結束していた。大伴氏は天忍日命（あめのおしひ）（または道臣命）を祖先神とし、族員はその子孫。中臣氏は天児屋根命（あめのこやね）を祖先神とし、その後裔（こうえい）氏族である。地方豪族の上毛野氏も崇神天皇の子・豊城入彦（とよきいりひこ）を始祖とし、その子孫と称している。また渡来系の東（やまとの）漢（あや）氏は阿知使主（あちのおみ）とその子・都加（つか）使主が率いてきた人たちで、秦氏も秦の始皇帝の子孫である功満王の子・弓月君が率いた人たちとしていた。

こうした考え方の基礎には儒教の祖先信仰があるのだろうが、どの氏族も神となった祖先に守られて今日の繁栄があると信じている。蘇我氏が「それぞれの氏族が、大王ではなく、自分の祖先神に責任を感じ、祖先神に対して恥じないようにと考えている。だからすべての氏族が別の方向を拝んで、纏まれないのだ」と思ってきたであろう理由は、たしかにここにある。かつて高校の教壇から見渡せば、クラスの生徒は対等な立場で一つにまとまって何事かを成し遂げようとしている。また行き先に違いはあっても、みな進学を志して努力している。「みな一緒」に見える。しかし同じ制服を着ていても、同じ場所で、同じように過ごしているように見えても、それぞれに帰る家がある。帰った家では、生徒の父・母は異なり、家族の人数から家庭の事情や習慣まで幅広く違いがあり、経済水準も親たちの育て方・考え方も違う。そんなさまざまな家庭から来た人たちを、同じように一つの行動にまとめることは、そう容易じゃない。同じ行動をとるには、だれかに努力をしいて、だれかに無理をさせ、だれかに口を噤ませているのだ。その例の当否はともあれ、そのように、かれらにもそれぞれに「帰る氏族がある」のだ。

しかし「その分立状態を克服するために」と称して、「みんなが、共通するあたらしい蕃神を信じればよい」と呼びかけるのは、あまりの暴論である。特別な効能・功徳があるかどうか試されてもいないのに、「ほかの国でも信仰しているから」というだけで受容できようはずがない。国土にいます神々や氏々の祖先神との兼ね合いをどうするのか。時間をかけて、本来ならば『日本書紀』皇極天皇元年（六四二）七月辛巳条と八月甲申条にある皇極天皇と蘇我蝦夷の祈雨の効験比べのように、仏教の効果のほどをみんなで試し確かめつつ、受容の当否・是非を見極めてゆくべきだったろう。神々と仏との間の鬩ぎ合いの有無も、心に留めて観察していかねばなるまい。それを仏像・経論が来た途端に「受容しよう」とは、とりわけて国策を決定しようという立場の大臣として、あまりに軽はずみである。この判断は、国家の方向性を見誤る危険性が大きい。

しかも現に天然痘が流行している。そのなかで守屋・勝海の取った行動はひとまず至当といってよい。疫病蔓延の原因として多くの人々が思い当たったであろう仏教崇拝を、まずは停止させる。疫病が流行っている以上、因果関係を疑われるのは当時としてやむをえまい。

もちろんそんななかでも、平林章仁氏[4]の説かれたように、尾輿や守屋は独断で行動してなどいない。尾輿の行動は「天皇曰はく、『奏す依に』と」（『日本書紀』欽明天皇十三年十月条）いう欽明天皇の許可あってのことだし、仏像を棄てたのは尾輿でなく「有司、乃ち仏像を以て、難波の堀江に流し棄つ」である。子・守屋の破仏行為も敏達天皇の「詔して曰はく、『灼然なれば、仏法を断めよ』と」（『日本書紀』敏達天皇十四年三月丁巳条）あるように、大王の指示に従ったものであり、『元興寺伽藍縁起幷流記資財帳』（寧楽遺文本）によれば「此会此時、他田天皇、仏法を破らむとす。即ち此の二月十五日、刹柱を斫伐り、重ねて大臣及び仏法に依る人々の家を責め、仏像殿、皆破焼滅盡す」（三八五頁上段）とあり、弾圧の中心人物は大王自身であった。守屋がかりに行動の中心者に見えたとしても、それは廷内の取り纏め責任者だったからである。大王の承認を得ているのだから、つまり王命である。万一結果として誤った行動であったとしても、その責任は命じた大王にあり、命令を承けて行動した廷臣の罪にはできない。

そうではあるが、そのはずなのに、じっさいは仏教弾圧が守屋の個人的な意向で、その顚末はすべて彼の責任であるかのような雰囲気となっている。その理由は、大王家の心変わりによる。敏達天皇のあとに立った用明天皇は「朕、三宝に帰らむと思ふ。卿等議れ」（『日本書紀』用明天皇二年四月丙午是日条）となった。いままで反仏教施策を担ってきたのは欽明天皇であり、敏達天皇だった。大王家が、物部・中臣ら廷臣たちの言を受け容れる形で仏教弾圧を指揮していた。それが用明天皇になるや、仏教推進派に転身した。いままでの仏教弾圧の責任にはまったく触れずに。

もちろんそれが王命ならばその王命に、または群臣たちの議論に身を委ねてその帰結に、そのまま従えばよかったかもしれない。ただ政界を巧みに生き抜いて、一日でも長く廷内にとどまることが大事だと思うならば、変わり身で保身するのも人の生き方である。そんな人は珍しくもなく、どこの職場でも見かけるだろう。

だが、人には節度・節操がある。人々に説いてきた言葉を飜し、王命だからといって真顔で気持ちとまったく反対のことがまた昨日までとまったく反対のことが言えるわけでもない。かつて廷臣たちの多くが頷いた国土神・祖先神の祟りを恐れる気持ちに嘘はないし、おそらく多くの廷臣たちも本心は今もそう思っているだろう。沈黙せざるを得ないとの声がひそかに聞こえるように思うから、それならば正論がいえず、口を噤むようにされた原因をこそ除去すべし。大王の意思を背景として圧力を加えてくる額田部皇女と馬子らを、敵に回さなければならない。ひそかに各氏族たちから送られてくる、または敵対しているかのようだがじつは守屋を心うちでは応援しているように思える人たちのために、守屋は立ち上がってそれらしい意見を具申しようとしていた。その心持ちは、まさに俠と呼ぶにふさわしい。

だが嫌疑をかけられるような根拠もないのに、突飛な動きをしている穴穂部皇子との間を取り沙汰されて謀反人へと仕立てられ、各氏族がひそかにでも手助けしにくい状況が日々作られていく。

守屋の心境は、察するに余りある。

討伐軍を受けるに至ったこの状況は、自分の責任なのだろうか。自分は、いや自分たちは、何か間違えたことをいったのか。みんなで見たろう、国つ神が怒って疫病を流行らせたさまを。それに、もしも自分が何か間違えていたのだとしたら、あのときなぜ大王をはじめとする廷臣たちは揃いも揃ってそれに賛成していたのか。いま自分だけが罪を問われ、討伐を受ける。しかし討伐軍に加わっている人たちに罪はないのか。だが、いつものことだが、こうした立場にされてしまった人に、そうした思いを伝えられる場は決して与えられない。凄絶な最期で相手の肝を冷やさせてその強い反発心を示すことしか、無念さを表現することはもはや許されていなかった。

【注】

（1）拙稿「稲城について」（「朱」五十号、二〇〇七年三月）。のち『飛鳥奈良時代史の研究』（花鳥社、二〇二一年）に収録。

（2）拙稿「推古天皇」（『古代女帝のすべて』所収、新人物往来社、一九九一年）。

（3）『儒教とは何か』（中公新書、一九九〇年）。

（4）『物部氏と石上神宮の古代史―ヤマト王権・天皇・神祇祭祀・仏教』（和泉書院、二〇一九年）。

（関幸彦氏編『俠の歴史』清水書院、二〇一九年十月）

覚えのない容疑にあえて身を捧げた長屋王——俠の歴史②

人物概要

持統朝の太政大臣だった高市皇子と天智天皇の娘・御名部皇女の子で、妃は元明天皇の娘で元正天皇の妹である吉備内親王。夫人には藤原不比等の娘もいる、尊貴なエリート皇族である。自邸を作宝楼と称ししきりに宴を設けて漢詩文を作り、文雅な生活も楽しんだ。不比等没後の左大臣となって聖武天皇を輔け、政界を領導した。天平元年（七二九）誣告をうけて失脚し、吉備内親王及び子どもも自尽させられた。

一　期待されて登場した長屋王

長屋王といえば、その父・高市皇子の活躍が忘れられない。

天武天皇元年（六七二）六月二十四日、古代最大の内乱となった壬申の乱がはじまった。この乱は天武天皇（即位前なので正しくは、大海人皇子）が近江朝の主であった大友皇子を滅ぼして、政権を簒奪した著名な戦いである。正式な手続きで成り立っていた国家的政権・機関が反乱によって滅ぼされ、反乱行為によって樹立された政権がそれ以降の国家行政を担うことになる。日本史上官軍が敗北したのは、後鳥羽上皇が執権・北条義時を相手に蹶起した承久の乱とこの壬申の乱の二度だけである。もちろん政権の担い手としては、後の鑑・後世の人々の手本とされたくない、気軽に見倣って欲しくない痛恨の出来事であった。

それはともかく、反乱を起こしたとはいうが、天武天皇は吉野から伊勢（桑名）に逃げ延びたあと、要請を受けて前線のある美濃・不破には赴くものの、反乱の全過程で一度も戦場に立ったことがない。軍を率いて戦ったのは、高市皇子と大伴吹負である。とくに十九歳で総指揮官とされた高市皇子は、美濃に集結した主力部隊を率いて近江琵琶湖の湖東を進み、息長横河（滋賀県米原市醒井付近）で境部薬軍を、鳥籠山（坂田・犬上の郡境付近か）で秦友足軍を、野洲川畔で社戸大口・土師千嶋軍を、栗太でも近江軍を次々破り、まさに連戦連勝。七月二十二日に近江大津宮を陥落させ、二十六日には天武天皇のいる不破で大友皇子の首実検（本人の頭部かどうかを確認する作業）をしている。

めざましい戦いぶりは歌に詠まれて語り継がれ、

……大御身に　大刀取り佩かし　大御手に　弓取り持たし　御軍士を　あどもひたまひ　整ふる
鼓の音は　雷の　声と聞くまで　吹き鳴せる　小角の音も　あたみたる　虎か吼ゆると　諸人の
おびゆるまでに　ささげたる　旗のなびきは　冬ごもり　春さり来れば　野ごとに　つきてある
火の　風のむた　なびかふがごとく　取り持てる　弓弭の騒き　み雪降る　冬の林に　つむじか
も　い巻き渡ると　思ふまで　聞きの恐く　引き放つ　矢のしげけく　大雪の　乱れて来れ　ま
つろはず　立ち向かひしも　露霜の　消なば消ぬべく　行く鳥の　争ふはしに……

（日本古典文学全集本『万葉集』巻二―一九九）

とある。鼓が雷を角笛(つのぶえ)が虎の吠声(はいせい)を連想させ、なびく赤い旗は野火(のび)のように進み、矢は大雪のように降り注(ふりそそ)いだ。勝利へと導いた英雄的な功績は皇室内の、また廷内の誰よりも大きく、人気は高かった。だが高市皇子は、その生母が九州北部の胸形徳善(むなかたのとくぜん)の娘・尼子娘(あまこのいらつめ)だった。地方豪族の娘の所生ということで、天武天皇の次世代に多数いる後継候補者のなかでは、圏外の八位であった。

ところが、鸕野(うの)皇后（持統天皇）所生の草壁皇子が若年死したために情勢がかわり、持統天皇は高市皇子を太政大臣の地位につけた。太政大臣は天皇とともに庶政を処断する職務で、天智天皇が大友皇子をかつて任じていて、その当時では事実上の皇太子を意味していた。持統天皇は草壁皇子の遺児・珂瑠(かる)皇子（文武天皇）に継がせようと思っていたから、草壁皇子の弟たちに皇位が行き、その子へと皇統が移ってしまうのを嫌った。そこでもっとも即位に遠いと思われていた高市皇子を皇太子待遇とするという恩を売って味方に引き入れ、彼のワンポイントの即位までは覚悟した。『万葉集』でも「高市皇子尊(みこと)」と尊号がつけられているのは、皇太子並に処遇されていた証であろう。あるいはこの太政大臣を知太政官事(ちだいじょうかんじ)の先蹤(せんしょう)と見なし、皇太子待遇とまではいえないとの見解もあろう。それでも最年長であったが皇室内の序列はもっとも低かった高市皇子を知太政官事にすえ、皇室と貴族の間の取り次ぎに当たらせた。その登庸(とうよう)だけでも格別の優遇といえる。ともあれ、高市皇子「立太子→即位」の夢は持統天皇十年（六九六）に死没して果てたが、父のおかげで長屋王は皇太子格の子という貴種性を付与され、かつ「草壁皇子→文武天皇→聖武天皇」への継承を守ろうとする持統天皇・元明天皇派の期待の星または忠実な守(も)り人として登場することとなった。

というのも、弓削(ゆげ)皇子による兄・長(なが)親王擁立の主張を抑えて、文武天皇の即位は実現できた。だが持統天皇がやっと繋いだ文武天皇なのに、二十五歳で死没。嬪の石川刀子娘との間には広世・広成という男子はいたが、母が嬪号を剝奪されたために臣籍に降りざるをえなくなり、即位の資格を失った。そのなかで、夫人・藤原宮子が産んだ首皇子（聖武天皇）がいたが、まだ七歳。即位など、はるか遠い日のこととしか思えない。それでも一筋しかない望みに縋って、その首皇子の擁立に向けて草壁皇子の妃・阿閇皇女（元明天皇）とその娘・氷高内親王が努めるほかない。長親王らの執拗な皇位継承工作を押さえ込み、なんとか聖武天皇の即位までの隙間・日々を埋めてゆく。

文武天皇の末年には知太政官事が置かれ、刑部親王・穂積親王・舎人親王・鈴鹿王（長屋王の弟）

長屋王関係系図

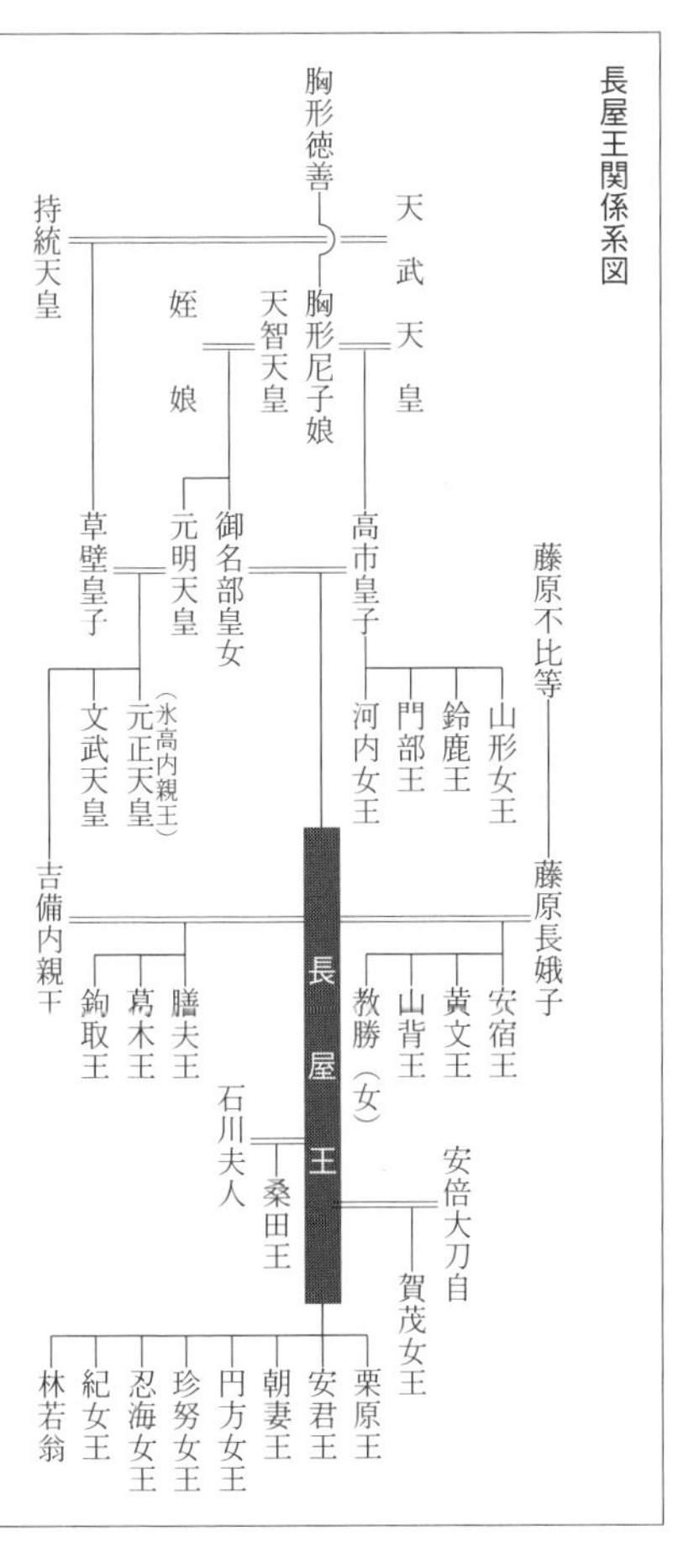

が次々任じられる。これは天皇と貴族代表者（左大臣以下中納言までの公卿ら）の間に入って、天皇側の立場で貴族側を牽制・抑圧する役目と思われてもいるが、これに長親王は就いていない。有力皇子としての力を宮廷内に示す場でもあったろうが、長親王はそうならなかった。というのも、この地位は皇子の有力者順でなく、年齢順であった。嫡流でない皇子は、もはや皇位継承候補でなく、儒教理念に従って年齢順につまり年長者を敬って登用されていく。そういう使われ方を容認するかしないか。そういう使われ方を受け容れれば、文武天皇側に付くという意思表示である。ならなければ、自分は皇位継承候補者であって、文武天皇側の駒には決してならないという即位の意思の表われとなる。残念ながら長皇子は年齢順で要請が来る前に死歿しているため、その本意はわかり得ない。だがともあれ知太政官事に就任した皇子たちは、文武天皇側に懐柔されたわけで、形ばかりの名誉職的な地位だが、貴族の上に立ったことで顔を立ててもらえた[1]。

こうした暗闘があるなかで、慶雲元年（七〇四）正月、長屋王は二十九歳で无品から臣下のうける位階である正四位上になった。ということは皇族として即位を期待しうる立場を離れ、廷臣の仕事をこなして臣下として聖武天皇を支える道を行くと決めた。首皇子がまだ幼い時点では、やがて来る聖武天皇の治世を藤原不比等とともに廷臣の内部で支えてくれる人が必要になっていた。持統上皇に登庸された不比等は宮廷内での発言力・政治力が大きい。ついで不比等の子たちに期待を寄せることももちろん考えるが、その世代の端境期を守ってくれる人がいない。不比等と嫡流・武智麻呂を繋ぐ間に、誰かに、廷臣として聖武天皇の補佐をしてもらいたい。

皇室側から見て、そうした要望にぴったり合うのが長屋王だった。

和銅二年（七〇九）宮内卿、翌年式部卿となって従三位。養老二年（七一八）に正三位で、参議・中納言を務めることなく大納言に昇進した。これにより、准閣僚（参議）の藤原房前や閣僚（中納言）の粟田真人・多治比池守・巨勢祖父（邑治）・大伴旅人らを抜いて、阿倍宿奈麻呂と同格の政界第二位に三十五歳でいきなり就いた。

この二年後に、草壁皇子皇統の守護神となっていた不比等がついに歿した。このときに嫡子の武智麻呂は四十一歳なのにまだ正四位下・東宮傅であり、閣僚といえる公卿にすらなっていなかった。絶大な政治力を振るってきた不比等の歿後であれば、その腕力に押さえつけられてきた政界には反動も起こりうる。廷内には、皇族内部の争いを含み込みつつ、反不比等を掲げた政治的な巻き返しがあるかも。そんな修羅場になるのを抑えて、せめて武智麻呂の成長までの政情をこのまま安定的に運営できるのは誰だろうか。

このとき元明上皇が期待を寄せたのは、武智麻呂より四歳年下の長屋王と同じく一歳年下の弟・房前だった。同格だった阿倍宿奈麻呂は不比等に先立って歿しており、長屋王は政界一位として養老五年に右大臣に就任。不比等の地位と果たしてきた役割を完全に引き継ぐ立場となっていた。

持統上皇はかつて派内で内々の構想を立てていた。若年での死歿が予想される病弱な文武天皇の即位にあたって、生まれるであろう文武天皇の息子への皇位継承の間に、姉・氷高内親王の登極を差し挟む。そのために、氷高内親王には早くから独身を強いておいた。しかしいざ皇嗣決定会議の場面となると、内々の決めごとは、天武天皇の皇子たちに通用しなかった。「皇后としての履歴がない氷高内親王には、即位の資格がない」「即位する資格のある皇子はたくさんいる。そのなかで、前例がなく、新規の例を開くだけの差し迫った理由もない」といわれれば、氷高内親王の登極案はひとまず撤回せざるを得ない。当初案にはなかったが、「皇后としての履歴があれば即位の資格はある」と受け取って、天皇になるはずで天皇同然だった草壁皇太子の妻なら皇后も同然といえる。その論理をもって、草壁皇太子の正妃と天皇の生母（皇太后）の資格をもって阿閇皇女が元明天皇として即位した。これにより、天武天皇の子として新嫡流を作るつもりでいた長親王の即位を阻んだのである。元明天皇は長親王が死歿するや、かねての案どおりに氷高内親王（元正天皇）に譲位した。[2] いまはその元正天皇の治世となっており、元明・元正両天皇とも繋ぎに徹し、文武天皇の遺児・首皇子の即位こそ本命と考える強力な後見人であった。しかし孫が継ぐのを見届けるには、元明上皇の寿命が持たなかった。

『続日本紀』（新訂増補国史大系本）養老五年十月丁亥条には、

> 太上天皇、右大臣従二位長屋王・参議従三位藤原朝臣房前を召し入れて、詔して曰く、朕聞く、万物の生、死ぬこと有らざる靡し。此則ち天地之理なり。奚ぞ哀悲しむべけむ。厚葬にして業を破り、重服にして生を傷ふことは、朕甚だ取らざる焉。

といい、元明上皇はとくに召し出した長屋王と房前に「火葬に付して薄葬とし、廃朝・廃務もするな」といい、「近侍の官人・五衛府らに、厳重に警戒させて不慮の出来事に備えよ」と諭した。

そしてその十一日後には、

> 詔して曰く、凡そ家に沈痾有れば、大きも小きも安からず、卒には事故を発すといへり。汝卿房前、当に内臣と作りて内外を計会し、勅に准じて施行し、帝業を輔翼して、永く国家を寧んずべ

し。

（『続日本紀』養老五年十月戊戌条）

とした。すなわち「家の中に病気があると、不意に悪しき事が起こりうる。房前は内臣となって、内外をよく計り考え、天皇の仕事を助けて国家を安寧にするように」と房前に求めたという。この遺詔に従い、畿内の東側にある三関（越前愛発・美濃不破・伊勢鈴鹿）を閉鎖し（固関）、万一の軍事反乱に対する備えを固めたのである。

不比等の嫡子である武智麻呂に先んじて、房前を参議また内々に（官職ではないが）内臣に指名した。その抜擢の理由は明らかでないが、『藤氏家伝』（寧楽遺文本）武智麻呂伝によれば、

幼くして其の母を喪ひ、血の泣して摧け残はれ、漿も口に入らずして、幾に性を滅さむとしき。茲より尪弱く、進趣すれども病饒りぬ。

（書き下しは、沖森卓也氏・佐藤信氏・矢嶋泉氏共著『藤氏家伝—鎌足・貞慧・武智麻呂伝　注釈と研究』［吉川弘文館］による）

とあり、武智麻呂はその幼児期に母を亡くして脆弱な体質になった。また出世も遅れた、という。周囲の人がそうした様子を見て、次男・房前に望みを託そうと動いたのかもしれない。そういう見方もある。しかし結果として房前は宇合・麻呂とともに閣僚見習いに当たる参議止まりであって、正式な公卿にはされない。武智麻呂は養老五年に房前を抜いて中納言になっているから、遅れてはいても、あくまでも藤原氏の正嫡は武智麻呂であって、房前は嫡子を上回らない存在と遇されていた。

そして神亀元年（七二四）二月に元正天皇が譲位し、いよいよ本命の聖武天皇が即位する。するとこの即位に伴う人事で、長屋王は左大臣へと昇進した。臣下としての極官となって、聖武天皇を真下

で支える枢要な地位に就任した。

その三月に、大夫人問題が起きた。

聖武天皇が生母・藤原宮子に尊称を奉呈しようとして、藤原夫人であったのを大夫人にしたいと勅を出した。『続日本紀』神亀元年三月辛巳条によれば、長屋王はこれに対し、

> 左大臣正二位長屋王等言す、伏して二月四日の勅を見るに、藤原夫人、天下皆大夫人と称せよといへり。臣等謹みて公式令を撿ずるに、皇太夫人と云へり。勅の号に依らむと欲すれば、応に皇の字を失すべし。令の文を須むと欲すれば、恐らくは違勅と作らむ。定る所を知らず。伏して進止を聴かむ、と。

と奏上した。すなわち「先勅では大夫人と称せよというが、大宝令では皇太夫人とある。勅に従えば違令罪、令に従えば違勅罪となる。いずれを採るべきか」と迫ったという。

これを承けて、聖武天皇はふたたび詔して、

> 宜しく、文には則ち皇太夫人、語には則ち大御祖とし、先勅を追収して、後の号を頒ち下せ。

とし、「文（字）は令の通りに皇太夫人とするが、語（口）ではオホミオヤ（大御祖）とせよ」と改めた。綸言汗の如しといわれて、一度出したら引っ込められないものとされた詔勅を追収・撤回させたのである。この問題は後で検討するが、聖武天皇と対立したのではなく、長屋王としては思い切り追従して持ち上げようとしたものと思われる。

それから五年後の神亀六年二月、左京住人の漆部君足と中臣宮処東人による密告で、謀反人として処罰されることになる。密告の内容は「王はひそかに左道（よこしまな道）を学んで、国家（天皇

のこと）を傾けよう（倒そうと）している」（『続日本紀』天平元年［七二九］二月辛未条）というのだが、密告の内容が虚偽であったことは、九年半後の『続日本紀』天平十年七月丙子条にある事件の記事で明らかにされている。

かつて長屋王の家政機関に仕えていた大伴子虫は、天平十年のいまは左兵庫少属になっていた。密告以来出世して右兵庫頭になっていた東人と、たまたま役所が近かったのか、あるいは気が合ったのか、碁を囲む仲間となっていた。碁打ちの世間話のついでか、何らかの弾みで、話が長屋王事件のことに及んだ。すると憤激した子虫が東人に斬りつけて殺害した、というのだ。これだけなら勝負事の紛争だか何だかわからないのだが、記事の下文に「東人は、即ち長屋王の事を誣告したるの人也」と書かれていて、誣告つまり無実の人を誹って告発し陥れた人と説明されている。あれは誣告だった。長屋王はありもしない罪の告発を受けて家を兵士たちに取り囲まれ、勅使に取り調べられた上で、天皇の意思・裁定で死刑と決められた。「そうだった」と、『続日本紀』の注釈が明言している。

二　長屋王排斥の理由

誣告ならば、告発内容を捏造して誣告まで持って行こうと意図的に画策した人たちがいるはずだ。まずは誣告を真に受けてまたは真に受けたふりをして受理した人は誰か。

どんな言いがかりでも告発すれば真に受けてくれるわけではない。ありえそうな内容と情報の信憑性が、常識の範囲内で説明されていなければ、相手にされない。虚偽の告発で相手を傷つけ罪に陥れようとしているのならば、告発者が罪に問われる。だから当然だが、密告したときから拘禁され、情報の真偽についてきつい取り調べをうける。しかも今回のように相手が左大臣という大物政治家ならば、なおさらである。筆者からすれば、君足は従七位下で、東人は无位である。このような下っ端が、どうして長屋王がひそやかにしていたはずの国家（天皇のこと）打倒の祈りを知りえたといえたのか。まさか四方を開け放って公然としていたはずはないからだ。そういう噂を聞いたというていどだったら、信用する方がおかしい。それからして疑問に思うが、その経緯はもはや明らかにできない。

事実でないのだから、訴えが通る見通しなどもともとない。情報が確実だったわけがない。となれば、最初から「将来の出世を約束するから、このように密告しろ」というすでに出来上がっている話が持ち込まれ、密告を真に受けた形での取り調べがあって、訴えが採用されて長屋王が犯人として仕立て上げられる。そこまでの筋書きが示されていたのだろう。

左京の人だから左京職に訴え出る。そこの長官・左京大夫は藤原麻呂なので、そこから異母兄の式部卿・藤原宇合に連絡。宇合はただちに六衛府の兵士を率い、平城宮東南隅に面した長屋王邸を厳重に取り囲んだ。しかしこの出動命令の流れもややおかしい。左京の警衛は左衛士府の管轄となっているから衛士府なら組織として動かせるが、六衛府すべての軍を動かす権限も理由もない。また兵部省と衛府との間ですら統属関係にないのに、まして式部卿が衛府の兵の指揮を執るべき権限などない。この動きは組織の命令系統を逐ってのものでなく、弟から兄へという血縁による家族的連携だったとしか説明できない。いずれにせよこうした形を強引に取って、長屋王邸が囲まれてしまうという事態を作ることで、「長屋王は犯罪者だ」というイメージが人々の間に醸し出されていく。それを狙っているのだ。稚拙な手法だが、今日でも週刊誌に繰り返し告発記事が載れば、「そいつが犯人なんだろうね」という雰囲気になる。そして警察も司法も、「犯罪者に違いない」という声に押されて逮捕し、不起訴・無罪とかいえば無能呼ばわりされるから有罪としてしまう。まるで古代ギリシャの陶片追放（オストラキスモス）である。再審請求が通って判決が覆ると、それが虚報だったことにはじめて気付く。それが私たち「その他大勢の者たち」の感覚である。

　そして知太政官事・舎人親王を筆頭に大納言・中納言が訊問にあたり、その査問結果をもとに、天皇が死刑と決めた。査問の報告でも、状況証拠や裏付けとなる長屋王らの証言を載せたかもしれないが、誣告なのだから決定的な証拠があろうはずもない。当然あったであろう「事実無根であるとして、容疑を否認している」という長屋王本人の供述も、伝えられていたはずだ。そのなかでの死刑判決は、天皇の最終決断だった。

　筆者は、この画策の主犯は藤原武智麻呂と考えている。黒幕となる大物は名前が出てこないとかの推理から、この事件に関係して名がみえない房前こそ真犯人とみる人もいるが、そうした一般論の的中率はどのていどなのか。

　武智麻呂は長屋王の変の功績で大納言になったが、天平二年に抜いていた大伴旅人に並ばれ、天平三年には位階の差で大伴旅人に抜きかえされた。左大臣・右大臣とも空席になっていたのに、その後七年も大納言に留め置かれた。大臣クラスでないと執行できず、廷内業務が滞ることもあるのに、また当時の武智麻呂にはこれといった政敵も対抗馬もいないのに、それでも右大臣になれなかった。旅人が歿して大納言・中納言が各一人で、参議が七人という状況になってもだ。筆者はその理由を、長屋王誣告事件の責任者が武智麻呂だったと露見していたからで、懲罰的な留任だったと推測する。[3]

もともと『続日本紀』に誣告とあるのは、いつの認識なのか。記事がある天平十年のことなのか、もっと前からそういっていたのか、それよりあとに暴露されたことなのか。いずれにせよ『続日本紀』編纂時より前の知識ではあろう。まさか『続日本紀』編纂時に資料を読み返したら、はじめてそう分かったというような間の抜けた話でもあるまい。

誣告発覚の時期について関根淳氏(4)は、誣告と書き込まれたのは桓武朝のこととみて、「『新王朝』創始者としての桓武が前代までの治世を克服し、批判的に評価する必要があった。……長屋王の『誣告』記事を挿入することは、時代の差異を意識づけ、『新王朝』の幕開けを効果的に演出する一つの手段だった」(一四頁)とされた。聖武朝の記事とはできないとする理由として、「事件を『謀反』として処理した聖武天皇の在位中に、その過誤を明らかにするような意味をもつ長屋王の冤罪が暴露されたとは考えられない」(二一頁)とし、中臣宮処東人の殺害事件と誣告の暴露は関係がない、とされている。

おもしろい想定だが、その当否はどうだろうか。もしも想定されたように、後世の政治姿勢の都合によって記事内容の意味がとうとつに変質させられるものならば、『続日本紀』はおよそ信憑性のない史料群となってしまう。また聖武天皇の過誤云々は、東人の誣告罪を処分できなかった理由となりうるが、だからといって誣告の発覚すら認められないとする理由とはなるまい。

筆者は、事件直後から「長屋王は無実」とする声があり、天平四、五年(七三二、三)に黒い噂が広がり、天平八年には冤罪が確定して、翌年廷内上層部では誣告事件についての政治決着がつけられた、と思っている(5)。こうした経緯はもちろん一般に報知されるものでないから、大伴子虫のような下級役人は何も知らなかったろう。この確定までの過程で、罪を問われ続けて大納言留任を続けていた武智麻呂は昇進を止められていたが、釈されて天平六年十月に右大臣に上がった。他方で、天平九年十月二十日に生き残っていた長屋王の子女が叙位されて復権した。寺崎保広氏は、(6)長屋王が怨霊となっていて、その鎮魂のための叙位かとするが、そう読み取るべき蓋然性などない。これは長屋王の変が誣告と決着したことに伴う、復権にすぎない。

だが誣告とわかったのなら、中臣宮処東人はなぜ誣告罪で解官されなかったのか。

それは、最終的に有罪と認定し死刑と決めたのが聖武天皇だったからである。訴え出た君足・東人や虚偽の密告を不十分な調査で通過させた麻呂を処罰させれば、日々言葉を交わし政府最高官として近侍させて知り尽くしていた仲である長屋王の無罪の抗弁を、「信用できない」と退けた天皇の非情かつ不明な判断も罪に問われずには済まされない。だから、罪の追及はここまででやめる。貴族界の組織ぐるみの隠蔽だが、政治決着によってあとは闇に葬ったのだ。現代社会でも明るみに出てしまえば通用しないかもしれないが、社長・校長の罪を問えば、それをトップにしている会社・学校の存立も危うくなりかねない。だから、うやむやにしてしまいたいのだ。そんなことは珍しくもあるまい。それはともかく、そういうことになって東人は政治決着がついたことを仲間から密かに告げられていたろう。だが不覚にも、自分の誣告とその免罪は子虫もふくめた官界のみんなが知っていることだと思って、気楽に子虫に話してしまった。それがまさに命取りになったということになろう。

では、どうして聖武天皇は長屋王の冤罪を見抜けなかったのか。もちろん密告を信じたといえばそうだが、決定的な証拠のあったはずもなく、本人は無実と言い続けていたはずだ。本人にじかに訊問もせず、これだけの高官を「裏切り者」と見切ってしまったのは、なぜなのか。

瀧浪貞子氏は聖武天皇が激怒した理由を、「皇太子基王の夭死以外には考えられない。基王の死で悲しみに沈んでいるとき、長屋王の写経が、じつは基王を厭魅（呪詛）するためであったと告げ口されたら、聖武天皇ならずとも憎しみが噴き出したであろう」(7)（六九頁）とされる。筆者の指導教授・黛弘道先生も講義中に、「子どもが死んだのが、長屋王の呪詛によるものといわれたからでしょう」と仰られたことを記憶している。異常な心理状態に陥って冷静な判断力を失っていたところに長屋王のしていた写経事業の意図が悪く受け取られて判断を誤ったという、いかにもありそうな話ではある。

しかし、本当にそうなのだろうか。

というのも、密告は「私に左道を学びて、国家を傾けんと欲す」（『続日本紀』神亀六年二月辛未条）であって、「私に皇太子を呪ひ、夭死させんと欲す」ではない。

この事件では、長屋王の嫌疑内容についてはあれこれ配慮して遠回しな言い方をすべき必要性がない。皇太子が対象だったのなら、皇太子と書くはずである。もちろん皇太子を呪詛で死なせたとしても、国家（天皇のこと）を傾けることにはなるまい。しかも長屋王には、そもそも基王の死を祈るべき動機がない。基王が死歿したら、長屋王にとって何を得られるか、得られる可能性が出てくるというのか。

個人の特定の心情・思考に入り込んで憶測を巡らすことは歴史研究者の分を超える行為だが、本稿は「俠」の精神を懐いていたかどうかの気持ちを問題にするので(8)、あえて踏み込ませてもらう。

筆者は、聖武天皇は長屋王と反りが合わず、嫌いだったのだと思う。

聖武天皇は「長屋王は祖母・元明上皇が信頼し、元正上皇も引き立て、高市皇子以来の数少ない草壁皇子皇統の味方だ」と聞かされて、長屋王の価値は十分に知っている。重鎮として処遇し、その意見を大事にするようにとも折に触れて聞かされてきた。だから即位してからはその言を可能な限り受け容れ、教えられた内容を尊んで黙って従ってきた。だが聖武天皇は長屋王が好きでなかった。排斥すべき理由はない。だから皇統の守護神・政府の重鎮として丁重に処遇してきたが、ひとたび長屋王に疑いがかかり、いわば水に落ちた犬となったとき、容赦なく悪意で見てしまえる。聖武天皇は、本心をあらわにして容疑を過大に聞き入れ、弁明を過小に評価することで見捨てた。そういうことではなかったか。

長屋王は聖武天皇を「上から目線」で見たことはないし、ないがしろにしたこともない。

先きに掲げた大夫人問題は、律令の規定を金科玉条として皇太夫人を主張する長屋王と大夫人の敬称を奉呈したい聖武天皇との対決と、長く解釈されてきた。勅を撤回させられて、大恥をかかされたとも。この解釈を援用して、律令至上主義で法令規定に杓子定規にこだわる長屋王が、夫人・安宿媛（光明子）を皇后に冊立したい藤原氏の提案に反対することを見越して、長屋王の変によって排除したとの推測は因果関係が明瞭で筋が通っていた。

しかしよく考えてみると、そうともいえない。

『大宝令』（律令／日本思想大系本）公式令平出条には、たしかに「皇太后・皇太妃・皇太夫人」の順に書かれている。代替わりのさい、天皇の生母（国母）で前皇后なら皇太后、前妃は皇太妃となる。だが、生母が夫人だったらどう呼ぶのが妥当なのか、必ずしも明瞭でなかった。皇太夫人に「皇」の字が入っているからである。後宮職員令によれば「妃は二員、右は四品以上」で「夫人は三員、右は三位以上」であり、普通なら妃は皇族出身者しかなれず、夫人は臣下出身者がなると解く。しかし皇太夫人の「皇」が皇族の意味とすると、无品の皇女あるいは妃の定員に入れなかった皇女は妃になれないから夫人となるわけで、その皇女が天皇の母となった場合には呼称を皇太夫人とする、とも読める。ともあれ「皇」とあるのだから、いずれも皇女のうける称号と解釈しておくのが無難だろう。さて、聖武天皇の生母は藤原宮子であるが、臣下出身なので夫人である。宮子夫人にあらたに大夫人という称号を作ろうとしたのは、臣下出身者としては分不相応の「皇」字を付けるのを憚ったのである。これに対して長屋王はそもそも宮子夫人に尊号を奉呈することにまったく反対しておらず、しかも特別な名称など作らずに遠慮なく律令が規定している皇太夫人と名乗ればよいと勧めているのである。長屋王は天皇の遠慮に反対して、天皇を後押ししているわけで、遠慮の要不要をめぐる君臣のほほえましい遣り取りの一齣にすぎない。ここには対立も、喧嘩もない。

かつて将軍・徳川綱吉は側用人・柳沢吉保の私邸にたびたび「お成り」し、それが君臣間の親密度の指標ともされた。そうしたお成りも、長屋王は受けている。

『万葉集』に、

太上天皇の御製歌一首

はだすすき　尾花逆葺き　黒木もち　造れる室は　万代までに

天皇の御製歌一首

あをによし　奈良の山なる　黒木もち　造れる室は　座せど飽かぬかも　（巻八―一六三七〜八）

右、聞くならく、左大臣長屋王の佐保の宅にいまして肆宴したまふときの御製なりと。

とあって、聖武天皇は佐保邸を訪れたと記されている。これなら、君臣間は外面でいえば水魚の交わりにあったとみておかしくない。

しかも、聖武天皇が東大寺・国分二寺を造って仏教による鎮護国家政策を進めようとすることについても、長屋王の篤い信心はむしろその先駆けか推進役の役割を果たしてきていた。長屋王は私財を惜しげもなく投げ打って、和銅五年に文武天皇追福のため大般若経六〇〇巻（和銅経）を、神亀五年に高市皇子（亡父）と御名部皇女（亡母）と歴代の天皇および聖武天皇のために大般若経六〇〇巻（神亀経）を書写させている。

それだけでなく、「日本の崇仏篤信者に長屋王あり」との評判は、海外にも知れ渡っていた。僧思託撰の『唐大和上東征伝』（寧楽遺文本）によれば、栄叡・普照が律宗の僧侶の派遣を懇請しに揚州大明寺を訪れたとき、鑑真は、

昔聞く、南岳の恵思禅師、遷化の後、生を倭国の王子に託して、仏法を興隆し、衆生を済度すと。又聞く、日本国の長屋王、仏法を崇敬して、千の袈裟を造りて、此の国の大徳・衆僧に来施す。其の袈裟の縁の上に四句を繍著して曰く、「山川域を異にすれども、風月は天を同じうす。諸の仏子に寄せて、共に来縁を結ばん」と。此を以て思量するに、誠に是れ仏法の興隆に有縁の国なり。（八九六頁）

といったとある。長屋王が私財で造った一〇〇〇枚の袈裟を唐の僧侶たちに寄贈したことが中国でも著名な話として知られていた、というのだ。

非の打ち所のないように見える人物だが、気になるところがなくもない。

それが『日本霊異記』（新編日本古典文学全集本）の記載で、中巻第一「己が高徳を恃み、賤形の沙弥を刑ちて、以て現に悪死を得し縁」にある。

神亀六年二月八日に左京の元興寺で三宝を供養する法会が行われた。そのさい長屋王は「衆僧に供する司」を任されていたが、その供養の食事を盛り付ける場に、無作法にも沙弥がじかにやってきて鉢を捧げて飯を受けようとした。つまり乞食をした。これを見た長屋王は持っていた牙笏で沙弥の頭を打ち、これによって沙弥の皮膚は破れて血を流した。沙弥は頭を撫で、血を拭って恨めしそうに立ち去った。法会に集まった道俗の人々はみな「凶し、善くはあらず」とささやきあった。はたしてこのことの二日後に「長屋、社稷を傾けむことを謀り、国位を奪らむとす」（一二〇頁）と讒訴されて服毒死した、という。『日本霊異記』著者の景戒は法相宗徒なので、華厳宗に依拠する聖武天皇・光明皇后の事績をあまり評価していない。だから東大寺毘盧遮那仏造顕の功績などもまったく採り上げられていないが、採り上げないだけで、無視されているのである。それならば長屋王のような篤信・高徳を謳われた人をあしざまにいう理由もないわけで、無視してしまえばよいのに、あえて仏教に無理解であるかのように非難するのは不可解にも思える。

そもそも藤原氏が長屋王を陥れた理由だが、藤原氏の進める光明皇后冊立策に対し長屋王が律令規定を盾に反対するかもという懸念は、既述のようになかった。そこでいまは、長屋王の群を抜く富裕さと貴種性の増進を警戒されたせいかと見られている。

長屋王は正二位左大臣だから、職田三十町・職封二〇〇〇戸、位田六十町・位封三五〇戸、ほかに夏冬に大量の季禄が賜与され、公費での家政機関がつけられた。現代の通貨で換算すると、筆者の推計では年所得三億六〇〇〇万円、税込みなら年収七億円くらいだが、それでもこの職に就けばみなこの待遇をうけられる。ところが長屋王家は、ちょっと違うのだ。

それは、高市皇子の壬申の乱での活躍などが大功とされているからだ。大功に見合う功封が与えられていて、功封の半分は子から三世代での継承が許されていた（禄令功封条）。持統天皇六年（六九二）に見える五〇〇〇戸が大功だったとすれば、歿後の長屋王は二五〇〇戸と位封・職封で併せて四八五〇戸、五十戸で一里（郷）だから、六郷で一郡なら十六郡分にあたり、二〜三カ国分の調庸全額と租の半分が自宅に持ち込まれることになる。

そういえば、近時出土した「長屋王家木簡」からは、外部に田・園・山・杣・炭焼処などの営所や氷室を置き、邸内に鞍具作司・鋳物所・仏造司・薬師処など工作所や大炊司・膳司・酒司・水取司などの炊爨施設があり、馬司・犬司・鶴司などにも多数の職員がいて、何でも必要な物や奢侈品を自力で作り出して、天皇家に比肩するほど優雅な生活を楽しんでいたさまがうかがえる。

そして今一つ。長屋王は二世王だから、子は三世王となる。ところが妻・吉備皇女にとっては、母・阿閇皇女が元明天皇となり、姉も元正天皇となっている（巻末系図参照）。継嗣令皇兄弟子条には「女帝の子も同じ」との注記があり、これを適用されたために霊亀二年（七一六）二月に吉備皇女は内親王となり、長屋王との間の子は二世王になった。子が二世王ならば、父の長屋王は事実上の一世王（親王）でないか。だから長屋王家木簡に「長屋親王」、『日本霊異記』でも「長屋親王」（一一九頁）と書かれた。藤原氏は、長屋王の貴種性が増したことで、本人の登極工作を警戒しはじめた。

それとともに吉備内親王所生の膳夫王を聖武天皇歿後の皇位継承の有力候補者の一角と目して、その立太子の芽を未然に摘み取ろうと画策した。それが長屋王の変の、藤原氏側の動機として有力視されはじめている解釈である。

ただ筆者は、長屋王は品階を捨て正四位上を受けたとき、皇族扱いを脱する決意をしていると考えている。聖武天皇も、藤原氏が何と訴えたとしても長屋王本人が即位を目指しているなどとは思わなかったろう。安積親王も生まれて、かつ基王の次の子を待つ余裕もまだあった時期であり、膳夫王もそこまで危険な芽とはみなさなかったろう。

そんななか、長屋王に嫌疑がかかっていると聞いて、聖武天皇が彼の死刑を選んでしまったのは、長屋王の人間性と自分があわない鬱陶しさを感じていたからでなかったか。

聖人君子には、だれもが惹かれて従うはずであろう。だが聖人と思っている人同士だったら惹かれ合わずに反目しあうわけで、聖人でもつまりすべての人に慕われはしないということだ。まして並の人間である。聖武天皇には「藤原広嗣」で述べるように四書五経などの読書によって得られた根拠のない「賢帝としての自負心」があり、長屋王には『日本霊異記』が指摘するように仏教篤信者といっても聖俗で表裏する二面性があった。ひごろ両者の歯車が噛み合わないことを自覚していたとすれば、長屋王をどのようにも裁ける立場になったとき、天皇は彼を見切る気になりうる。

たとえば神亀四年（七二七）閏九月に夫人・光明子が基王を出産し、その十一月二日にわずか一ヶ月強の子を皇太子にした。そしてその十二日後の十一月十四日に、大納言・多治比池守が百官を率いて不比等邸に皇太子の拝謁に赴いている。しかし百官を率いる行事なら、太政官首座の地位にある長屋王が当たるべきなのでは。職務上の行為ならば、これを拒むことなどできまい。とすれば池守の上官である左大臣・長屋王は、その場に呼ばれてさえいなかった、ということである。[9] 聖武天皇が判断したこととそれを承けた長屋王の感覚に、何か食い違うものがある。表立った論議などされるものでなかったのだろうが、長屋王を遠ざけようとする兆しがそこに垣間見られはしないか。

長屋王には私心などない。王からすれば、嚙み合わないと知っていても、それでもなお元明上皇・元正上皇・藤原不比等らが自分に託してくれた聖武天皇の後見人としての役割を果たす。それが自分に課せられた責務である。だがその尽くすべき相手から「死を」といわれれば、無様に命乞いをして生き延びてみても仕方ない。生き延びて戻れても、自分が役割を果たす場がそこにあろうはずがない。もはや一身を国に捧げる「俠の心」で、我が身を捨てるしかなかったのだ。

【注】

(1) 拙稿「知太政官事の就任順と天武天皇皇子の序列」(『飛鳥奈良時代史の研究』所収、花鳥社、二〇二一年)。
(2) 拙稿「元正女帝の即位をめぐって」(『白鳳天平時代の研究』所収、笠間書院、二〇〇四年)。
(3) 拙稿「長屋王の無実はいつわかったのか」(『万葉集とその時代』所収、笠間書院、二〇〇九年)。
(4) 「長屋王の『誣告』記事と桓武朝の歴史認識」(『日本歴史』六六七号、二〇〇三年十二月)。
(5) 前掲注(3)参照。
(6) 『長屋王』(吉川弘文館、一九九九年)。
(7) 『光明皇后』(中公新書、二〇一七年)。

（8）本稿は、『俠の歴史』の一篇で、統一テーマとして特定人物の「俠の側面」を描き出すこととなっていた。
（9）倉本一宏氏著『藤原氏』（中公新書、二〇一七年）。九〇頁。

（関幸彦氏編『俠の歴史』清水書院、二〇一九年十月）

大忠臣の誇りを胸に無念の最期を遂げた藤原広嗣――俠の歴史③

人物概要

藤原式家・宇合の子。天平九年（七三七）の天然痘流行で藤原四子が死没し、その翌年に大養徳守兼式部少輔となって要職を歩みはじめたが、同年中に大宰少弐に左遷された。二年後に聖武天皇の天意に逆らう失政をあからさまに指摘し、原因となる君側の奸の玄昉・吉備真備の排除を掲げて、大宰府で挙兵した（藤原広嗣の乱）。一〇〇〇〇人以上を率いたが、大野東人を大将軍とする政府軍に敗れて刑死した。

一　大宰府での挙兵

『続日本紀』（新訂増補国史大系本）天平十二年（七四〇）八月癸未（二十九日）条によれば、少弐の職にあって大宰府にいた藤原広嗣から、平城宮の聖武天皇に上表文が届いた。

その内容は大意のみだが、

時政の得失を指し、天地の災異を陳ぶ。因りて僧正玄昉法師・右衛士督従五位上下道朝臣真備を除かんといふを以て、言を為す。

と記され、結論として君側の奸である玄昉・吉備真備を宮廷から排除するよう求めていた。君側の奸とは、邪悪な気持ちをもって君主の側に仕えている人という意味である。

だが、提言した本人も自覚していたろうが、上表の要求が通る可能性は小さい。なぜなら、二人とも聖武天皇の寵臣だったからだ。だから武装して上京した上で力づくで排除しようと、広嗣は大宰府で蹶起した。上表文が都に届いてから四日後の九月丁亥（三日）条に、

広嗣、遂に兵を起して反す。

とある。これが律令国家支配機構を使った唯一の兵乱となった、藤原広嗣の乱の幕開けである。

聖武天皇は、もちろん諫言の上表によって悔い改める気などさらさら無く、怒りと恐れを感じただけだった。ともあれまずは事態を鎮静化しなければならず、征討軍の編成に取りかかった。

征討大将軍には東北地方の軍事経略に十五年前後も関わって数々の業績を上げてきた大野東人を任じ、副将軍には新羅貢調使を迎えるための騎兵大将軍を務めた紀古麻呂の子・紀飯麻呂、ほかに軍監・軍曹を各四人任命した。そして東海・東山・山陰・山陽・南海の五道から、一万七〇〇〇人の兵士を徴発させることとした。

急いで広嗣側の状況を分析し、対処する作戦立てははやばや終えた。兵士の動員数を一七〇〇〇人としたのは、大宰府管内の軍士の数とほぼ同規模として、最低限でも上京を阻むように考えてのことだ。また都近くに上番させていた二十四人の隼人を招いて位階や服を与え、さらに佐伯常人・阿倍虫麻呂を特任の勅使に仕立て、遠征軍に合流させた。この特使の随行が、あとで効くのである。

東人の軍はゆっくりと九州北部対岸の長門国に向かい、その途次に各地で徴発された兵士が合流してきた。二十一日には戦いがはじまっているから、『延喜式』（新訂増補国史大系本）が規定する運脚

行程十一日のほぼ一・五倍かけて進み、適宜傘下に収めていったことになる。その間に徴兵作業に手間取って遅れてきた兵士を受け容れ、兵士への命令系統・手順を確認し、東海・東山など広域から集めたために雑居状態にある兵士たちを編み直して戦えるよう系統立てる作業に追われたであろう。

勅命による非常時の動員だから、もちろん有無を言わさず各地で徴兵は進められたろう。ただ前年六月に三関国（越前・美濃・伊勢）・陸奥・出羽・長門・大宰府管内諸国を除く、諸国の軍団兵士の徴集は廃止されたばかり。政策をわずか一年で転換させて、廃止されてしまった兵士役をここで急に徴発することとなったため、誰を点定するかの作業からはじめなければならない。前年の廃止時の兵士とするか、あらたに考え直すか。新規徴兵だと、訓練がまったくできていないではないかなど、考えるべき問題もある。何にせよ、発遣手続きに入る前の段階で、いつもより時間がかかる。九州での開戦時には一万七〇〇〇人を大きく下回る兵数しか集められていなかったと思う。

広嗣の方でも、蹶起を表明してから徴兵作業に入ったろう。

上表に先んじて徴兵をはじめていれば、半月後には大軍を率いて山陽道を進んでいたろう。受け身となった政府側は浮き足だち、有利な状況が作れる。だが事前に徴兵を命じると、都に「何のための発令か。訓練なのか」とかの問い合わせや注進が行き、乱の計画を察知される恐れがある。秘密裡に進められる少人数の私兵を使ったクーデタ計画でもないので、「挙兵を宣言してから徴兵作業に入らせる」という手順となるのはやむを得ない。

それにしても広嗣は少弐であって、大宰府官人としては第三位でしかない。こんな下僚の勝手な命令など、ふだんなら通るはずもない。だが折悪しく、大宰府で彼の専断を抑止すべき長官の帥は、天

藤原四家の母子系図

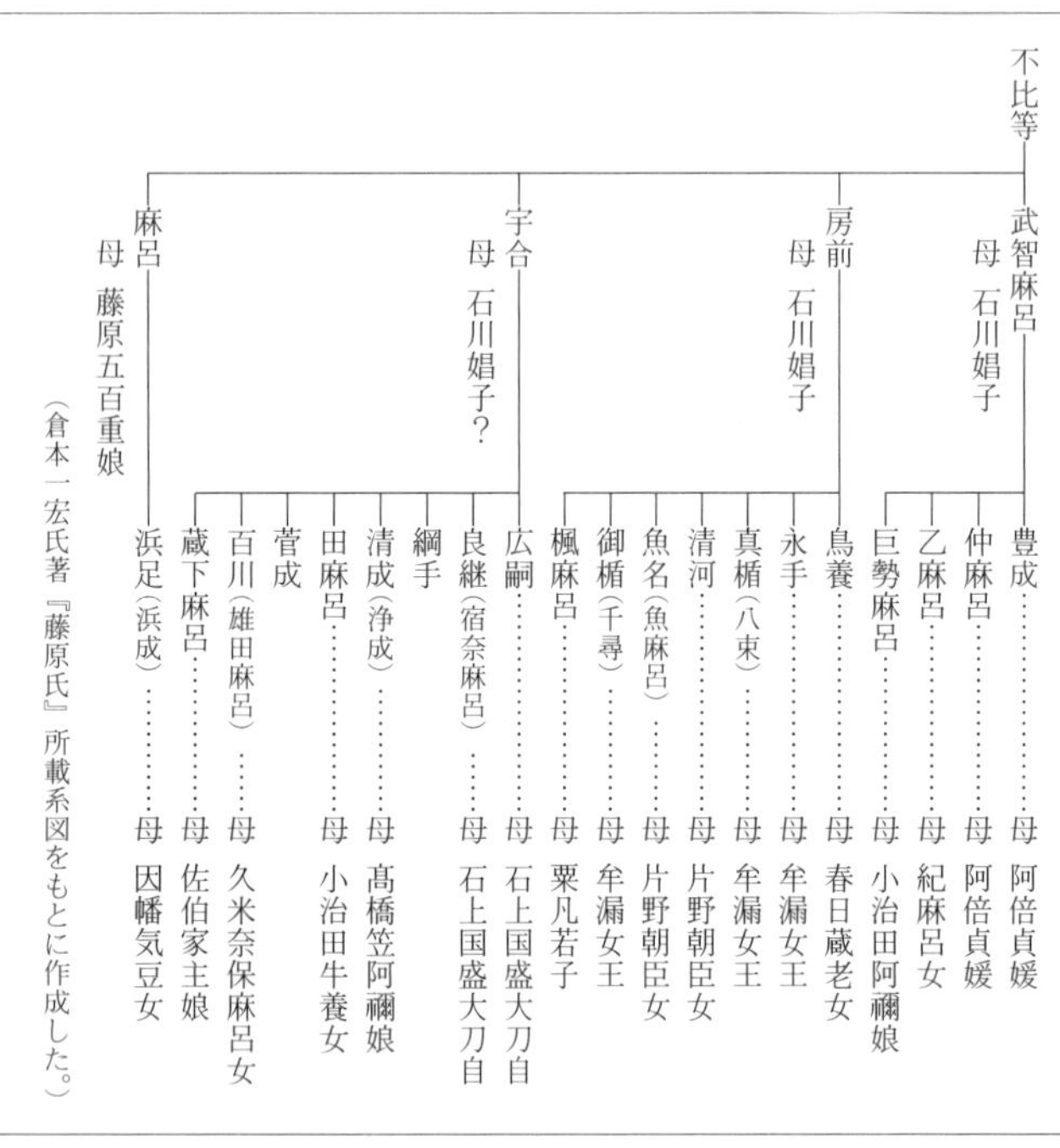

平九年八月の藤原宇合没後たぶんずっと欠員であった。天平十年十一月に上席次官の大弐に任ぜられていた高橋安麻呂は右大弁の兼務であり、こういう兼任の場合は大弐を遙任として赴任せず、京内での勤務の方を優先した。だから天平十二年の時点では、少弐が現地の最高官の地位にあり、広嗣の意思がそのまま大宰府の最高決定事項となってしまった。

大宰府という役所には、律令官制のなかで特殊な権限が認められていた。管轄下の九州（西海道）の九ケ国とセットになって、まるで独立国のように、独自な統括体制を取っていた。大宰府管理下の九ケ国はじかに中央政府の統治下に繋がらず、まずは大宰府の命令に従うことになっ

広嗣が赴任した大宰府都府楼の跡

ていた。そうしたのは大宰府が地理的に外国からの攻撃に直面する位置にあるためで、それなりに特例としておく必要があった。

かつて天武天皇元年（六七二）六月の壬申の乱にさいし、近江朝廷の大友皇子は筑紫大宰・栗隈王に近江への援兵の派遣を命じた。しかし『日本書紀』（日本古典文学大系本）天武天皇元年六月丙戌条によれば、栗隈王は、

「筑紫国は、元より辺賊の難を戍る。其れ城を峻くし隍を深くして、海に臨みて守らするは、豈内賊の為ならむや。今命を畏みて軍を発さば、国空しけむ。若し不意之外に、倉卒なる事有らば、頓に社稷傾きなむ。然して後に百たび臣を殺すと雖も、何の益かあらむ。豈敢へて徳を背かむや。輙く兵を動さざることは、其れ是の縁なり」とまうす。

（三九一～二頁）

といい、内輪もめしているうちに外国から攻めら

れたら国が滅びる。筑紫大宰の兵は対外用であって、国内のどんな変乱でも動かさないものだと主張した。大友皇子側に付かないための言い訳ともいえるが、少なくとも通用する論理ではあった。

外国勢力が襲ってきたとき、まず戦うのは中央政府でなく、大宰府である。そのために現場近くの九カ国の兵の徴発権を委ねられた。まずは国土防衛の最前線として大宰府率いる九ヶ国軍が戦い、その力で排撃できないと見れば、時間を稼いでいるうちに中央政府からの援軍が来る。それが大宰府の役割であり、物理的・経済的な裏付けとして管内九カ国の調庸はまず大宰府がその必要量を確保し、余れば中央政府に送ることとなっていた。全部使用してしまってよい、ということだ。軍事的権限と財務に半独立的な権限を与えたのは、国土防衛という任務を遂行させるためだった。ところがその軍事力が国内向けに使われ、中央政府を倒すための兵士となった。

大宰府の軍団兵士がどれほどの規模なのかは、史料が整っていないのでそう明瞭でもない。『太宰府市史』[1]によれば、弘仁四年（八一三）八月以前の軍団が筑前四・筑後三・豊前二・豊後二・肥前三・肥後四で、計十八軍団一万七一〇〇人となり、ほかに日向に一軍団五〇〇人、小規模ならば薩摩・大隅にも存在した蓋然性がある。こまかくは不明だが、机上では大野東人が率いてくる征討軍とほぼ互角の兵数を動員しうると見られる。先きにも記したが、政府側の征討軍の規模を一万七〇〇〇人としたのは、偶然でなく、広嗣軍が動員できる兵士数と対等かやや上回るていどに設定したものだったようだ。

広嗣は全権をふるって根こそぎ動員をかけるつもりで、三手に分けて各地の兵士を徴発しながら軍を整え、三者が北九州から本州への渡河地点で合流する。兵士を手分けして従えてくるのが、まず重

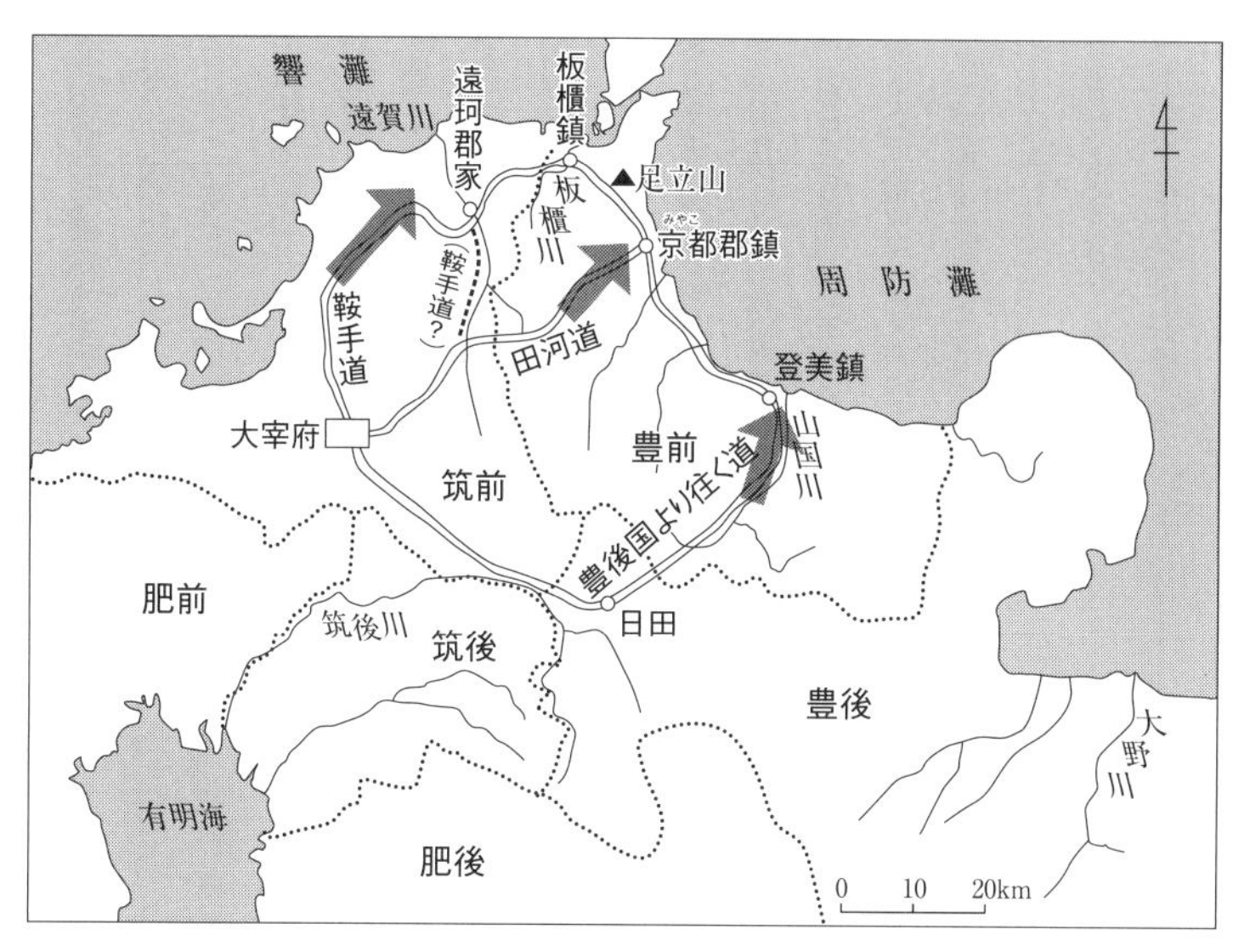

広嗣の乱略地図
（太宰府市史編集委員会編『太宰府市史　通史編Ⅰ』太宰府市、2005年をもとに作図）

要な仕事だった。

広嗣は北側の鞍手道を行って板櫃鎮を目指し、広嗣の弟・綱手は南側の豊後から登美鎮を、広嗣の腹心の部下・多胡古麻呂が中央の田河道から京都郡鎮（京都鎮か）へと向かった。大宰府から山陽道に行くには、大宰府道が主要な駅路とされている。これを通ればよいはずなのだが、広嗣はこれを使っていない。公式的な道路は儀式用でもあって、鞍手道がじつは最短ルートであったためかもしれない。そうでなければ、道沿いに力を持つ宗形氏が蹶起に反対する意向を示していたためだったかも。あるいは乱の当時の大宰府道は、鞍手道であったのか。三者のいずれかと推測されている(2)。ともあれ広嗣・綱手・古麻呂らが徴兵作業とともに軍事拠点を確実に押さえ、三者が揃ったところで大軍を率いて本州に渡る。

そういう手はずだったようだが、蹶起そうそう目論見が外れはじめた。

第一に、中央政府からの妨害工作に遭った。

挙兵を知るや、聖武天皇は広嗣の指示に従わないように諭す勅書を作らせた。長文なので現代語訳した上でいくぶん要約して掲げるが、そこには、

> 反逆者である広嗣は小さいときから凶悪で、成長してからはよく人を詐り陥れるようになった。彼の父の宇合はつねに広嗣を廷内から排除しようといっていたのだが、朕はその願いを退けて彼のことをかばってきた。そんなことも知らず、京内で親族を譏って折り合おうとしないので、仕方なく遠くにやって彼の改心するのを願っていた。しかしいま反逆し、人々を騒がすに至った。こうした行為は天地の道理にかなわないから、神明に見放されて滅亡するだろう。この勅符を見た者は、朕の意思を早く承知して対処せよ。広嗣の企てに一度は同心した者でも、広嗣を殺したら高い官位を授けよう。忠臣・義士はこの勅旨を実行せよ。討伐の大軍がこの勅書に引き続いて進入するだろう。この状況をよくわきまえて行動せよ。
>
> (『続日本紀』天平十二年九月癸丑［二十九日］条)

とあり、この勅書が人々の目に触れないように使者を捕らえたりする場合も想定し、諸国に向けて数十通を複製して撒いた。広嗣の命令は大宰府の合法的な決定であり、ふつうなら実行しないと罪に問われる。そのなかで勅符が聖武天皇の言葉と見極められずに疑問視する人もいたろう。だいたい貴族クラスでない、下級の地方官に対して、勅書をじかに出すなど前代未聞である。読めない人は勅で呼びかける対象でもないのかもしれないが、それまでの命令伝達は国司・郡司が書き直し・書き足して、

最終的には読み聞かせていたはず。勅書自体を見たことがあるはずもなく、あるはずのないものを理解できようはずがない。

だいたい、そう書いてあるけれど、これは本物なのだろうか。たとえば新一万円札の発行を知らない店の主人が、あたらしいデザインの日本銀行券をはじめて見せられたときの反応である。どんなデザインでも持ち込んだ客の言葉を信じて新規の一万円札として受け取るか、複数の人から見せられるまで旧一万円札でなければ受け取らないことにするか。上司を悪しざまにいって命令系統を寸断させる外国勢力からの攪乱目的の文面とも疑えるし、われわれにこんな勅書がじかにくるはずがないから贋物だと思うのが当然だろう。かりに内印・外印が捺してあっても、どうせかつて一度も見たことがない印影なので、真偽判定に役立たない。そうではあるが、「大宰府からの指示を受けるなとの勅書がある」という噂だけでも、とりあえず真偽が確認できるまで待つかという構えに変化すれば、兵士の徴発作業は滞ってしまう。

第二に、右の勅符の効果なのか自然発生的なものか不明だが、九カ国の軍団関係者たちが、大宰府からの徴発命令に納得していなかったようなのだ。

「重装備をして、行軍に加われ」「戦闘態勢に入れ」といわれても、「軍船が見えた」とか「外国兵の密偵が捕まった」とかの噂すら聞いていないのに、ここで徴発する意図がわからない。兵士の訓練や統率はほんらい軍毅の職にある人たちの仕事だが、現実にはその地の地元有力者である郡司が納得して協力しなければ徴発は難しい。さらに集めた兵士の統率も、郡司の意向を承けて行われる。その郡司たちには郡司と郡司の間・国府と国府の間にそれなりの地域情報網があったろう。その情報網からは、武装した外国船が対馬・壱岐に来たという話も聞かれず、外国勢力と大宰府官人が接触しているとか、いまにも戦いがはじまりそうだとかの噂などもまるで入っていない。律令国家には、潜在的に白村江の戦いで敗北した相手である新羅を遠征しようとの悲願がある。それは承知しているが、それならばその準備が周到になされるはずだし、九州全域の兵士を動員しなければならないほどの大規模で行なうのならなおさら全国に命令が出されているはずだ。だがそんな前兆は近隣諸国で見聞されていない。それなのに、九州内に発令されたとうとつな軍事行動は、何のためで、誰と戦うものなのか。動員の意図を疑った。いわれるがままに上からの命令だからと従い、大宰府側に身を委ねる。そういう素直な下僚ばかりではない。大宰府の指示に従わず、個々の郡司または周辺地域の郡司・海を経由した「征討軍」に関わる情報などを集めて、それぞれ独自な判断での動きがはじまっていた。

戦いは、小競り合いからはじまった。

九月二十一日、長門国豊浦郡の郡司に兵四十をつけ、関門海峡のもっとも短距離な部分を渡らせた。本隊が渡海しても、波打ち際で動きが不自由なときに攻撃をうけると大きな損害を被る。だから攻撃されないで安全に上陸しうる場所をまず確保しておきたかったのだ。そして翌日、佐伯常人・阿倍虫麻呂を将として兵四〇〇〇が渡海し、広嗣軍の要塞となっている板櫃鎮を攻撃。さらに南でも京都郡鎮・登美鎮をはやばやと落とし、一七六七人を捕虜とした。この戦いにあたり、九州各地の郡司たちはどちらの命令を聞くべきかを自分で判断しなければならなくなった。板櫃鎮から逃げ出した大長・三田塩籠は豊前国の百姓・豊国秋山に討ち取られ、豊前国の京都郡の楉田勢麻呂が兵五〇〇、仲津郡の膳東人が兵八十、下毛郡の勇山伎美麻呂と築城郡の佐伯豊石らが兵七十を率いて投降した。

広嗣軍は崩れはじめた。

広嗣のもとにはそれでも一万という軍兵が集まっており、佐伯・阿倍が率いる兵六〇〇〇を打ち破る兵力はあった。綱手・古麻呂とどこで合流する予定だったかはっきりしないが、待ち続ければ郡司間の「戦っている相手は、政府軍らしい。自分たちは反乱軍と見なされているようだ」という噂話から脱走がはじまり、軍が崩れていく危険性もある。結束を固めるにはここで政府軍を蹴散らし、有無をいわせず相手を圧倒してしまうことだ。

以下に『続日本紀』天平十二年十月壬戌（九日）条の記事を機軸に、対陣の場面を復原してみよう。

十月九日、広嗣は意を決した。政府軍が次々と上陸しているのに、合流するはずの自陣二軍の姿はいまだに見えない。いつまでも待っていては、上陸する政府軍の数が増えるだけで、広く深く軍を展開される恐れがある。それに待ち続けても、何かの支障が起きていて、二軍が来ないこともありうる。そういう懸念も頭を掠めたかもしれない。気が短い性格と評されてもいるが、登美・板櫃・京都の三鎮をめぐる戦闘からは二十日近く経っている。それなりに待ったほうであって、もはや待てない。二軍の来援・合流を待たずに、単独で板櫃川西岸に臨んで対岸の政府軍とぶつかることにしたのだ。

配下のなかでとくに選抜した隼人を軸にした突撃隊を組織し、材木を組んで仕立てた筏に乗せて押し渡らせようとした。彼らが先鋒として相手の先陣を崩して突破口を開ければ、十分に訓練された大宰府軍があとに続いてくれる。これに対して政府軍側はまだ徴兵された兵数がすべて集まっているわけでなく、寄せ集めでかつ訓練不足だから戦闘力も低い。だが政府軍は、たしかにまだ総攻撃を仕掛けられる状態になかったが、攻撃を防ぐていどのことなら無策でない。まずは筏による広嗣軍先鋒の上陸を防ぐべく、弩を射かけた。弩とは巨大なクロスボーのようなもので、数人力で弦を引き、遠くまで届かせ、かつ矢の貫通力を高めた武器である。広嗣側も射返したろうが、飛ぶ距離もその威力も違う。狙い撃ちにされている広嗣軍先鋒はこれにやや怯み、動きが止まった。戦況は膠着状態となった。

このとき、佐伯・阿倍らがとっておきの策に出た。

政府軍に随行させていた隼人を、広嗣側の陣営からよく見える前線に呼び出した。そして広嗣側にいる隼人に向けて、「逆賊の広嗣に与して官軍に抵抗すれば、自分の身を滅ぼすだけでなく、罪は都の周辺に伺候している家族・親族にも及ぶんだぞ」と呼びかけさせたのだ。

そうなのだ。大宰府麾下の軍のうちでも隼人は身体能力に優れ、勝敗の帰趨を左右するような決戦場面での要となる頼りになる勇者として知られていた。ここでも先鋒を務めて、勝利の雰囲気を作り出す効果が期待されたのである。隼人には勇猛果敢で優秀な兵士が揃っていただけでなく、彼らの戦闘能力の淵源として、彼らの持つ呪的効果にも期待を寄せていた。だからつとに隼人の一部は都に呼び出されていて、衛門府（のち兵部省）隼人司の指示をうけて仕事に従事していた。たとえば特殊な渦巻のマークを施した楯（次頁）を持って護衛にあたり、行列の前で吠声といわれる呪声を発して辟邪・除霊の役割を果たし、宮廷では隼人舞を披露したりした。こうした儀式・警衛などでの仕事を果たすために家族の一部が都の周辺に集住させられていたのだ。天平期の「山背国隼人計帳」が残っているが、それは山城国綴喜郡大住郷のことで、京都府京田辺市にある大住の地名は大隅隼人が居住した名残りと見られている。その上京している郷土の仲間たちが、「罪に問われるぞ」と話しかけてきたのだ。政府軍側の隼人からの呼びかけを聞いた広嗣側の隼人たちは、矢を射かけなくなった。上記の言葉以外にも、隼人だけが通じ合える言葉で、この戦いの原因にかかわる秘匿情報がきっと伝えられたろう。

効果があったとみて、佐伯常人は勅使としてさらに広嗣にじかに呼びかけた。

なかなか姿を見せず、無視されるのかと思ったが、それでも十度ほど呼ぶと広嗣が現れた。広嗣としても、「おまえらは反乱軍だ」と宣伝されたままで放置していたのでは、軍の士気にかかわる。義挙だと信じて大義のために戦っている自分の正当性を、個々の兵士たちはともかく、指揮官・部隊長クラスの者たちには知らしめておく場も必要である。

隼人の楯（奈良文化財研究所所蔵）

そう思い直して、対岸に向けて「勅使が来たというが、その勅使とはだれか」と問うた。常人は「勅使は佐伯大夫と阿倍大夫である」と返答した。広嗣は「今にして勅使を知った。私は朝命に背くつもりなどない。ただ朝廷を乱す二人の処分を請うているだけだ。朝命に背くのだというのなら、この広嗣は天神地祇の罰を受けてとっくに殺されている」といった。天命に沿う、正義の行動だと表明したのである。だが、常人は告発されている内容の是非に言及せず、「その聖武天皇の命令を記した勅符を賜与するために、大宰府の官人を呼んでいる。それなのになぜ軍を興して押し寄せてきたのか」と言い返された。「なぜ反乱を起こしたのか」という議論をするのなら、準備はできていた。「これは反乱ではない。朝廷を浄化するための正義の戦いだ」といい、必要ならば玄昉と吉備真備の罪状と聖武天皇周辺のあるべき状態について滔々と述べればよい。だが、いま「勅使が大宰府官人に勅符を渡すだけだから、軍をおいてこちらに来い」という話になってしまった。

「聖武天皇を実力で倒す」とはいっていないし、たぶん思っていてもいえない。率いている軍事力で強制して「君側の奸」を除きたい、と表面上は述べてきた。天皇は悪くなく、周りの者が悪い。社長・校長は良い人だが、吹き込み・入れ知恵する周りの者が悪い。よく耳にする話だ。そうでなくて最高責任者がいけないとしたら、自分がトップに立って社長・校長にならなければ終われない。その力も目途も立っていないのに「天皇を倒す」と豪語したら、おおごと過ぎて誰もついてこない。だから天皇の権威を落とさせず、自分の言うようにさせるために君側を自派で固めさせる。そして天皇の権威を背景にして、自派の政権を作る。天皇を残して、君側を交換したい。そして天皇に、人事問題についてちょっと後悔し反省して貰いたかったのだ。だが天皇自体の権威を認めるとの論理の下では聖武天皇の名による命令を拒み切れず、命令に従って臣下の分を忠実に守るべきだという立場にならざるをえない。それならばまずは臣下として、権威ある天皇の勅符を謹んで受けるべく勅使のもとに参向すべきだろう。論理としてはそうなる。言葉の罠である。でも、のこのこと勅符を受け取りにいけば、もちろんただちに拘禁・処刑される。

では「受け取りになど行くものか。君側の奸に操られている聖武天皇は常軌を失った状態の天皇は、敵である側近と一体となったものだから、その敵からの勅符など無用なものだ」といってしまえばよいのか。しかし大宰府軍は天皇を最高権者とするのだから、天皇を敵とすると表明したら広嗣の命令など聞かなくなる。もともと大宰府軍は広嗣が反乱していることを承知で集まっているわけでない。だから、誰の命令を聞くのが本来なのかと説明されれば、兵士はより上級権者である聖武天皇側つまり勅使側に従うこととなって、命令権のなくなった広嗣の軍は瓦解する。広嗣はみずからが帯びている権限について、その源泉をどう理解していたものか。自分に備わったものと信じてきた力にはそれを授けた源泉があり、その方向に刃を向けようとすれば、刃自体が脆くなって消えてしまうことに自覚が不足していた。昭和十一年（一九三六）に陸軍部内の皇道派青年将校たちが指揮下の兵士を率いて二・二六事件を起こしたが、上級命令権・統帥権は天皇にあり、青年将校たちの私兵・傭兵ではなかった。「聖武天皇の軍隊を使って聖武天皇を倒す」というのは、もともと難しいのである。

　広嗣が返答をせずに引き退がると、「問答無用」と広嗣が切り捨てたとは受け取られず、「言葉に詰まった」「反論できなかった」と受け取られた。このまま広嗣の麾下にいてはいけない、という雰囲気が陣営内に醸し出された。まず三人の隼人が東岸に泳ぎ渡りはじめ、政府軍の助けをかりて上陸した。渡り終えた隼人が仲間たちに呼びかけるとさらに二十人の隼人が投降し、広嗣本隊からも十騎が政府軍に寝返った。ここからの記述は『続日本紀』にないが、反乱軍と知らされた広嗣麾下の各部隊は戦闘意欲を失い、一挙に瓦解していったのであろう。

それから半月後、古麻呂はどうなったのか不明のままだが、綱手は広嗣と落ち合えた。十月二十三日、政府軍の別働隊が五島列島の一つ値嘉島の長野村に潜んでいた広嗣らを発見。広嗣は无位の阿倍黒麻呂に捕らえられ、大野東人の本営に連行された。彼らについての政府処分案を待つのが筋であったろうが、待っているうちに一味が広嗣らの奪還に動く危険性もある。そこで十一月一日、東人の判断で広嗣・綱手ら首謀者を斬った。翌年正月、死罪二十六人、没官（公奴婢となる）五人、流罪四十七人、徒罪（懲役）三十二人、杖罪一七七人という処分が確定して、この乱は終結した。

二　我は大忠臣なりという誇り

広嗣の乱の大要は右に記した通りで、珍しいことかもしれないが、広嗣には反乱者としての悪意がなく、したがって反省の色は微塵も見せなかった。

広嗣の従卒である三田兄人ら二十余人からの戦後の聴聞によると、こうだったという。

板櫃川を挟んでの戦いに敗れたあと、広嗣は海上に逃れて、とりあえず五島列島に連なる値嘉島（長崎県北松浦郡小値賀町あたりか）に逃げ込んだ。しかし見つかるのも時間の問題に思えて、もう一度海上に出た。東風に押されて漂い、四日後に耽羅島（済州島、大韓民国済州特別自治道）の島影が目に入った。これで日本からの脱出に成功した、と思った。ところが、東風は吹いているのに、どういうわけか島には一向に近づかない。こうして漂ったまま一日一夜が過ぎると、今度は一転して西風に変わり、舟は日本へと向かいはじめた。このままでは上陸した先で捕縛されかねないと恐れた広嗣は、権力の象徴であり国内通行用に携えていた駅鈴を捧げ持ち、天を仰いで、我は是、大忠臣なり。神霊、我を棄てむや。乞ふ、神の力に頼りて風波、暫く静まらむことを。

（『続日本紀』天平十二年十一月五日戊子条）

と叫んだ。つまり「私は大忠臣である。神霊は私を見捨てるのか。願わくは、神の力によってしばらく風波を鎮めてくれ」といい、駅鈴一口を海中に投げ込んだ。しかし風波は激しさを増し、遠値嘉島（長崎県五島市の奈留島あたりか）の色都島に戻されてしまった、という。

そうなのだ。負けてなお広嗣は、みずからを大忠臣と評していた。聖武天皇個人に尽くす忠臣というより、国家にとっての柱石、忠臣でありたいという気概をもって、広嗣はやむをえず反乱に踏み切った。よくないことと知っているのに見て見ぬふりをし、事なかれ主義に身を置いて唯々諾々と命令に従って保身する。そういう安易な道を選ばず、道を誤るかどうかという国家の岐路を前にして、ただ一人その侠気を見せようとしたのだ。

そのいわんとするところを辿り、心のうちを推測してみよう。

広嗣は、玄昉と吉備真備の排除を求めていた。

まず玄昉は渡来系の阿刀氏の出身で、霊亀二年（七一六）学問僧として入唐し、唐の玄宗皇帝から三品に准じて紫の袈裟を賜与された。紫の袈裟は高僧中の高僧であることの象徴だが、外国僧にはかなり鷹揚に授与されていた。そうとはいえ、並の僧侶ではなかったろう。天平七年（七三五）に帰朝し、経論五〇〇〇余巻や仏像を多数持ち帰った。中国で許されていたから、帰朝しても紫の袈裟は許され、天平九年僧正となった。問題はここからだ。高僧として内道場に入り、宮中での仏事の相談事に預かったのだが、そのさい聖武天皇の宿願に関わることとなった。聖武天皇の母・藤原宮子（文武天皇の夫人）は、その出産後に気鬱となってずっと臥せっていた。この宮子の看病を担当して、病をみごと快癒させたのである。聖武天皇は、なんと三十七年ぶりに母子の面会を果たした。天皇はもちろん玄昉に感謝し、以後寵用した。

ここで謙虚であればよかったのだが、「栄寵日に盛んにして、稍く沙門の行ひに背く。時の人、これを悪む」（『続日本紀』天平十八年六月己亥［十八日］条）とあって、その後の彼の言動には悪評が立っていた。政界人は廟堂で執政を行ない、僧侶は寺院内で国家の安寧を祈る。宮子の治療とて、もともと僧侶の任務の一部としての医療行為であり、任務を果たしたまでのことである。僧侶界でなら僧正の発言が重要視されて当然だが、僧正が政界のことに口を出せば、大臣以下から見てそれは越権行為である。「沙門の行ひに背く」とあるから、政界の人々のする言動に対して、分を超えた内容の口出しや振る舞いをするようになったのだろう。それがかりに聖武天皇や皇太夫人（宮子）から内々に問われたのだとしても、述べてはいけない意見もあったろう。それなら広嗣の怒りも理解できるが、そうなると僧侶の意見を聞こうとして分限をあえて超えさせた聖武天皇の政治姿勢が問われることにもなろう。

一方の真備は、備中（岡山県）土豪の下道氏の出身である。霊亀二年以来十七年間も留学生として唐に滞在しており、かつて秘書監や光禄大夫を務めた阿倍仲麻呂に比肩する秀才ぶりを発揮した。天平七年の帰朝にさいして唐礼一三〇巻・大衍暦経一巻・大衍暦立成十二巻・楽書要録十巻などの書籍や測影鉄尺・銅律管・鉄如方響写律管声・馬上飲水漆角弓・射甲箭・平射箭など多数の器物をもたらした。朝廷の典礼や造暦あるいは楽器・武器・測定具など、朝廷内がかねて欲しかったものを献上した。

帰国してすぐに正六位下で大学助となって能力を活かせる職務に就き、広嗣の乱のときには中宮亮を経て従五位上・右衛士督になっており、貴族の仲間入りを果たしていた。翌天平十三年には東宮学士、天平十五年には春宮大夫となって皇太子時代の阿倍内親王に近侍していた。その縁もあって孝謙上皇の乱（藤原仲麻呂の乱）に協力し、やがて右大臣にまで昇進する。

玄昉の発言や行動はともかく、ともに有能・有用な人材であって朝廷は大いに助かっていた。真備を君側の奸として排斥しようとするのは広嗣の失当と思われるところだが、筆者の眼から見れば、広嗣の本当の狙いはどうもはじめから聖武天皇の失政を糾弾し抑制することにあったようだ。

大宰府から上表した広嗣の文には「時政の得失を指し」とあるが、これは聖武天皇のしてきた政治を広嗣が得と失とを分けていちいち評価してみせたという意味である。「天地の災異」とは、いまでこそただの自然現象としか思われていないが、この当時は地皇の執務している政治が天意に沿っていないことを報らせるために、天帝が地上に表わした現象と評価されていた。失政への警告といえば、人々の脳裡には、天平九年を中心とした天然痘がまず思い浮かんだろう。それは臣下として言うに言えないことで、それをことさらに陳べ立ててみせたとなれば、聖武天皇のこれまでの政治がいかに天帝の意に沿わず、天帝がどれほど多くの警鐘を鳴らしてきたか。それに気付こうとしない鈍感さを、正面切って指摘したのである。

また失政をもたらしたのはもっぱら聖武天皇自身の不徳のせいだとはせず、玄昉と真備の排除をと求めている。それなら、失政の内容こそが彼らを登用したことだといいたいのだ。「玄昉や真備を気ままに登用するから、天帝が怒って地上に飢饉を起こし、疫病を流行らせるなどして、さかんに改心するよう警告を送ってきた。それなのにその徴候を無視し無為に過ごすだけで、なぜ国政をたださないのか」という内容の上表である。しかし玄昉はともかく、真備の登庸は就けられた役職を見てもクーデタ・軍乱まで起こすほどの失政といえまい。広嗣にとって、真備の何が気に障ったのか。

ではあらためて問う。聖武天皇の何が問題なのか、と。

聖武天皇は、「草壁皇子→文武天皇」と繋いできた天武天皇と持統天皇の血統を承け継ぎ、その間に長親王らの即位策動を元明天皇・元正天皇を起用して押さえ込み(3)、やっと立てられた本命の男帝である。天皇家と藤原氏がことのほか大事にしてきた、期待の星である。甘やかされたといえばそうだが、十分な時間があったので、優れた天子はどうあるべきかの帝王学を基礎から叩き込まれてきた。だがそのせいで、それがやれる自分は賢帝だと思い込んだ。「賢帝ならば、『野に遺賢なし』」の論理の実現へと導かれる。『書経』大禹謨にある「賢者はもれなく朝廷に登用されており、民間に隠れた逸材はいない」という話で、そうした状況ならばよい政治が行われて、天下泰平でみな豊かに暮らしている、というわけだ。

そのために、じかに言葉を交わすはずもなかった玄昉を寵愛してみせ、真備を大げさに登庸した。玄昉は天皇の母の治療で成果を上げたし、真備は秀才だった。真備がもたらした文物は律令国家として形をなそうとしていた日本にとって、とても貴重だった。持ち込んだ文物がよいのではなく、かれには中国の制度・文化を理解する力があり、それをいまの日本にどう適用するかを見通す力・学識が備わっていた。じっさい、中国に行って学んできた兵学は、のちに孝謙上皇の乱で仲麻呂軍を鎮圧するさいに打った手がことごとく当たり、追い込んで袋の鼠にするのに大いに役立っている。

だが問題なのは、登庸の仕方である。

真備がいかに優れているとしても、それは官僚機構の中堅クラスにおいて発揮すべきものだ。かれのような地方出身者を、安易に五位以上すなわち貴族の列に加えて、常日ごろ意見を具申できるほど近くに置くべきでない。晩年の引退直前の官人ならば、永年表彰をかねて優遇してもよい。だが真備は、これからの人材である。それなら我ら貴族の下に組み込んでコントロールし、物事は我らを通じて実現すればよいではないか。というのも、真備のように中国に行って学識を積んで帰ってくる人材はこれからも出てこよう。そのたびに、彼らを貴族に上げて使っていくのか。

そもそも大和政権は、大王家が一人発起して王朝を樹立したものでない。平群・葛城・巨勢・羽田・和珥などの臣姓氏族が集まって大王を共立し、朝廷の作業を分担すべく物部・大伴・佐伯・中臣・馬飼など連姓の氏族などを成立させて支えとしてきた。その後、時代の要望・趨勢に合わせて、部民制から律令官人制に形は変わった。だが国家草創以来の事情に即して政務は上級氏族員が貴族となり、中下級氏族員が中堅以下の役人となっている。ここで確立した支配機構は、蔭子孫・位子制度を通じて、貴族の子孫は貴族に、官人の子は官人として再生産されるように操作されている。中国では皇帝が専制できるようにしようと、科挙の登庸試験を実施した。だが日本には、天皇と貴族との権力の鬩ぎ合いなどなかった。

ところが聖武天皇は、民間の優れた人を勝手に登庸して貴族としようとしている。藤原氏や阿倍・石上（物部）・石川（蘇我）・佐伯・大伴・多治比など名門貴族が、このままでは没落してしまう。すくなくともいま、確実にポストが一つ奪われた。この手の登庸を続けられたら、藤原氏のポストも次々失われる。

書籍で得られた知識をもとにして、賢帝を気取っている。しかし日本の律令国家体制では、天皇が勝手に遺賢を登庸することなど想定されていない。大和政権からの歴史を顧みるなら、こうした登庸の仕方はすぐに止めさせなければ。律令に明記されていないとしても、この体制の成り立ちはそれを容認しないのだ。

止めさせるためには、まず、聖武天皇が賢帝でないことを自覚してもらわなければ。

「聖武天皇、あなたはどうふるまっても、賢帝じゃない。天平九年に眼前で多くの人が疫死したことや近ごろの天変地異を忘れたのでしょうか。天帝が怒りを表わしたものであって、十分に証明されているでしょう。認めないんですか」と、彼は臆せずに口にできる。

歴史的な知識を基盤とした、その当時にあってはそれなりに通用する妥当・穏当な説明である。これは自分だけでなく、藤原氏のみんな、また貴族を輩出している多くの他氏の人たちはみなこう思っているはずだ。それなのに、誰もそれを問題として採り上げようとしない。それがおかしいのだ。それでも、自分が不退転の決意で蹶起すれば「よくぞ言ってくれた」「待っていたぞ、蹶起を」と彼に共鳴し、都の周辺でも藤原氏を中心として叛旗が次々と飜るはず。そして聖武天皇が譲位するか心を入れ替えるか。どちらかを選択するだろう。自分がしていることは、すくなくともどこも間違えていない。自分は国家の柱石となるべき人であり、義臣・忠臣また信念を貫く「俠の人」として長く讃えられる。そう心から信じた。だからこそ、自分こそ「大忠臣」という自負心をもって挙兵した。

だが、藤原氏からですら彼に同調する者は出なかった。保身といえばそうかもしれないが、自分の出世が阻まれたわけではない。それに、広嗣は「貴族のなかの侠たらん」と思っていただろうが、その視野には貴族の、さらに限定すれば公卿(くぎょう)になれる貴族層の利害しか入っていない。彼は、彼が現に率いている兵士たちのために挙兵したのでない。郡司や兵士からすれば、自分たちはただの駒(こま)にすぎず、しょせんは彼ら貴族のなかの利害対立だ。彼には「勅使の言など採用するな」と軍士に同調を求め、みんなが付いてこられるような一般性のある正義・大義を掲げることができなかった。それでも、「大忠臣」から名指しで批判された聖武天皇はことのほか動揺した。以降五年間、恭仁(くに)宮・難波(なにわ)宮・紫香楽(しがらき)宮へと遷都しつつ、畿内とその周縁を彷徨(ほうこう)したのである。

【注】

（1）通史編Ⅰ、太宰府市、二〇〇五年。

（2）木下良氏「第三章　律令制下における宗像郡と交通」（宗像市編纂委員会編『宗像市史　通史編／第二巻古代・中世・近世』所収、宗像市、一九九九年）。

（3）拙稿「元正女帝の即位をめぐって」（『白鳳天平時代の研究』所収、笠間書院、二〇〇四年）。

（関幸彦氏編『侠の歴史』清水書院、二〇一九年十月）

行基の伝記と評価

一　行基の伝記

行基の略伝には、入滅時に近いときに成立したものとして『続日本紀』（新訂増補国史大系本）天平二十一年（七四九）二月丁酉条の薨伝と同年三月二十三日記載の『大僧上舎利瓶記』（唐招提寺蔵、寧楽遺文本）がある。

『続日本紀』の薨伝には、

大僧正行基和尚、遷化す。和尚は、薬師寺の僧なり。俗姓は高志氏、和泉国の人なり。和尚、真粋天挺（純粋で天賦の才能があり）、徳範（模範となる徳性）夙に彰はる。初め出家するや瑜伽唯識論を読み、即ち其の意を了りぬ。既にして都鄙を周遊し、衆生を教化す。道俗化を慕ひて追従する者動もすれば（ともすれば）千を以て数ふ。所行の処（行くところ）、和尚の来たるを聞けば巷（町なか）に居る人无く、争ひ来りて礼拝す。器（器量・才能）に随ひて誘導し、咸善に趣かしむ。又親ら弟子等を率ゐ諸の要害の処（必要で大切な所）に橋を造り陂を築く。聞見の及ぶ所、咸来りて功を加へ、不日にして（一日もかからず。短期間をやや誇張した表現）成る。百姓今に至るまで其の利を蒙れり。豊桜彦天皇（聖武天皇）甚だ敬ひて重んじたまひ、詔して大僧正之位を授け、幷びに四百人の出家を施す（許可した）。和尚の霊異神験（驚異的な効能）類に触れて多し。時の人号けて行基菩薩と曰ふ。留止之処（滞在した場所）に皆道場を建つ。其の畿内には凡そ四十九ケ処、諸道（諸国）にも亦往々（所々）にして在り。弟子相継ぎて皆遺法を守り、今に至るまで住持（止住して維持）す。薨ずる時、年八十（二か）。

とある。

『大僧上舎利瓶記』は、鎌倉中期の出土品である。

文暦二年（一二三五）八月二十五日、大和国平群郡有里村（生駒市有里町）にあった竹林寺から、行基の八角石筒が発掘された。なかに二重の銅筒があって、さらに「行基菩薩遺身舎利之瓶」の銀札を付けた銀製舎利容器が納まっていた。これらのうちで内側にあった銅筒に「大僧上舎利瓶記」ではじまる三〇九文字の墓誌が刻まれていたのである。現在は十一・二×六・七センチメートルの三角形の欠片（次頁）しか残っていないが、これを注進したときに翻刻がなされており、その全文が唐招提寺に伝わっている[1]。試みにその文に訳注を入れて書き下してみると、

大僧上（大僧正の省画か）舎利瓶の記

和上の法諱は法行、一に行基と号く。薬師寺の沙門也。俗姓は高志氏。厥の考（亡父）、諱（実名）は才智、字は智法、君の長子なり。本は百済の王子に出づ。王爾の後なり。厥の妣（亡母）は蜂田氏。諱は古尒比売、河内国大鳥郡の蜂田首虎身の長女なり。近江大津之朝（天智天皇）の戊辰の歳（六六八年）大鳥郡に誕まれ、飛鳥之朝（天武天皇）の壬午の歳（六八二年）に至りて出家して

行基舎利瓶記のわずかに残る断片（奈良国立博物館蔵）

道に帰す。苦行精勤し、誘化して息まず。人、慈悲を仰ぎ、世、菩薩と称す。是を以て天下の蒼生（一般庶民）より上は人主（君主）に及ぶまで、厘頂礼（頂礼は頂戴礼拝の略で、尊者の足下に伏して、自分の頭を付けて礼拝すること）を望まざるは莫く、奔り集ふこと市の如し。遂に聖朝の崇敬を得て、法侶（官僧の仲間）に帰服（帰属）す。天平十七年、別に大僧上（大僧正）の任を授け、並びに百戸の封（封戸）を施す。時に僧綱、已に其の上に特居（特別な地位で、大菩薩の称号か）を備ふ。然りと雖も以ひず。勤苦して弥 厲（病の気）を懐くこと在り。寿八十二。（天平）廿一年二月二日丁酉の夜、右脇を臥せて（仏陀の涅槃時の形）、正念常の如く（平城）右京菅原寺（喜光寺）に於て奄に終はれり。二月八日大倭国平群郡生馬山の東陵に火葬す。是れ遺命に依るなり。弟子の僧景 静 等、攀号（よじ登り叫び）して瞻仰（仰ぎ見る）するも及ばず、見ゆるもの無く、唯、砕け残れる舎利有り。然して軽灰を盡くし、故らに此器の中に蔵め、以て頂礼の主と為し、彼の山上を界し（結界し）、以て多宝之塔（舎利容器のこと）を慕はん。

天平廿一年歳己丑に次る三月廿三日　　沙門真成

（『寧楽遺文』中巻、九七〇頁）

となる。

これらを総合すれば、行基は天智天皇七年（六六八）和泉国大鳥郡（大阪府堺市）の生まれ。父は百済系の高志才智、母は蜂田古尒比売で、ありがちな地縁・同環境での渡来系氏族間の婚姻だった。十五歳で出家した。（渡来系氏族の一員らしく、育つうちに氏族内に漂う漢文文化を身につけたようで）漢文読解力に優れ、瑜伽唯識論の意味内容をすぐ会得してしまった、という。瑜伽論・唯識論の二書はとくに法相宗で重視されていた論であり、この理論が影響して、道昭などと同じように諸国・都鄙を回遊する途を志し、布教・社会救済に勤しむようになったものと思われる。

（畿内とその周辺を）周遊している間、僧侶・俗人を問わず多くの人々に快く受け容れられ、菩薩と呼ばれて敬仰された。抜群の人気があり、一〇〇〇人を超す人が集まり、彼から頂礼を受けようと望む人が市をなすほどだった。そのなかで弟子とともに、要衝の地に橋を架けたり、堤を築いて池を造った。人々はその恩恵を今も受けている。行く先々で建てた道場が畿内に四十九院、諸国にも諸処にあり、いずれも弟子がこれを維持している。

天平十七年になって聖武天皇に呼ばれ、本人は大僧正となって、封戸一〇〇戸を受領した。周遊に随従していた弟子のうちの四〇〇人の出家も、（それまでは自由出家の私度僧扱いだったが）政府から公認された。天平二十一年二月二日、平城京（右京）の菅原寺（喜光寺ともいう）で死没。遺言によって生駒山東麓で火葬し、三月二十三日に竹林寺境内に埋葬された。時に八十二歳だった、という。

右の伝記のうちの『大僧上舎利瓶記』は死歿の翌月という近接した時期の、しかも行基のことをじかに知っている身近な人の記述であり、記録としての信頼性は高い。ただ筆記できる場所がもともと狭小なために記事内容が簡略であり、具体的な足跡・行動までは分からない。

その欠を補うものとしては、『行基菩薩伝』（続群書類従本、八輯下／伝部）『行基年譜』（続々群書類従本、三輯／史伝部二）などがあり、成立時期は生存時よりかなり離れるものの、その記載は貴重である。

『行基菩薩伝』の著者は不詳である。一六五四字の編年体の記事であり、安元元年（一一七五）以

前の成立としかいえないのだが、嘉承元年（一一〇六）にはすでにその内容が流布していた可能性がある、という。(2)

この書によって、右に掲げた伝記に加筆できる記事がいくつかある。

まず、二十四歳で高宮寺の徳光から具足戒を受け、はじめ法興寺に、ついで薬師寺に住したようだ。慶雲二年（七〇五）に山林修行をはじめ、翌年に佐紀堂、その翌年には生駒の仙房にいた。和銅三年（七一〇）から五年までは草野仙房に住していて、養老五年（七二一）五月に寺史乙丸の居宅を貰い受け、これを菅原寺とした。神亀二年（七二五）九月から弟子を率いて畿内を周遊し、まずは（山背国の山崎と橋本の間に）山埼橋を渡し、そのほか合わせると僧院が三十四院、尼院が十五院、橋が六ヶ所、（水はけまたは農業用水を送るための）樋が三ヶ所、（飢民に食事を無償で提供する）布施屋が九ヶ処、船息（停船所）が二ヶ所、（灌漑用に貯水する）池が十五ヶ所、流（溝渠）が七ヶ所、（氾濫への備えまたは農業用水として使うため、あるいは舟運のために大川を掘削して分水した）堀川が四ヶ所、直道が一所、大井橋一ヶ所を次々と建造していった。

この間婆羅門僧正の菩提僊那に会い、天平十三年には恭仁京の泉橋院で聖武天皇とじかに対面した。天皇からは封戸一〇〇戸を、（右大臣の）橘諸兄から五十戸を施入されたが、いずれも受け取りを辞退した。翌年、天皇から秦堀河君足に「大菩薩遊化行事」を記すように命令が出され（聞き書きがはじめられ）、同時に大僧正への叙任と封九〇〇戸の施入（封戸の受け取りは辞退）があった。天平二十一年正月十四日、聖武上皇（勝満）・光明皇后（徳満）・孝謙天皇（萬福）に（在家の篤信者が守るべき十重四十八軽戒を内容とする）菩薩戒を授け、大僧正から（僧正・僧都・律師の僧官体系に規定されていないが、大僧正を超える存在として）大菩薩に改められた。死歿にさいし、光信を後継者として建立寺院の住持を指示した、とある。なお出生は郡内の蜂田郷家原之村とし、父の実名を羊または佐陀智、母を古としている。

文中には錯誤かと思われる記載もあり、菩提僊那が来日したのは天平八年八月だったが、これを「天平勝宝五年閏三月」としている。大僧正叙任の時期も「同（天平十四）年四月五日」としているが、『続日本紀』では天平十七年正月二十一日条に「詔して行基法師を以て、大僧正と為す」、『日本霊異記』（新編日本古典文学全集本）中巻七縁では、天平十六年十一月と記されている。

また過剰な伝説的修飾も目につく。母の出産時には「生ける物无し」だったので、土瓮に納めて家の西方の大榎の俣に置いておいた。その後、尊勝陀羅尼経の声聞が榎の上から聞こえ、驚いて土瓮を取ると、その下に子つまり行基がいた、とかいう。いくら何でも、あまりに話を作り過ぎている。

『行基年譜』は、安元元年（一一七五）九月十日に泉高父宿禰が著わしたとされる書で、行基の三十七歳時から年次を逐いまた年単位で編まれている。

記載の一部を掲出してみると、

行年五十八歳乙丑

聖武天皇二年、神亀二年乙丑

久修園院、山埼、九月起つ。

河内国交野郡一條内に在り

九月一日彼の弟子を将ゐて杜多行（頭陀行。煩悩を払い去って求道する行）を修めんと、山崎川

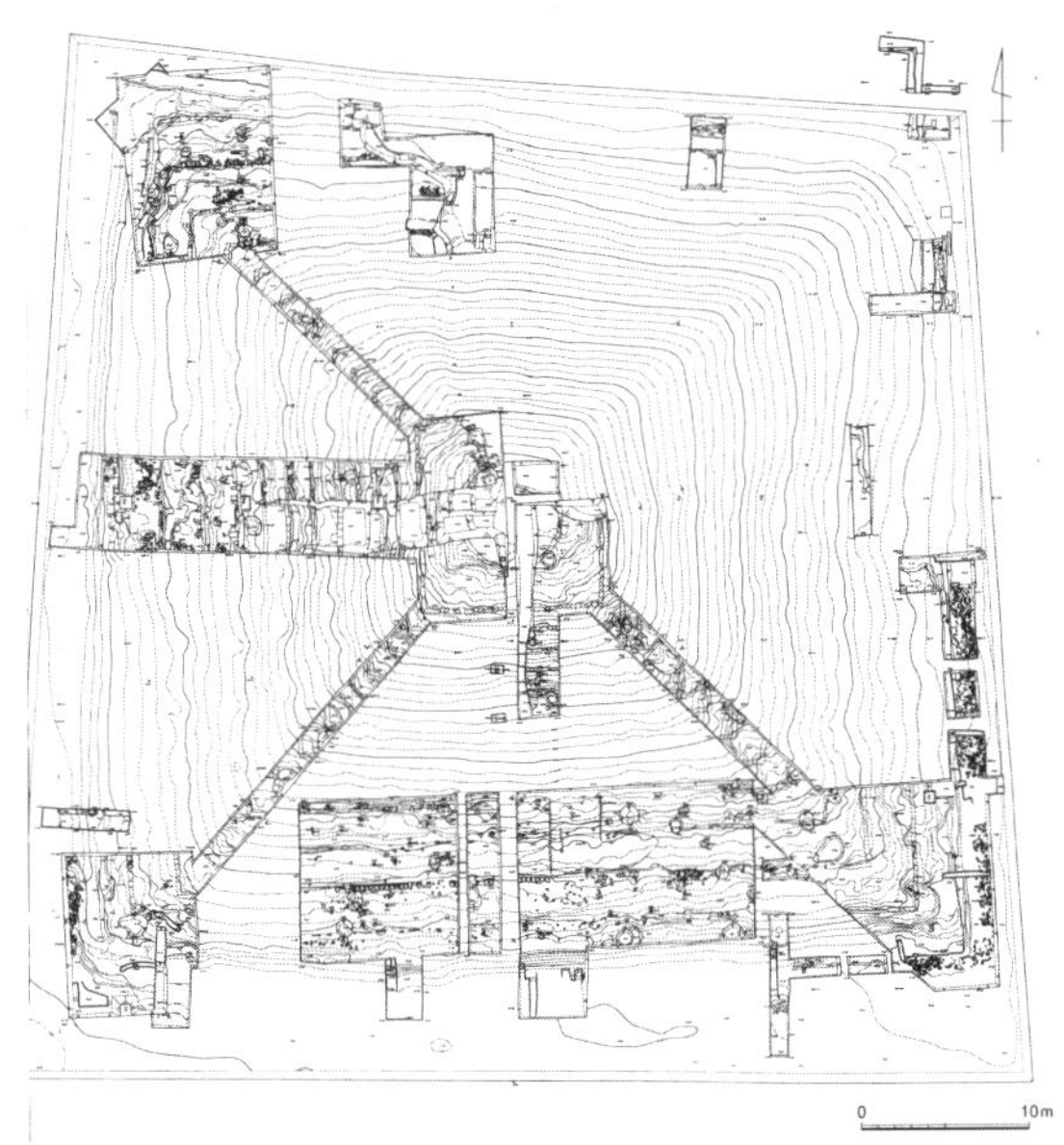

大野寺土塔と遺構平面図
(堺市埋蔵文化財センター編『史跡土塔』堺市教育委員会発行、2004 年、3 頁第２図より)

行基に随行する信者たちの醵金で造られた大野寺土塔の旧観

に到る。暇を得ず、掩留す。河中に一つの大柱を見て、菩薩問ひて云はく、彼の柱、知る人や有らん。或る人申して云はく、往昔老旧の尊船大徳渡す所の柱と云々。大菩薩、発願して同月十二日従り始めて山埼橋を度すと云々。天皇、帰依し給ふと云々。

行年五十九歳丙寅

聖武天皇三年、神亀三年丙寅

檜尾池院　和泉国大鳥郡和田郷に在り。　（原漢文）

などとあり、行年・建造寺院名・度者数・行基の言動と聖武天皇の行動などが記されている。

寺院建造のことは年次別の条目内に適宜出てくるが、溝・池などの築造については行年七十四歳条（天平十三年条）に一括して記されている。その記載が「天平十三年辛巳記」で、架橋六所・直道一所・池十五所・溝（池溝）七所・樋三所・船息二所・堀（堀川）四所・布施屋九所の具体的な名称と所在地、溝・堀には長さ・広さ・深さまで詳細に記されている。具体的には、

樋三所

高瀬堤樋　茨田郡高瀬里に在り

韓室堤樋　同郡韓室里

茨田堤樋　同郡茨田里

已上三所は、河内国に在り

船息二所

大輪田船息　摂津国兎原郡宇治に在り

神前（かんざき）船息　和泉国日根（ひね）郡日根里に在り【近木（こぎ）郷（貝塚市の近木川下流域）内と申し候】

（四三四頁）

などとある。

天平十三年条に寺院以外の業績を一括しているのは、それまでその行動を非法（ひほう）としていっさい否定してきた行基を、聖武天皇ら政府側に取り込もうと政策転換したのが、この年だったからである。「非法・私的」集団から「合法・公的」集団にあらためられたので、はじめて纏めてそれまでの行為も業績と認めることになったといういかにも「お役所」的な処理の仕方である。合法化して公認するとの政府側との交渉にさいし、菅原寺はいわば履歴書と業績目録の提出を求められた。そのおりに調査したことを纏めた基礎資料集が作られていて、この記事は提出用書類の前提となる基礎資料集から転記したのだろう。続けて「延暦（えんりゃく）廿三年三月十九日所司記」ともあるのはこの基礎資料集をもとにもう一度提出させられたためで、それゆえに「去延暦廿四年三月十九日菅原別當威儀師（べっとういぎし）伝燈法師位（でんとうほうしい）［茲脱］大鎮伝燈法師位［福尋］少鎮伝燈法師位［□□］等記録」とも呼ばれていたようだ。何にせよ、『行基年譜』はかなり周到な準備のもとに作られていて、精確な資料調査による記事と認めてよい。

なお関東地方や中国地方など各地に勝手に行基開基と称する寺院は数多く見られるが、『続日本紀』行基薨伝には「四十九ヶ処」とあるし、『行基年譜』天平二十一年条の死歿記事の直前に報恩院・長岡院の名と所在地を記したあとにも「已上の両寺、四十九院之外也。年号を記さずと云々」（四三六頁下段）とある。ここからすれば「行基開基の寺院は基本的に四十九院」と見なすのが古代びとの認識であったようだ。吉田靖雄氏(3)によれば、行基がじっさいに周遊して建立した範囲は畿内五カ国に限られ、関連寺院は五十三ヶ寺とされている。このあたりの数値が穏当であろう。

二　行基と聖武天皇の関係

行基薨伝や菩薩伝などでは、行基の人々に寄せる思いが順調に形となり、その業績の広がりが天皇に認められていって、政府内にふさわしい身の置き所が得られたかのように描かれている。

しかし周知のごとく、そうした経緯ではなかった。

『続日本紀』養老元年（七一七）四月壬辰条に唐突に登場し、悪意を込めて「小僧行基并びに弟子等」と名指しされた。禁令の内容は、立ち位置の違いを如実に物語る。現代語訳して掲げると、

> そもそも僧尼は寺院内でしずかに起居して、教えを学び、人々に道を伝えるものだ。僧尼令には、寺院外での乞食は、希望者が三綱（寺院内に置かれた三職の取締役）に届け出て、三綱が受理して連署すれば許される。その場合は、午の刻以前に鉢を捧げ、乞食せよ。そのさいかこつけて食物以外の物を求めてはならない、とある。ところがいま小僧行基と弟子らは、道々に徘徊し、人々に罪業や福徳を説き、徒党をなして（古代インドで行われていた）秘技を見せ、人々の家を訪れて説諭しては品物を求めている。聖道だと詐って人々を妖惑しているのだ。僧侶・一般ともに騒ぎ立て、人々はなすべき生業を顧みなくなっている。これは釈迦の教えに違うことだし、国家の法に反してもいる。

という。この詔文内の前と後にも関連する禁令が出されており、前には、

役所・役人を置いているのは愚民を導くためで、法制を立てているのは奸非を止めるためである。それなのに役所の指示に従わず、法律違反を気にもせず、自分の気持ちのままに髪を切り僧衣を着込んでいる。見かけは僧侶だが、心はよこしまな盗人である。ここから偽りや悪事がはびこる。

とあり、後ろには、

僧侶がまじないや薬を用いて重病人を治療することは認められており、三綱に許可された浄行の僧が令の規定に基づいて赴く。それだから任意に逗留したり、逗留の日数を延長することは許されない。いま所管の役所が禁断しないから、乱れきっている。村里に布告して、そうした行為をやめさせよ。

という主旨の指示が記されている。

政府からの三本の命令は、ようするに行基とその弟子らの集団がしている宗教活動を完全に抹殺し否定しようとするものだ。行基らのしている活動は、政府の認めない違法・脱法行為である。勝手に剃髪して僧侶のなりをしているが、出家者はほんらいまず治部省に届け出て、一般の戸籍から外してもらう。これによって課税されないようになり、国家の保護下に入る。国家の指定する寺院で修行して沙弥・沙弥尼となり、ついで師僧の導きによって戒壇院で具足戒（声聞戒・比丘戒ともいう）を授けられて比丘・比丘尼となる。そういう手続きを取らずに、ただ剃髪し、行基の教えを反復・復唱しても、そもそも行基個人には従ってくる一般の人たちを僧侶にする権利もないしその能力もない。また、かれらが行動するさいの経済基盤は家々から寄せられる喜捨で、それを得るために乞食したり、信心を得るために病人を治療してみせたり、秘技を見せて施捨を受けたりしている。しかし僧侶は修行に専念すべきもので、生活に必要最低限の食物を超えて得ることや、食物以外の物品を求めてはならないこととなっている。そうした違法行為をする行基と弟子らの集団を村里や家に逗留させることは、それが重病人の治療という名目であったとしても、法令違反である。もしも重病人を僧侶に治療させたいのなら、三綱が許可した僧侶を派遣する。そのように申請すべきである。そういう次第で、彼らは一般の人々が相手にしちゃいけない反社会的勢力で、政府が認めていない論理を駆使して動く悪辣な非合法団体だ、といいたいのである。

憎しみを込めた「小僧」とは「つまらない・まともでない」という意味である。ここまで無法者といわれ、名指しで反社会的悪業集団と断罪されていれば、行基と弟子らは政府とその出先機関からきびしい弾圧にさらされ続けたであろう。行基が大衆の力を背景にして既存の窮屈な僧尼令を見直させて覆すか、政府が弾圧し尽くして団体の解散に追い込むか。もはやその間に、妥協の余地など見いだせないという張り詰めた緊張感が漂う。

ところが、事態は一転する。天平十三年に聖武天皇と行基が泉橋院でじかに面会する。逮捕されたのではなく、いままでの経緯を水に流しての、まさかの手打ちである。天平十五年十月十五日、聖武天皇が近江・紫香楽宮に毘盧遮那仏を造顕するとの詔を出し、その四日後に、

> 皇帝、紫香楽宮に御す。盧舎那仏の像を造り奉らむが為に、始めて寺地を開く。是に於て行基法師、弟子等を率ゐて衆庶を勧誘す。
>
> （『続日本紀』天平十五年十月乙酉条）

とある。これはどうしたことなのか。庶民の生活や心の救済ではなく、天皇が自賛している世界を実現するために、勧誘策進と称して、民衆を酷使する事業への手配師役を務めることになっている。天

平十七年には、その役割を果たしたことの報償であろうが、宗教界における最高官である大僧正へと昇っている。

考えてもみよ、それまで政府は行基らのする行為の一部でも是認したりしていないし、非合法とする根拠である僧尼令の改定や撤回もまったくしていない。もちろん行基とその弟子たちが主要な官立寺院を制圧して、各寺院の三綱を弟子へと組み込んだとかの事実もない。それなら「小僧」とされてきた行基は、どうして統制・弾圧側の大僧正におさまってしまったのか。

そこが問題である。これを変節と捉えるか、あるいは彼の一貫した考えによる行動の帰結とみなすのか。どちらを正当な評価とするのがよいか。

変節とすれば、政府機関を挙げての激しい弾圧を受けて組織は壊滅的な打撃を蒙り、これ以上の無益な犠牲を出さぬために、いわば白旗を掲げて降参。行基は転向し忠誠を誓って政府側に取り込まれた、とするか。あるいは、行基集団の壊滅などなかったが、当時の出家志望者には権力者から認められたいという志向が強くあり、そこを衝かれて「転進」という名の変節をして権力側の用意したポスト・優遇措置に誘われて民衆側から離れた。支持し従っていた古代の民衆が、または行基を採り上げようとする歴史家が、その反権力姿勢・反骨精神に過度に期待していただけのこと、とみるか。

これに対し、彼の考えが生涯を通じて一貫していたものとすれば、地方を周遊して一人一人の民衆を救済していくよりも、天皇の後援を受け、政府側に立って上から広く救済を志した方が、より大きな功徳が施せる。より効率的な実践の場と寛容な条件を提示されたから、その考えに同意して誘いに乗った。そう理解することもできる。

歴史学においてある個人の心のうちまで的確に推測するのは難しいが、あまりに大きな落差があるので、行基の個人的な心情・思念が問われるところである。

一般論としていえば、筆者だとていやきっと筆者だからこそ、あれこれ言われれば言われたままに、あるいは執拗な反発に懲り懲りして、一貫した信念とか矜持とかにこだわらず、その一場面を乗り切るために節操なく態度を変えて遣り過ごす。「人生というものを学習して反省した」「昔は勉強が足りず愚かだった」といえば聞こえはよいが、まさに変節である。そうではあるが、聞こえもはなはだ悪いが、長い生涯で、いろいろなことを経験しながら生きているのに、成人してからいっさい挫折や変節の経験がないというのはよほどの貴人か奇人である。

筆者は、行基の決断は、弟子や支持者たちの間に大きな亀裂を生じさせて、支持者たちに深い溝を刻み込んだまま、集団から立ち去った、と考える。すくなくとも、それまでの支持者たちにとって、彼の行動は理解も評価もされなかった。支持者たちの目には、ただの変節と映った。変節を訴えなじる人たちを十分に説得できなかったのだから、「変節」といわれても仕方ないと思う。

筆者がそう結論するのは、上掲の『大僧上舎利瓶記』『行基菩薩伝』『行基年譜』などが揃いも揃って、世間的にはあるいは公的・歴史的には評価が隔絶して高いであろう東大寺の盧遮那仏造顕への関与を記さないからである。

『大僧上舎利瓶記』では、

遂に聖朝の崇敬を得て、法侶に帰服す。天平十七年、別に大僧上の任を授け、並びに百戸の封を施す。

とするが、間に入るはずの盧遮那仏造顕に協力したという話は見られない。舎利瓶記の記載面は狭くて、書き込める字数に限りがあるから外されたという説明もできるかもしれないが、それならば辞退して受け取ってもいない封百戸の記載に文字数を割くのがそれほど必要なことなのか。封戸の贈呈やその戸数の記載は、大仏の造顕に勝ってそれほどに大事だったのか。

『行基菩薩伝』では、

同（天平）十三年季春三月。泉橋院に掩留す。三月十七日。天皇行幸し、終日清談す。（四四〇頁）

とあって、

同十四年二月廿九日秦堀河君足を使て、大菩薩遊化行事一巻を記録せしむ。同年四月五日。大僧正に任ず。……同十六年。行信僧都を使として。封戸九百戸を奉施す。……同廿年十一月廿六日。天皇、菅原寺に行幸し、百人を得度せしむ。（四四一頁）

となっている。大僧正への叙任年に錯誤はあるが、仮にそれを正したとしても、盧遮那仏造顕に関与したとか協力したとかいう記事がそもそも完全に抜け落ちている。

『行基年譜』の天平十五年条（行年七十六歳条）には、

十月十五日、天皇、信楽宮に大願を発し、金銅の舎那仏像を造ると云々。又云く、天皇、東大寺を造り給ひ、供養の講師に行基を請ひ奉る。菩薩、辞し給ひて云く、外国より大師来たるべし。彼を以て奉仕せしむべしと。（四三五頁）

とあり、以下、菩提僊那との遣り取りが記されている。

ついで天平十六年条（行年七十七歳条）も、

或は云く、天平十六年、行信僧都を勅使として、封戸九百を奉施す。（四三五頁）

とあるが、それだけ。「供養の講師」とは天平十七年八月か同十八年十月にあった東大寺前身の金鍾寺（金光明寺）での供養かもしれないが、それすら辞退したとある。弟子を率いて造顕に関与・協力したなどという記事はない。

しかし正史の『続日本紀』が衆庶に協力を呼びかけたと記しているのだから、東大寺建立・盧遮那仏造顕という国家事業に行基が関与・協力したのは事実であって、そもそもこの業績が行基を大僧正に叙任する根拠なのだろう。それなのにどの伝記もその業績にまったく触れないことをどう説明するか。それは、伝記を書く立場の人たちが国家事業への協力を是認しておらず、このことを行基の業績として数えたくなかったからではなかったか。

すなわち、盧遮那仏造顕に協力していった行基と社会救済に努めたかつての行基を支持してきた人々の間に、考え方の齟齬が生じた。行基支持者たちにとって盧遮那仏造顕への協力は評価し得ない事業と受け取られ、そのために伝記から意図的に排除され続けた。どこにでもついて行く個人的な心酔者は別として、聖武天皇と対面することを選んだときに、たがいに袂を分かち見限り合った。そもそも本人と支持者とは一体などでなく、立場が異なる。本人が考えて求めるものと、本人の動きを容認してみずからに利益があるから支持している人との間には、差があって当然だ。今日でも、国政選挙・自治体選挙でも、立候補して議員・首長・閣僚になる人の思惑と投票し支持する人の考えとの間には、日本海溝（水深八〇二〇メートル）より深い溝がある。ここでいえば、宗教者である行基が行おうと求めていたものと、行基がしてきた結果の損得・利益を考えて支持してきた人たちがこのさきの行基に期待していたものとには、もともと埋めがたい隙間があった。きっと、そういうことなのだ。

三　『日本霊異記』と行基の教え

『日本霊異記』は智光の高徳でも行基に及ばぬことを説き（中巻七縁）、「行其大徳の、天眼を放ち、女人の頭に猪の油を塗れるを視て、呵嘖せし縁」（中巻二十九縁）に行基ならではの炯眼の逸話を載せるが、この結末ではたして本当によいのかと疑念を懐かせるような話もある。

それが中巻三十縁の「行基大徳、子を携ふる女人の過去の怨を視て、淵に投げしめ、異しき表を示しし縁」である。

長い話なので概容を記すにとどめるが、行基は難波堀江を掘開して船津を造り、その近くで法会を催していた。そこに河内国若江郡川派里の女人が、子連れで参加してきた。ところが連れてきたその子が泣き喚いたために、集まっている人たちには説法が聞きづらかった。その子は十余歳となっても歩くことができず、ただのべつまくなし乳を飲み、食物を撰っていた。これに対して行基は、「そこの女人よ、その子を持ち出して淵に捨ててきなさい」といった。といわれたからといって、女人が我が子を「ハイ」と捨ててくるはずもない。次の日も同じ遣り取りになった。しかし女人はさすがに泣き声に耐えきれなくなり、行基にいわれたように淵に投げ入れた、というのだ。

この謎解きとして、子はしばし水面に留まって「残念だ。あと三年は食い取ろうと思っていたのに」といい、行基は「前世で返済しなかった借財を貸主が取り立てにきていたのだ」と説明した。

たしかに謎解きによって話としては納得できるようにされているが、人として生まれ出ている者を殺してよいとするのはなぜか。「一切衆生、悉有仏性」（『涅槃経』巻二十七）であり、人はすべからく仏性を宿していて、悟りうる存在ではないのか。

この話のもって行き方には、行基が法相宗の僧だったことが関係していると思われる。

法相宗は南都六宗の一つで、六宗とは仏教学研究における六種のいわば専攻科といってよい。律宗は戒律を研究し、三論宗は龍樹著の『中論』『十二門論』と提婆著の『百論』の三論を通じて空・中道の思想を研究する。そのなかで、法相宗は『成唯識論』を軸に『解深密経』『瑜伽論』などを対象として研究した学業集団・学派である。

ところがこの六学派のうちで法相宗だけは、寺院内で研究するに留まらず、人を導くために具体的に社会的な活動を繰り広げた。

中国の唐で玄奘三蔵に学んだ道昭（船恵尺の子）が斉明天皇七年（六六一）に帰国すると、(4) 彼が止住した元興寺（飛鳥寺）には多くの人が禅などを学びに来た。その後の道昭は、

> 後に天下を周遊し、路傍に井を穿ち、諸の津済処に船を儲け橋を造る。乃ち山背国宇治橋は和尚の創造する所の者なり。和尚周遊すること、凡十有余載、勅の請ひ有りて、還りて禅院に止住す。
> （『続日本紀』文武天皇四年三月己未条）

と記されていて、行基と同じような社会事業をしている。

法相宗では、社会生活の共通基盤となる施設を整備したり布施屋で食事を授けたりして実践的に社会救済を行ないながら、道場などを設け説法することで人々にじかに布教して仏教への帰依と教えの実践を求めた。道昭の場合は、「勅の請ひ有りて、還りて（元興寺の）禅院に止住す」とあって周遊

を止める指示に従ったが、行基は僧尼令や政府の命令に従うことなく行動したため、執拗に政府から弾圧を受けたわけである。

そしてその後、行基は大僧正となって国家事業への協力を呼びかけた。法相宗の立場でこの変化がどう受け取られたのかといえば、薬師寺僧の景戒は少なくともまったく評価しなかった。彼の著書『日本霊異記』では、東大寺建立・盧遮那仏造顕という国家事業の話に触れていない。かならずしも順調でなかったが国分二寺の建立も目指していたのに、これも無視だ。そしてそれらを行なった聖武天皇とそう勧めた光明皇后へも功徳ある善行と評価したり仏法興隆の証などの賛辞を送ったりしていない。ただ、沈黙するだけである。行基については、右に見たように周遊中の講説などでの行為は褒めているが、東大寺・盧遮那仏・国分二寺に関係した業績にはいっさい触れていない。南都六宗の別は学派ていどに過ぎないとはいうが、盧舎那仏は華厳経の中心仏である。行基が転じた先で、華厳宗興隆に益するだけの業務に携わったことは、法相宗として評価できない。そういう価値判断であったようだ。支持者との袂別、法相宗僧の沈黙とを勘案すれば、行基は評価される範囲をみずからの意思で出てしまった。そういってよいだろう。

さてさきほどの説法中の、ある意味で「過酷・無慈悲」な行基の言動について、このままでは気持ちが悪かろうから、答えを出しておこう。

結論からいえば、これは法相宗の教えの特徴によるものだ。

人が「ある」と認識する森羅万象はすべて人の心が創り出したもので、じつは心のほかには何物も存在しない。見方によって人それぞれに受け取り方が違うのは、元のものにそもそも定まった実体がないからである。実体のないものが見えてそれに執着を起こすという心の無意識世界が阿頼耶識で、現実世界の不平等を醸し出す根本となる自我の意識を末那識という。これら深層の雑念を払拭して清浄な澄み切った状態すなわち悟りの境地に入れば、真正の世界つまり仏の世界が見えてくる。

話としては至極簡単な道のりだが、悟りの状態となるには、それなりの修行が必要になる。その修行方法を述べる段になったら、ほかの宗派なら「誰もができる」とか「誰もができる方法を提示する」といって励ますものだ。

ところが法相宗は、そうしない。

五姓各別で、声聞種性・独覚（縁覚）種性・菩薩種性の三種の悟りの種子を持つ人がいる。ついで不定種性といって、悟りの可能性を秘めた人がいる。そのほかに、悟りの種子を持たず、悟る能力のない無性有情の人がいる、とするのだ。(5)

この説の当否をめぐっては日本天台宗の祖・最澄が法相宗僧で会津在住の徳一と「三一権実諍論」を繰り広げて激しく論争しているが、筆者にこれを判定する能力があるはずもない。ともあれ、法相宗の立場では悉有仏性でなく、無性の人つまり悟りを開く仏性のない、見放された人がいる、と考えていたのである。

これをさきほどの『日本霊異記』の話に適用すれば、前世からの借金を取り立てに生まれてきたような人は、悟りの種子のない無性有情の人。そう、行基に即断されたということになろう。

【注】

（1）井上薫氏著『行基』（吉川弘文館、一九五九年）。二一三頁。同氏「行基」項、『國史大辭典』（吉川弘文館、一九八四年）巻四。

（2）井上薫氏「行基菩薩伝」項、『國史大辭典』巻四。

（3）『行基と律令国家』（吉川弘文館、一九八六年）。三二〇～二一頁。

（4）井上光貞氏「南都六宗の成立」（『日本仏教宗史論集第二巻・南都六宗』所収、吉川弘文館、一九八五年）。十二頁の注（1）。

（5）安田暎胤氏「法相宗」（『日本仏教十三宗ここが違う』所収、大法輪閣、一九九八年）。

（原題「行基をめぐる基礎知識」「歴史研究」六七一号、二〇一九年五月）

橘一族の栄枯盛衰

一　創氏と諸兄政権

橘氏の始祖は諸兄であるが、氏の名はもともと母・縣犬養橘三千代に与えられたものだ。『続日本紀』（新訂増補国史大系本）天平八年（七三六）十一月丙戌条によれば、和銅元年（七〇八）十一月二十一日に催された元明天皇の大嘗会後の宴席で、元明天皇は縣犬養三千代に橘を浮かべた酒杯を与え、

　橘は果子之長上にして、人の好む所なり。柯は霜雪を凌ぎて繁茂し、葉は寒暑を経て彫まず。珠玉と共に光を競ひ、金銀に交りて以て逾美なり。是を以て汝が姓には橘宿祢を賜ふ。

とした。すなわち「橘は果物のなかでも最高で、枝は霜雪にもめげず繁茂し、葉は寒暑でも凋まない。光沢は珠玉と競い、金銀に交じっても劣らずに美しい。これにちなんで橘宿祢の名を与える」と顕彰して氏姓を賜与した。これによって、縣犬養氏という大きな氏族のなかに、縣犬養「橘」氏というあたらしい流れが成立したことになる。

橘氏の名の由来は、盃に浮かんだ橘の葉にちなむとあるが、土橋寛[1]氏は三千代の生まれ故郷にも

関係するという。三千代の属する縣犬養氏は河内国古市郡に同族が住んでおり、彼女はそこが本貫地だった。郡の名となった古市とは恵我川沿いにある餌香市（大阪府南河内郡太子町の西あたり）のことで、その市は街路樹に植えられていた橘で知られていた。『日本書紀』（日本古典文学大系本）雄略天皇十三年三月条に、采女を奸した歯田根命がその罪を贖うため、

資財を露に餌香市辺の橘の本の土に置かしむ。

とあって、「罪過を祓除ふ」ために「馬八匹・大刀八口」を置いた。海石榴の大樹があったので海石榴市といわれたように、餌香市も橘の樹が有名だったのだろう。「橘が目出度い樹であるだけでなく、三千代の本貫地である河内国の古市を象徴する樹だったからでもある」（一一一頁）とされた。ただし、土橋氏は橘が木陰を提供するための街路樹だったというが、筆者は市場に至るまでの街路に植樹してあったとまで思っていない。近在の人なら誰にも知られている巨木で、一目でそれと知られる目印となる大樹または樹の群れだったのだろう。仮に本数が多い街路樹状に植えてあったとすれば、そのどこかに贖物をおいても、どのへんに置いたのかかえって分かりづらかろう。

それはともあれ、この地域が三千代の本貫地だったなら、それを調べ上げた上で、それにちなんでことさらに橘の葉を浮かべ、氏の名とさせたのだという元明天皇のきめ細やかな配慮がうかがわれるわけで、いっそう寵愛のほどが知られる。そうかもしれないし、使われる側としてはそこまで自分のことを知ってくれていての配慮と思いたい。

ただ筆者などは、『日本書紀』垂仁天皇後記条にある、

明年の春三月の辛未の朔壬午に、田道間守、常世国より至れり。則ち齎る物は、非時の香菓、八

垂仁天皇陵。橘の実を齎した田道間守の墓が手前にある

> 竿八縵なり。田道間守、是に、泣ち悲歎きて曰さく、「命を天朝に受りて、遠くより絶域に往る。万里浪を蹈みて、遥に弱水を度る。是の常世国は、神仙の秘区、俗の臻らむ所に非ず。是を以て、往来ふ間に、自づからに十年に経りぬ。豈期ひきや、独峻き瀾を凌ぎて、更本土に向むといふことを。然るに聖帝の神霊に頼りて、僅に還り来ること得たり。今天皇既に崩りましぬ。復命すること得ず。臣生けりと雖も、亦何の益かあらむ」とまうす。乃ち天皇の陵に向りて、叫び哭きて自ら死れり。群臣聞きて皆涙を流す。

とあり、常世国までいって持ち帰った非時の香菓を捧げようにも、すでに命じた垂仁天皇は死歿していた、という話の方がまずは脳裡に浮かぶ。「橘は非時の香菓といわれ、常世国から齎された嘉木。その橘にあやかって、どこまでも栄え続けよ」という意味での命名というのが素直に思える。

天平八年十一月十一日、美努王と三千代の子である葛城王は「是を以て汝が姓には橘宿祢を賜ふ」に続けて、

而るに今、継嗣无くんば、恐らくは明詔を失はむ。

といい、だから王族である自分たちだがあえて臣籍に降り、

願くは橘宿祢之姓を賜りて、先帝之厚命を戴き、橘氏之殊名を流へ、万歳に窮り無く、千葉に相伝へむ。

（『続日本紀』天平八年十一月丙戌条）

と申請して許可された。こうして縣犬養氏から分離した、王族による橘氏が開創されたのである。

といってももちろん思惑・勝算あってのことで、元明天皇の厚志を蔑ろにしたくないというような甘く美しい話などでない。王族ならば、臣籍降下するときはふつう八色姓の最高位である真人を称する。それなのに彼は二段階下となる橘宿祢とするように申請している。一見不利な途を選んだようだが、これは父系の王家に連ならずに、母家である三千代の家に養子に入ったことを意味している。この選択の真意は、母家の莫大な財産の独占的な継承を図ったものとみられる。卑俗にいえば、相続財産狙いの立ち回りであった。王族としての名誉より、財を取ったのである。

諸兄は天平三年八月に参議となり、政界九位の公卿（閣僚）となった。ところが六年後に天然痘が大流行して先輩公卿たちがつぎつぎ病歿するなかで、彼は大納言として政界の首座に立った。天平十年に右大臣、五年後には太政官最高位の左大臣となった。もちろん起用した聖武天皇の信任・寵愛をうけての栄進だが、ともあれ、以降天平勝宝八歳（七五六）までの二十年も政権を保持した。

諸兄の政策の特色は、藤原不比等が確立・浸透に努めてきた律令制度を緩め覆そうとするところに

ある。

天平十年五月に諸国の健児を停止し、翌年六月には軍団兵士の徴集をやめた。庶民の負担を軽くすれば武器庫の保全は危うくなるが、それは白丁（一般人）に委ねることにした。同十一年五月には、封戸（各戸が国に納めるべき税物を、指定された貴族・寺社に送る制度）の租が従来半給だったのを封主への全給とし、貴族の特権を拡大した。同十一年五月に庶民に害が多いとの理由で郡司の定員を削減し、翌年からは国の統合を進めた。和泉を河内に、安房を上総に、能登を越中に、佐渡を越後に併せている。不比等は和銅五年に越後から出羽を割き出して以来、丹波から丹後を、備前から美作を、日向から大隅を、河内から和泉を、上総から安房を、越前から能登を分離しており、令制によって国司や郡司を多数置くことでこまかい行政指導ができるようにしていた。また不比等は律令制度の郡里よりさらにこまかく郡郷里の三つの段階にして、従来の里をほぼ三分した行政区画「里」まで作らせた。諸兄はこの里も廃止し、二段階の郡郷制に戻させた。不比等が採っている「分割せよ、支配せよ」こそが統治の基本原則であり、律令制による支配の徹底を図っていた不比等の志のありようがよく偲ばれる。それなのに諸兄は、それをはしから覆していったのである。

さらに、同十五年五月には大原則とされてきた公地公民制までも崩して、墾田永年私財法で開墾地の私有つまり私地の蓄積を認めた。また同十六年二月に馬飼などの雑戸を解放し、放賤従良つまり官司に拘束される身分の賤民を自由民である良民とすることとし、律令官司の実務部門の基礎を根底から揺らがせる政策を採った。

しかし異父妹にあたる光明皇后（安宿媛）は、甥であり寵臣でもある藤原仲麻呂（恵美押勝）を登粛し、諸兄の反不比等施策に対してこれを真っ向から否定する政策を採らせはじめた。

天平十八年十二月に京畿内と諸国の兵士を再度徴集することとし、七年半前の諸兄の施策を覆した。諸兄が主導して恭仁京に遷都し、そのために大和に編入されていた恭仁の地を山背国に戻し、特例を解除させた。じつは恭仁の地は、諸兄の別業（別荘）があったところで、橘氏の勢力範囲だったのである。天平勝宝四年（七五二）には雑戸を復活させ、天平十六年二月の施策を撤回させた。天平勝宝四年から天平宝字元年（七五七）にかけては、河内から和泉を、上総から安房を、越中から能登を、越後から佐渡を分割して国として独立させ、諸兄の指示でなされた諸国併合施策はすべて元に戻させた。

左大臣として台閣の首座にはまだ就いていたが、自分が主導してきた施策がつぎつぎ覆されて気分のよいはずがない。しかし自分を起用してくれた聖武天皇は病気療養中であり、譲位したあとは孝謙女帝の生母である光明皇太后が天皇御璽を独占している。彼女はみずからの家政機関を改組し、太政官を凌ぐ権力を持つ紫微中台を作り上げてしまった。そして仲麻呂を紫微令（長官）とし、ここで政務を先に審議して八省を通じて実行させ、それから議題を太政官に回した。これでは太政官でいまさら審議する必要などなく、諸兄は事実上執務権限を奪われて失脚していた。その後諸兄は宴席での失言を咎められ、左大臣をみずから致仕（退職）して失意のうちに没した。

さらに光明皇太后は聖武上皇が遺詔で指名していた道祖王を皇太子から排除し、仲麻呂邸内に居候していた大炊王（淳仁天皇）を擁立する始末。諸兄の子・奈良麻呂は父の無念を晴らしたい気持ちもあったろうが、「遣りたい放題をしやがって」と光明皇太后派の筋の通らない政道を憤った。同じく光明皇太后派の専横を快く思っていない大伴氏・佐伯氏・多治比氏などを仲間に引き入れ、天平十七年以来温めまた天平勝宝元年にも進めてきた軍事クーデタ計画を、いよいよ天平宝字元年七月二日中に決行することとした。

しかしこの計画はつとに漏洩しており、天平宝字元年七月二日に関係者が集められて孝謙女帝・光明皇太后から「よからぬ計画」を中止するよう諭されている。クーデタに誘われた上道斐太都が計画の詳細を密告したため、決起直前につぎつぎと仲間が捕縛され、クーデタは未遂に終わった。『続日本紀』には首謀者であった奈良麻呂の処刑記事が見当たらないが、おそらくは取り調べ中に拷問を受け、その最中に撲殺されたものと思われる。橘氏による政権樹立の試みは、藤原一族のほぼ結束した厚い壁に遮られて阻まれた。

それにしても、なぜ諸兄は藤原氏をことさらに刺激する反不比等・反律令制的な施策を採ったのか。不比等は継父であり、光明皇太后とは異父兄妹である。理解し合えない、話し合えない関係でもない。ここには何らかの謎が潜んでいそうだ。

その正解はなお不明だが、おそらくは不比等と諸兄・奈良麻呂とは律令政治いや政治・統治というものについての考え方が違っていた、と筆者は思う。

不比等は、律令の規定を全国一律にくまなく厳密に施行させようとして心血を注いだ。だが統治・政治はそれだけでいいのか。それが公平であり、公平であれば正しいのか。

全国どこに住んでいても統一して平均化された税制が公平で理想だとの思いが前提にあるようだが、それは被課税者にとって納得できる理想的な状態なのか、本当に為政者の理想としてよいのか。田畠の生産は、天気になにより左右される。国によって村によって、また田畠への日照の違いで、産品も生産量も大きく異なる。それなのに、税を全国一律で統一してしまっていいのか。税物は任意の品でなく、中央政府が欲しい物を欲しい数だけ納めさせる制度である。政府・国庁が勝手に指定してきた調庸物のために、影も形もなかった産業を一から起さなければならない地方もあり、勘違いされて砂鉄を産出しないのに指定され、仕方なく近隣に赴いて買って調達してから納めた地域もある。（2）しかも国家の独占支配を思い知らせるために、地元の国造や国司のもとではなく、税物を京都まで運ばされる運脚という力役負担も律令国家の成立によって増やされた。（3）それが、何より不公平だ。運搬の距離に大きな格差があり、路程は何倍も違う。これには何にも配慮がないのか。田畠の開墾はいままででも寸暇を惜しんでやってきたが、いまは当たり前のように班田収授ごとに没収されてしまう。開墾の努力・労力は評価されないで済まされてよいことなのか。生活格差を拡げかねない私出挙は禁止するかわりに、かねて封主側が希望していた封戸租の半給を全給に改めてもよい。東国にはかなりの負担なのに出番のない防人や軍団など、いい加減停止したらどうか。国郡の分割はきめこまかく支配しようという知恵だが、整って充実しすぎた管理体制は、働く者の活力を萎縮させる。治められ管理されているのは人間で、物品じゃない。諸兄には人への温かい目があったが、光明皇后など藤原一族は諸兄を「反不比等・反律令制」の反動的で愚鈍な政治家として追い詰めた。

　奈良麻呂の軍事クーデタの呼びかけには、村長が応じてきた。橘氏を支持したのは、貴族の派閥だけでなかった。これは古代に異例の出来事で、温かい心のある為政者には村長の方が慕って寄りついた。そういうことではなかったか。奈良麻呂は「奈良坂に設置した関所が人民の煩い」となっていると指摘したが、「支配層の内部争いに人民の辛苦を持ち出す無理が感じられる」と冷めた眼で的外れな言い訳と切り捨てる向きもある。(4) しかし当時ならそう思われるだろうのにあえていったのであれば、それは却って本心からいっていると思ってもよいのでは。ただの言い訳と解釈せず、氏族の利益を中心にしがちな時代に、人民の辛苦に耳を貸す氏族が存在し、聞こえた人民の思いを実現してやろうとした貴族がいた。その事実に、素直に眼をやるべきではないのか。

二　実現間近だった橘氏の栄華

奈良麻呂の変で大臣家としての橘氏は崩壊し、政権の維持・継承は夢と消えた。そう思われたのだが、チャンスはふたたび訪れた。

奈良麻呂の子の嶋田麻呂・安麻呂麿は従四位下になれたが、清友は内舎人どまりだった。若くして死歿したのである。ところがその清友の娘・嘉智子が、延暦二十二年（八〇三）ごろに嵯峨天皇の後宮に入ったのだ。そもそも謀反人である奈良麻呂の孫なのに、後宮に入れただけで幸いだったろう。

『続日本紀』宝亀元年（七七〇）七月癸未条には、

天平勝宝九歳の逆党橘奈良麻呂等幷に縁坐、惣て四百卌三人。数の内二百六十二人、罪軽く応に免ずべし。

とあり、称徳天皇による「過去を悔い改めるかのような措置(5)」だったと推測されてもいるが、奈良麻呂に縁座した人のすべてを免したわけでもない。親族にどれほどの措置をとったのかがそもそも分からないし、敵対的なクーデタだったことが事実なのに事実無根の冤罪だったかのように総懺悔するはずもあるまい。仲麻呂政権下の施策の見直しというていどのことだろう。

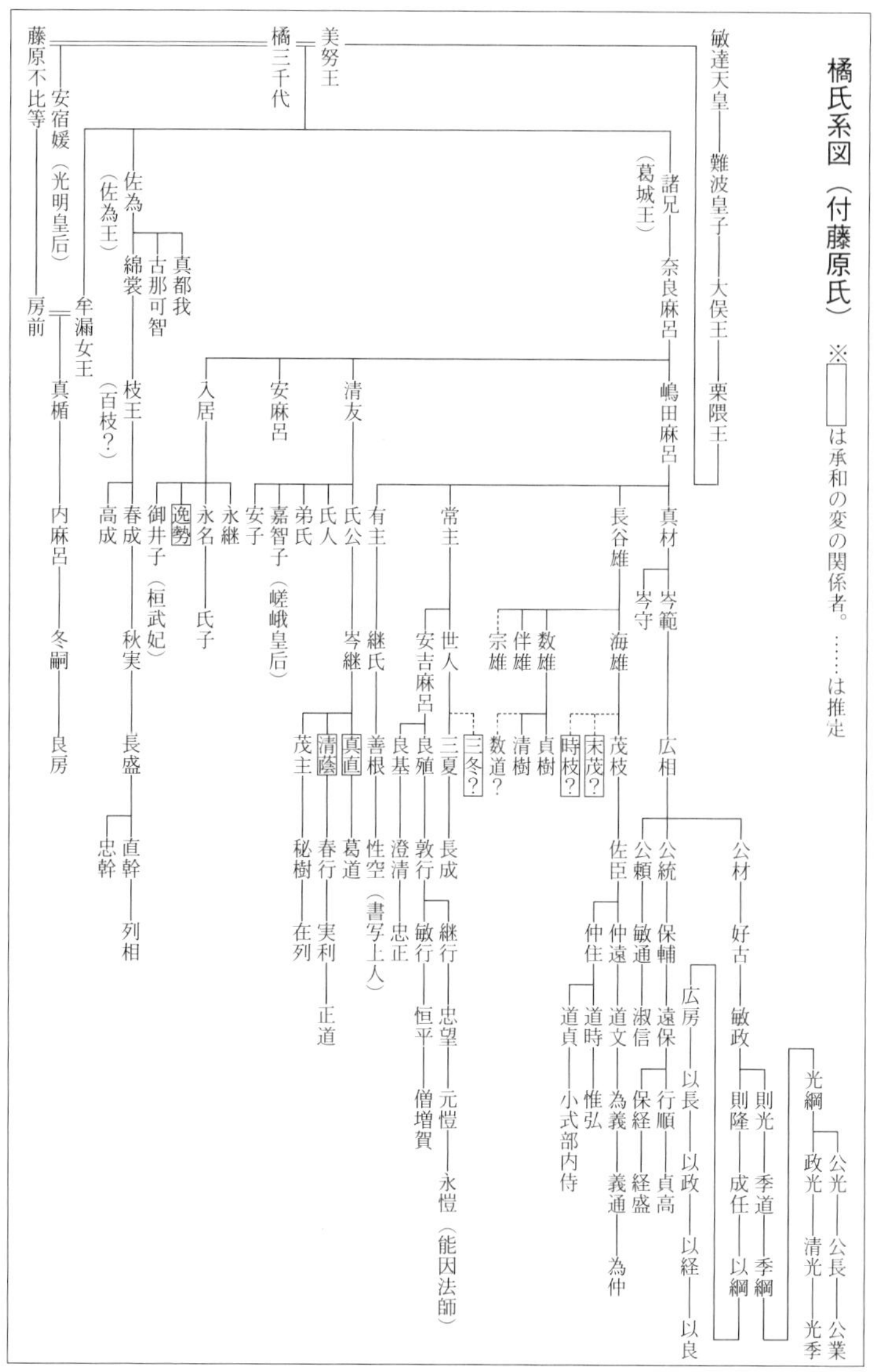

橘氏系図（付藤原氏）
※□は承和の変の関係者。……は推定
敏達天皇
難波皇子
大俣王
栗隈王
美努王
橘三千代
藤原不比等
安宿媛（光明皇后）
房前
真楯
内麻呂
冬嗣
良房
諸兄（葛城王）
奈良麻呂
佐為（佐為王）
牟漏女王
真都我
古那可智
綿裳
枝王（百枝？）
春成
高成
秋実
長盛
直幹
忠幹
列相
嶋田麻呂
清友
安麻呂
入居
永継
永名
逸勢
御井子（桓武妃）
氏子
氏公
氏人
弟氏
嘉智子（嵯峨皇后）
安子
岑継
真直
清蔭
茂主
葛道
春行
秘樹
実利
在列
正道
真材
長谷雄
常主
有主
岑範
岑守
海雄
数雄
伴雄
宗雄
世人
安吉麻呂
継氏
善根
性空（書写上人）
広相
茂枝
末茂？
時枝？
貞樹
清樹
数道？
三冬？
三夏
良殖
良基
長成
敦行
澄清
忠正
継行
敏行
忠望
恒平
元愷
僧増賀
永愷（能因法師）
公材
公統
公頼
佐臣
好古
保輔
敏通
仲遠
仲任
敏政
遠保
淑信
道文
道時
道貞
広房
則光
則隆
行順
保経
為義
惟弘
小式部内侍
以長
季道
成任
貞高
経盛
義通
以政
季綱
以綱
為仲
以経
以良
光綱
公光
政光
公長
清光
公業
光季

さて、嘉智子が入内したといっても、後宮には数多くの妃がいる。競争相手に事欠かない。嵯峨天皇の后妃は三十一人知られており、そのなかで彼女がはじめから一番に数えられてきたはずもない。后妃の一番手といえばまずは皇女で、次いで貴族の家柄が有力な順に高く待遇される。藤原氏でもない氏族出身の彼女は、それだけであきらかに見劣りがする。そのはずである。

だから、皇族出身の高津内親王は皇子・業良親王を産んでおり、次期天皇候補の最右翼となる。そうすれば国母候補である母は、当然皇后となっているはずだ。だがその皇子は、『日本三代実録』（新訂増補国史大系本）貞観十年正月丙午条の業良親王薨伝に、

母は三品高津内親王。……（嵯峨）太上天皇、内親王を納れ、妃と為し、親王を生めり。親王、精爽変り易く、清狂慧らざる心、能く得失之地を審にせず。飲食常の如く、無病に而て終焉す。

とあって、判断能力に難のある精神障害があったようだ。このため業良親王は皇太子になれず、母も皇后にされなかった。つぎは、有力貴族の藤原氏出身者だ。藤原氏出の緒夏がたしかにいるが、彼女には子が授からなかったらしい。それでは皇太子の後見人になれないから、皇后としてみても政治的意味がない。そこでやっと三番手として皇后候補となったのが、弘仁初年には夫人だった嘉智子である。弘仁六年（八一五）三十歳で皇后に立てられたが、藤原氏以外でははじめての抜擢で、前近代では唯二の貴族出身の皇后である。

それだけではない。嘉智子の娘・正子内親王（仁明天皇との二卵性双生児）は大伴親王の妃となっていたが、その大伴親王が嵯峨天皇から譲られて即位し、淳和天皇となった。正子は内親王だから、皇族として順当になった皇后であるが、橘氏系の母と娘はなんと二代の天皇の皇后となれたのである。

この恩恵は、嘉智子の一族に当然にも及んだ。嘉智子の兄・氏公は大納言（のち右大臣）へと出世し、一族も各官司に幅広く登庸されていった。

皇后・皇太后が後宮から後押しすれば、天皇に集中している五位以上への叙位の権利を操作して、一族を上流貴族にと仕立てていくことはさして難しくない。

前掲のような光明皇太后の実績を思い起こせば、手にしている権力の大きさがわかる。皇后に目をかけられた藤原仲麻呂は、天平十一年には従五位上だったが、九年で八階も上がって正三位・大納言になっている。同時期に『万葉集』で著名な大伴家持は、三十二歳から五十三歳までの二十一年間ずっと従五位上に据え置かれている。これが後楯や寵愛があるなしの差である。六位以下の人事は、数量化された業務成績に対して式部省・兵部省がその内規を適用して昇進すべき位階を算定する。事務的になしうる作業だ。しかし五位以上の貴族層の人事は、白紙で出された人事案に天皇が自在に書き込む。書き込む天皇の代理・代行ができたり、または天皇の判断や行動に影響力を持てれば、親族・関係者の出世は容易にまた意図的にできるのだ。

もっともこうしたことが通用するためには、皇后と天皇の仲が良好である必要がある。

その仲については『後撰和歌集』（新日本古典文学大系本）に、

まだ后になりたまはざりける時、かたはらの女御たちそねみたまふ気色なりける時、みかど御曹司にしのびて立ち寄りたまへりけるに、御対面はなくて、奉れたまひける

嵯峨后

事しげしばしは立てれ宵の間に置けらん露は出でて払はん（一〇八〇）

とある。すなわち夫人時代の嘉智子が周囲の嫉妬を受けて困っていたのに、嵯峨天皇が内裏に与えられた個室である御曹司に忍んできた。そこで嘉智子は「曹司に入らないで、外に立ったままいて下さい。口やかましい噂が立って、こっちは大変なんだから（みんなが寝静まったあとで、私から出迎えを出すからね、の意）」と歌で答えたとある。このような忍び歩きが本当にあったのか、夫人の立場で本当にそう答えられるものか。歌の世界はしょせん架空・絵空事であり、お決まりの題詠かまたはあったら面白いという設定での戯れ歌かもしれない。じっさいの話と真に受けるのは躊躇われるが、周囲から嫉妬されるほどの異例の寵愛を受けていた皇后だからこそ成り立つ歌なのだろう。すくなくとも、政略結婚によって表向きは優先されていた、という皇后でもなかったようだ。

二代の皇后の後ろ盾を持った橘氏は、やがて盛期を迎えるだろう。そういう種は蒔かれており、あとは登庸された彼らがそつなく順調に出世してゆきさえすれば、それらがやがて台閣に姿を現してくる。藤原・橘で政界を二分するか、あるいは橘氏が藤原氏を凌駕する日があるかもしれない。そういう日が待たれ、そうした日の到来は十分に信じられた。

ところが承和九年（八四二）七月、嵯峨上皇死没直後の政界に激震が走った。

嵯峨上皇亡き後の皇室でもっとも重きをなす存在となった皇太后・嘉智子のもとに阿保親王（平城上皇の子）が、「伴健岑・橘逸勢らにクーデタ計画がある」と密告してきたのである（承和の変）。これを承けて嘉智子は、中納言藤原良房を呼び出して調査を一任することとした。

そもそもの原因は、嵯峨天皇の善意だった。そういえば、人の心が分からない、嫌味な人と受け取られようか。

嵯峨天皇は、平城天皇が病気となったため、唐突な譲位をうけて即位した。もともと平城天皇が即位した大同元年（八〇六）三月に嫡子の高岳親王（高丘親王・真如法親王ともいう）を皇太子に立てておけばよかった。だが、貞観七年（八六五）に六十七歳で遷化したとすれば、延暦十八年（七九九）生まれで、このときまだ八歳だった。そこで平城天皇は、弟で二十一歳だった神野親王（嵯峨天皇）を皇太子にしておいた。もちろん高岳親王が長ずれば、どこかで神野親王は廃太子される恐れがあった。その日の到来に怯えもしたろうが、大同四年に譲位されて、神野親王は嵯峨天皇となった。嵯峨

承和の変関係系図

橘清友
右大臣 氏公
中納言 峯継
橘嘉智子
50 桓武天皇
52 嵯峨天皇
53 淳和天皇（大伴親王）
＊正子内親王
54 仁明天皇（正良親王）
正子内親王＊
恒貞親王（廃太子）
藤原良房
良相
順子
55 文徳天皇（道康親王）
明子
56 清和天皇（惟仁親王）

──は橘氏
━━は皇族
┈┈は藤原氏

天皇にも即位時点ですくなくとも立太子させられるような子はいなかったし、平城上皇の申し入れもあったろうから、平城上皇の子・高岳親王を皇太子にすえた。しかし弘仁元年（八一〇）九月の平城上皇の乱（薬子の変）で平城上皇が失脚すると、当然だが高岳親王は廃太子となった。九月には代わって嵯峨天皇の弟・大伴親王が皇太子に立てられた。だが大伴親王も、かつての皇太子・神野親王と同じ境遇で、嵯峨天皇の子である弘仁元年生まれの正良親王（仁明天皇）が成長してくると、いつ廃太子されるかと危惧し続けた。平城・嵯峨・淳和の三天皇の父である桓武天皇が、皇太子だった弟の早良親王を陥れて自殺させた黒歴史を思い起こせば、その恐怖心は根拠のないことではない。いや、明日の我が身にいかにも起きそうな前例だった。

しかし嵯峨天皇は、実子の正良親王がいたのに、善意をもってそのまま皇太子だった大伴親王（淳和天皇）に譲位した。生きて天皇になれたのである。兄に感謝した淳和天皇は実子・恒貞親王に譲らず、正良親王を皇太子にすえた。そして即位した仁明天皇は、なれないと一度は諦めた天皇になれたことに感謝して、今度は恒貞親王を皇太子にした。こうして嵯峨天皇・淳和天皇の二系間の皇位の譲り合いとなっていた。

まことに美談ではあるのだが、臣下はたまらない。

みずからが獲得している実権を長期間保持させる算段が難しく、次を狙う勢力との鬩ぎ合いだった。そうした諍いが、この事件の背景にはある。しかもこの嵯峨系と淳和系の両統迭立は、嵯峨上皇が造り上げた「譲り合いを美徳とする」世界で、上皇が生きているから崩されずに成り立ってきた。上皇の前では、譲り合うという形を続けざるをえない。そういう話なのだ。だから嵯峨上皇が亡くなれば、仁明天皇は本心を露わにさせて恒貞親王を失脚させ、自分の子の立太子を図るかもしれない。いや、たとえ恒貞親王が何も考えておらずまして何もいわなくとも、側近たちがそう思えば、仁明天皇にクーデタを仕掛けることもありうる。そういう不穏な政情だった。そうだから、この政変は嵯峨上皇が死歿したわずか二日後に起きているのだ。それは決して偶然などでなかった。

調査を委ねられた藤原良房は、伴健岑・橘逸勢を首謀者と認定し、さらに皇太子・恒貞親王も関与していると断定した。恒貞親王は廃太子となり、生母・正子内親王は母・嘉智子の裁定を怨んで憎悪し、嘉智子が歿した年には草餅に入れる母子草が生えなかったとまでいわれた。

正子内親王も辛かったろうが、橘氏の受けた損失もまた大きかった。

氏公・岑継らは仁明天皇派であったが、次の世代となる真直・清蔭などは仁明天皇の次を見越して、やがて即位するであろう恒貞親王に付いて期待を膨らませてきた。つまりこれから先きを担っていくはずの橘氏の族員の多くは恒貞親王派となっていたから、橘氏から数多くの逮捕者が出た。橘氏の若手たちは、宮廷からほぼ排除されてしまった。もちろん藤原氏の逮捕者も多く出たのだが、政界にいる藤原氏はさらに多かったから、氏族ごと潰れはしなかった。だが小勢力の橘氏は、そのほとんどの芽を摘まれたのである。それほどの打撃を受けたのに、逸勢は歿後すぐに怨霊鎮魂の対象とされた。冤罪との噂が、つとにあったのである。この事件の調査の過程で、真相解明よりも、ともかく一網打尽にして橘氏をまるごと葬ろうという政治的思惑が先んじて働いた。そういう裏事情があったのではなかったか。

そこまでゆくと臆測が過ぎるとしても、ともかくここには大きな謎がある。

嘉智子皇太后はなぜ正子内親王の希望を砕き、孫の恒貞親王を見捨ててまで、またもっとも信頼できるであろう大納言の兄・氏公を差し置いて、氏公の下僚に位置していた藤原良房に相談をなぜ持ちかけたのだろうか。

事件が起きた当時の良房は、まだ政界第五位である。仮に恒貞親王派と知られていたとして、嫌疑のかかる藤原愛発を除いたとしても、なお第四位であった。第一位の藤原緒嗣は八十歳近い老齢で、第二位の源常が三十歳そこそこで若過ぎるから避けたのだとしても、氏公がなお良房の上席にいる。事件の調査は氏公に任せるのが、人事上の序列・年齢からして穏当な人選でなかったか。

橘逸勢が関係しているから橘氏を調査を担当しにくい、ともいえる。しかしそうだったとするのなら、藤原氏だとて多く逮捕者を出しているのだし、良房が局外者で公平な立場であるとかの変事の詳細がわかっていないなかで、適任者など決められまい。そこまでいうなら若くても、橘氏にも藤原氏にも関係しない源常がよい、という結論になろう。氏公でなく、なぜ良房に、調査業務を丸投げして委ねたのか。

結局、良房は廃太子で空席となった皇太子に自分の娘婿・道康親王（文徳天皇）を推薦し、さらにその子・清和天皇の外戚として摂政に就任する。まさに独り勝ちしてゆくのである。

こうした結果を溯らせて、「良房が有能で実力者だったからだ」という解釈をする向きがある。いや、それが有力な解釈である。さらには穿って、すべては良房が仕組んだ疑獄事件だとする謎解きすらある。だが「有能で実力者だったから」とかいうのは、知られている結果をスタートラインとして、その知識を溯らせて理由にしたもので、辻褄合わせの後講釈でしかない。才能を発揮する場も与えられず、発揮したこともないのに、上司が、自分より有能だと見抜いて抜擢してくれたのを身近（みぢか）で見たことがあるか。来（こ）し方を省（かえり）みれば、わかるだろう。また良房が仕組んだというが、藤原氏内でもここまで多くの逮捕者を出してしまうような「計画」を立てたとして、だれが事前に支持を表明してくれるだろうか。

そこで、筆者の謎解きを一例として示しておこう(6)。

良房を調査担当者に抜擢したのは、良房の父・冬嗣（ふゆつぐ）への恩返しでなかったか。

大同（だいどう）五年（八一〇）平城上皇の乱（薬子（くすこ）の変）のさい、冬嗣は蔵人頭（くろうどのとう）となってひそかに策を巡らし、嵯峨天皇の危機を救った。そののち北家（ほっけ）隆盛の基礎を作るのだが、そのやり方はまだ若かった嗣子（しし）・良房に恩が返されるよう、周到に恩恵の種を蒔いておくことだった。その蒔いた種の一つが嘉智子皇后の冊立（さくりつ）であり、嘉智子所生の正良親王（仁明天皇）の立太子と即位への同意だった。嘉智子の妹の安子が右大臣・藤原三守（みもり）の室となったのも、娘の正子内親王が淳和天皇の後宮に入内（じゅだい）できたのも、冬嗣の承認があればこそだった。冬嗣は、藤原氏の出身者でない、橘氏出身の立后を忌避（きひ）してもよかった。藤原氏が、皇族しかなれないはずだった皇后に就くまで、どれほどの努力を注（そそ）ぎ画策を巡らしたか。それが橘氏に簡単に許されてよいものか、と反感を示しておかしくない。ほかの夫人を納（い）れて藤原氏腹の皇子を身籠もるまで待つことも、そのあとでの嘉智子廃后もできた。皇后とまでしなくとも、皇后は藤原氏に限ることとして、嘉智子はそもそも夫人（ぶにん）どまりでもよかったのでは。そうした思惑や策動を抑えて、立后を承認しあるいは推奨してくれたとすれば、嘉智子は冬嗣に感謝する。かつて懸けられた恩への返礼が、「まずは良房への相談」となった。それが橘氏の多くの族員を失脚させ、橘氏の先行きの繁栄の芽を摘んでしまうものであっても、嘉智子にとってはもともと冬嗣が反対したら自分が皇后になることもなかったのだし……、と納得できた。ただ彼女にはそう諒解できたろうが、処分された族員たちは果たしてそれに同意できたろうか。

三　橘一族のその後

承和の変後も、氏公が右大臣として残り、嗣子・岑継は父の歿する四年前に公卿に列した。ただ同族の後楯をなくした岑継は、貞観二年（八六〇）中納言どまりで死歿。承和の変で嗣子の真直・清蔭を失っているため、族長は傍流・入居系の永名、ついで嶋田麻呂系の広相（博覧）に移り、以後は公材・敏政・則隆・広房など広相の裔孫らが氏長者を継いでゆくことになった。

広相は学者として著名で、仁和三年（八八七）宇多天皇の命を受け、藤原基経に関白を受任するよう促す詔を起草した。そのさい「阿衡の任を以て卿が任とすべし」と関白の職務を中国風に表現した。ところが宇多天皇に圧力をかけようと目論んだ基経は、藤原系の学者たちを動員して、あら探しをさせた。そして、中国における阿衡は名だけで職務権限がなく、自分の職権を奪うものと非難したのである。菅原道真は学者の立場から広相を擁護したが、公卿会議への集団的出席拒否で脅された宇多天皇は庇いきれなくなり、結局起草した彼が責任を問われて一件落着とされた。

こうした一齣はあったが、狙い撃ちされたのは、藤原系学者たちの間で広相が彼らを脅かす学力・学識があると認められていた証でもある。橘氏が学者を輩出する家となっていたのは、嘉智子と氏公が創設した大学別曹の学館院で一族の学業を支えさせたことにある。一族からは広相のほか直幹・公材・公統も文章博士となり、在列（『尊敬記』）・為仲（『為仲朝臣集』）・能因法師・小式部内侍・性空（書写上人）など多くの文化人が出ている。仁和三年六月八日に歿した良基は、大宰大弐の正躬王より少監にと請われたが官に就かず、文徳天皇を怒らせた。また信濃守在任中の国人関係の紛争について光孝天皇の詔使さえ拒み、詔使が罪人として拘禁していた者を自信をもって赦免する硬骨漢だったが、一方では清廉をもって治政の信条とし清貧に堪えた良吏として聞こえた（『日本三代実録』仁和三年六月庚戌条）。

とはいえ貴族の家柄としては衰微し、平安時代では大納言に好古（天禄三年〔九七二〕歿）、中納言に澄清（延長二年〔九二五〕歿）・公頼（天慶四年〔九四一〕歿）、参議に常主（天長三年〔八二六〕歿）・広相（寛平二年〔八九〇〕歿）・良殖（延喜二十年〔九二〇〕歿）・恒平（天元六年〔九八三〕歿）が見られるていどで、ほとんどが国守どまりであった。

中流貴族から中堅官僚へと家格が墜ちてゆくなかで、都での出世に見切りをつけ、国守退任後にそのまま土着して武士化する族員も多くなった。

承平・天慶の乱にさいしては、橘遠保が活躍している。追捕使の小野好古は、藤原純友が大宰府の府庫を襲って財物を掠奪しようと配下の海賊を率いて那ノ津（博多）に集結しているところに遭遇し、密集していた船団をまるごと焼き払って一気に彼らの海軍力を喪失させた。敗れた純友が日振島に立ち戻ったところを伊予警固使の遠保が発見し、これを捕殺している。遠保は恩賞として河内に所領を得たといわれ（『小鹿島系図』）、河内・大和・摂津に橘荘・橘寺・橘御園荘などの名が見られる。

遠保は遠江掾となって現地に赴任もしており、そのときの子孫たちは遠江の在庁官人となっていった。また駿河にも「昔、駿河前司橘季通といふ者ありき」（『宇治拾遺物語』〔日本古典文学全集本〕巻二の九、季通殃にあはんとする事）と名が見えるので、国司としてやってきた季通の子孫も在庁官人などとして土着していったであろう。

『吾妻鏡』（新訂増補国史大系本）によれば、治承・寿永の内乱のなかで駿河の橘氏は平家方につき、

> 甲斐国の源氏等精兵を相具して競ひ来るの由、駿河国に風聞す。仍りて當国の目代橘遠茂、遠江・駿河両国の軍士を催して、興津之辺に儲くと云々。（治承四年〔一一八〇〕十月一日庚辰条）

とあって源氏を迎え撃つ側に立ち、

> 橘次為茂、免許を蒙りて、北條殿の計ひと為て、富士郡の田所職を賜はる。是の父遠茂は、平家の方人と為て治承四年二品（頼朝）を射奉る。仍りて日来囚人たりと云々。
> （文治三年〔一一八七〕十二月十日丁丑条）

として、頼朝に矢を射かけたという挿話もある。

一方で遠江の橘右馬允公長はもともと平知盛の家人だったが、頼朝が挙兵するや子の橘太公忠・橘次公成を連れて鎌倉方についている（『吾妻鏡』治承四年十二月十九日丁酉条）。その後の功績によって各地に所領を貰ったらしく、文治五年（一一八九）十二月にはじまった大河兼任の乱で撃破された橘公業もそうした所領に配置されて赴任した御家人の一人らしい。

このほか全国各地に多くの橘氏の後裔と称する者がおり、それらは鎌倉幕府の支配地拡大とともに御家人の庶家が各地に散った痕跡とも考えられる。ただし下記のように古くからその地に土着していた一族だってありうるだろうし、また橘氏の後裔と自称しているからといって、その由緒・来歴など

の伝えがその通りなのかかならずしも明瞭でない。

たとえば鎌倉幕府の御家人となった公忠は、『小鹿島渋江文書』嘉禎四年（一二三八）十二月四日付・将軍家政所下文や橘氏系図によれば奥州藤原氏の征伐のさいの功績で、出羽国秋田郡の楊田（柳田）・豊巻・百三段（新屋）・湯河（井川）・沢内（新城）・湊（土崎湊。以上秋田市内）と小鹿島のうちの井のもり（飯ノ森）・桃川（男鹿市百川）・吉田・滝河・磯分（北磯）・大島（台島）などを領することになった、という。(7)

しかし橘氏ははやくから東北地方に盤踞していて、『宇治拾遺物語』には、

今は昔、駿河前司橘季通が父に、陸奥前司則光といふ人ありけり。兵の家にはあらねども、人に所置かれ、力などぞいみじう強かりける。世のおぼえなどありけり。

（巻十一の八、則光盗人を斬る事）

とあり、陸奥にも赴任している。彼は武勇譚よりも、清少納言の夫として知られている人だ。それはともあれこの赴任にさいして一族が土着したものか、『陸奥話記』（新編日本古典文学全集本）の「一七」康平五年（一〇六二）八月条には、

同じ十六日、諸陣の押領使を定む。清原武貞を一陣と為す［武則の子なり］。橘貞頼を二陣と為す［武貞の甥なり。字は逆志方太郎］。吉彦秀武を三陣と為す［武則の甥にして、又婿なり。字は荒川太郎］。橘頼貞を四陣と為す［貞頼の弟なり。字は新方次郎］。頼義朝臣を五陣と為す。五陣の中、又三陣に分つ。橘……吉美侯武忠を六陣と為す［字は班月四郎］。清原武道を七陣と為す［字は貝沢三郎］

とあり、橘氏は前九年の役の康平五年にはすでに東北地方に分布していて、一陣の軍士を統率できる

有力な武将とまでなっていた。

ほかにも、源義経を奥州藤原氏に連れて行った金売吉次（かねうりきちじ）、法華宗を開いた日蓮（にちれん）（幼名は薬王丸・善日麿など）、あるいは徳川四天王といわれた井伊氏も橘氏の一族とかいうが(8)、それらの当否の文献考証は慎重にする必要がある。

【注】

（1）『持統天皇と藤原不比等』（中公新書、一九九四年）。一一〇～一一頁。

（2）拙稿「天平木簡の世界―地中からのメッセージ ⑩律令国家と調の堅魚」（『天平の木簡と文化』笠間書院、一九九四年）。

（3）松原弘宣氏著『日本古代の交通と情報伝達』（汲古書院、二〇〇九年）。第一部第一章「古代の民衆交通」、五七頁。

（4）仁藤敦史氏著『藤原仲麻呂』（中公新書、二〇二一年）。第三章恵美家政権の確立へ、一二三頁。

（5）鐘江宏之氏著『大伴家持』（山川出版社、二〇一五年）。七八頁。

（6）拙稿「策士・藤原冬嗣の風貌」（『古代史の異説と懐疑』所収、笠間書院、一九九九年）。同「檀林皇后・橘嘉智子の決断―承和の変の疑惑―」（『日本古代の社会と人物』所収、笠間書院、二〇一二年）。

（7）太田亮氏編著『姓氏家系大辞典』第二巻、「橘」項、39小鹿島流出羽橘氏。三四八七～八頁。

（8）注（7）書、「橘」項、24遠江の橘氏。三四八五～六頁。

（原題「橘一族の基礎知識」、「歴史研究」六三一号、二〇一五年五月）

政治は誰のためにするものかを心に問い続けた橘諸兄
——俠の歴史④

人物概要

奈良時代の政治家。もと葛城王といい、臣籍に降りて橘宿祢諸兄と改めた。参議だったときに天然痘の流行で上司が相次いで死歿したため、大納言・右大臣・左大臣を駆け上り、藤原氏を押さえて首班の地位についた。井手の左大臣ともいう。この間、聖武天皇の信任をうけてみずからの勢力地盤に恭仁京を誘致したりしたが、他方で藤原広嗣の軍乱にあい、光明皇太后・藤原仲麻呂に押されるなかで密告を受けて致仕（辞職）。失意のうちに歿した。

一　橘諸兄の登場

橘諸兄は、天武天皇十三年（六八四）に誕生したときからの実名でない。かつては皇族の一員として葛城王といった。そののち弟・佐為王（橘佐為）、妹・牟漏女王も生まれた。

父の美努王（三野王）は天武天皇元年（六七二）の壬申の乱勃発にさいして、その父で筑紫大宰であった栗隈王に随行して当時大宰府が置かれていた博多にいた。近江朝の総帥・大友皇子は筑紫大宰麾下の兵士を美濃と大和での内乱鎮圧に向かわせようと、佐伯男を特使として派遣した。そのさい、もし命令に従わないようならば、斬ってしまうようにと指示していた。応じなければ大海人皇子側だと見なせるからで、放置できないと判断したのだ。大友皇子の読みの通り、栗隈王は「外国からの侵略を防ぐ軍士を内戦に使えば、内戦に勝っても国が滅びる」との理由で動員命令を拒んだ（『日本書紀』［日本古典文学大系本］天武天皇元年六月丙戌是時条）。もちろん本心は大海人皇子を支持していたからだろう。栗隈王と子たちは、「そう答えればどうなるか」まで見越していた。佐伯の挙動から漂う殺意を感知し、美努王は武家王とともに父を守護し、上意討ち・暗殺の企てを封殺した。栗隈王が動員要請を受け容れたり、あるいは栗隈王殺害後に大宰として赴任した人が九州の軍士を率いて近江朝に味方していたら、大和は波状攻撃で制圧され、一時的に押されたとしても近江軍は難波を根拠に戦い続けられたかもしれない。消極的かもしれないが、大海人皇子側にとって功労者である。天武朝以降の美努王は、だから筑紫大宰率・大幣司長官・左京大夫・摂津大夫・治部卿を歴任し、父の功績の余慶をそれなりに受けてきた。

一方、母は縣犬養三千代。一族の縣犬養大伴は壬申の乱の功臣となっていて、天武天皇の殯宮で宮内のことを誄している。功臣の家とはいえ、縣犬養氏は河内の茅渟県を本貫とする豪族で、その仕事は飼育・訓練した犬を連れて屯倉や宮室の門などの守衛に当たる伴造である。大夫などとなるにはおよそ縁遠い、低い格付けの氏族であった。

こうした来歴の美努王と縣犬養氏の女から生まれた四世王か五世王では、官界での寵用・出世に望みはもてない。その彼が公卿（閣僚）に連なれたのは、母・三千代の出世と行動に負うところが大きい。

三千代は天武朝から天平五年（七三三）の死歿まで歴代の後宮に勤務してきたというから、そこにおりおりに出入りして活躍する姿を見せられていた藤原不比等の人となりに惹かれたのだろう。文武朝の初年に美努王と別れて、不比等と再婚した。そして大宝元年（七〇一）、安宿媛（光明皇后）を産んだ。

諸兄は母が動いたことで期せずして不比等の縁戚となり、光明皇后の異父兄ともなった。それだけではない。縁戚を通じて不比等の娘・多比能を正妻とすることになり、不比等の女婿になった。多比能との間には、養老五年（七二一）に奈良麻呂が授かった。さらに母が活躍したことでの恩恵も受けた。母は和銅元年（七〇八）十一月の元明天皇の大嘗祭の宴席で、長年の忠誠の褒賞として杯に浮かべた橘にちなんで縣犬養橘宿祢の氏姓を（たぶん一代限りのものとして）賜与された。母死歿後の天平八年十一月、葛城王・佐為王は「母が授かった橘宿祢氏の名を継承したい」と申し出て、皇籍を離れて臣籍降下することにした。表向きは「元明天皇のせっかくの気持ちが忘れられてしまうから」と称したが（『続日本紀』〔新訂増補国史大系本〕天平八年十一月丙戌条）、おそらくは莫大なものとなっていた三千代の遺産を継承したかったからである。

こうした不比等の庇護という政治的環境、また三千代の遺産という経済的環境もあって、和銅三年に无位から従五位下となってスタートから貴族の仲間入りを果たした。

神亀六年（七二九）正月に正四位下となり、九月に左大弁となった。大弁は太政官の要をなす激務の職で事務能力が求められまた試される場でもあり、これに堪えられれば八省の卿を経て公卿に出世していくというポストでもあった。無難にこなせたのだろう、天平三年八月、諸司の推挙を受けた。

藤原宇合・麻呂とともにいわば藤原四子グループ・不比等一家の一員として、公卿の見習いではあるが閣僚に連なる参議になった。不比等の嫡子・武智麻呂は、このとき大納言で五十二歳。かつて兄に先んじて出世して参議となっていた房前は、五十一歳。四十八歳だった諸兄は、三十八歳の宇合、三十七歳の麻呂とやっと肩を並べた。四子に比べれば、出世は遅い。そうではあるが、不比等の女婿でなければ、ここまで昇らせて貰えなかったろう。このまま取り巻きとなって四子の活躍を見守り、さらに義理の甥たちへの権力継承を見届けつつその生涯を終わる。そういう役回りのはずだった。

それなのに天平九年九月、とつぜん政治の舞台が回わって、諸兄の出番が来た。

徳川吉宗は紀州藩主の四男で越前・葛野藩三万石の主となっていたが、それは表向きで、赴任できたわけじゃない。江戸藩邸で部屋住みのまま果てるはずだった。それが三人の兄の死没によって紀州五十五万石の第五代藩主になり、さらに跡継ぎの絶えた徳川本家を継いで第八代征夷大将軍として江戸城に迎えられた。吉宗は悲運とも幸運ともいえることが何回も起きたのだが、諸兄の場合はたった一度のチャンスだった。それが天然痘の大流行である。

この疫病は、天平七年の九州にはじまった。

持ち込んだのは新羅の貢調使だった。新羅の使者たちは平城への入京を拒絶されたので、日本国内で接触した者も少なく、罹患者は限定的なままで小康状態となった。これで終わればよかったのだが、ぶり返してしまった。貢調使が来たら、それがどんな不首尾で終わっても、返礼の使者は出さなければならない。そこで天平八年、日本側から遣新羅使が派遣されていた。その遣新羅使一行は予想されたように新羅側から拒絶されて、天平九年正月に帰京した。そのさいなのだが、大使・阿倍継麻呂はもはや対馬で病没し、副使・大伴三中は感染・発病した状態で平城京に入ってきた。同じ船に乗っていれば、使節から水手まで数百人に及ぶ人たちの多くもとうぜん罹患する。使節には公務出張したのだから復命の義務があり、二月に朝廷に赴いて新羅からの帰朝報告をした。そうしたこともあり、水手たちも上陸していたので、三月ごろから京内に疫病が蔓延しはじめた。

四月十七日に参議の藤原房前が死歿。五月には疫病の蔓延ぶりを記した悲痛な詔が出されたが、止められる見通しが立たない。疫病は東進し、東海道諸国も軒並み惨状を呈した。八月末まで猛威を振るうなかで、四位以上では水主内親王・長田王・大野王の王族、武智麻呂・房前・宇合・麻呂の藤原四子、中納言丹治比縣守・中宮大夫兼右兵衛率橘佐為・散位大宅大国・大宰大弐小野老・散位百済王郎虞が死歿した。木本好信氏は思いつきとしつつも、藤原四子のうち房前の死歿は四月と早く、ほかの三人の死歿は七月十三日が麻呂、二十五日に武智麻呂、宇合は八月五日と連続している。四子は一体として語られることが多いが、どうも房前だけが浮いた存在であって、武智麻呂ら三人と距離があったことがここに窺えるのではないか、という(1)。長屋王の変でも房前が同調したあとは見られず、兄弟に見られるこうした距離感の推測は、当たっていそうでとても興味深い。

それはさておき、このときの公卿の顔ぶれを『公卿補任』(新訂増補国史大系本)の記載をもとに四月時点に調整して並べてみると、

天平九年丁丑　今年四月より赤疱瘡之疫発り、公卿已下没せし者勝計すべからず。

右大臣　　従二位　　×藤原朝臣武智麻呂　五十八

中納言　　正三位　　×多治比真人縣守　　七十

参　議　正三位　×藤原朝臣房前　五十七
　　　　正三位　×藤原朝臣宇合　四十四
　　　　従三位　×藤原朝臣麻呂　四十三
　　　　従三位　鈴鹿王
　　　　従三位　橘宿禰諸兄　五十四
　　　　正四位下　大伴宿禰道足

という八人であった。このうち藤原四子をふくむ×印の五人が一挙にいなくなり、執政官見習いに過ぎない参議三人しか残らなかった。嘆いていても仕方ない。この結果を受け容れ、ともあれ廟堂を建て直すには、生き残っていて、いくら浅くとも執政経験者である鈴鹿王・橘諸兄・大伴道足を軸に、新閣僚を補充して乗り切ってゆくほかない。そこで年末までには、

知太政官事　従三位　鈴鹿王　九月任。准大臣。
大納言　従三位　橘宿禰諸兄　九月十三日任
中納言　従三位　多治比真人広成　九月十三日任
　　　　　　　　　　　　　　　　八月十九日任参議
参　議　正四位下　大伴宿禰道足
　　　　従四位下　藤原朝臣豊成　十二月一日任参議

という五人体制にあらためられた。

大臣が不在になっているので、鈴鹿王をとりあえず太政官統括を職務とする知太政官事として、天

皇と繋ぐ役割を負わせた。翌年に諸兄を右大臣に昇らせるが、鈴鹿王の抜擢は諸兄昇格までの臨時代行職のつもりでの人事だったろう。多治比広成は多治比縣守の後継者で、多治比氏枠を順当に継承したもの。藤原豊成は藤原南家枠で、いささか早すぎたが嫡流家の嫡子として公卿を継承すること自体は穏当だった。そのなかで棚ぼたというか、諸兄は疫病で死なずに済んだだけなのに、まったく予想しない事情で天平廟堂首班の地位が転がり込んできたのである。

二　諸兄のめざした政治

諸兄は不比等の妻の連れ子であり、不比等の娘婿でもある。不比等にとっては、広い意味で一家の一員である。だから、その引き立てを受け、恩恵に預かってきた。いや、不比等からの強力な引きがなければ、参議になれていない。それならば不比等の意向に沿い、不比等が望んだであろう藤原四子政権を守り、その従順な持ち駒であり続けるべきだった。

だが、そうはならなかった。孝徳天皇がそうだったように、大王になれば従前の百済一辺倒だった外交路線をむりやり新羅重視に転換させ、自分なりに描いてきた国政改革を急進的に実施しようともする。社長の器でない人でも、社長になればなったで、地位に見合った行動をしようとするものだ。入社試験でいかに問われようと、そもそも平社員のうちに「あなたはこの会社をどう経営すべきだと思うか」などと問われる場はない。社長になるまで、その能力や本心がどういうものだったのかは分からない。社長になってやったことが本心で、何もしないのなら、何も考えていなかったのだ。その一方で、社員の大半は本心をついに表明することなくしずかに退職するわけだ。それはそれとして、首班の座に坐った諸兄は、やっと不比等とその一家の呪縛から解き放たれた。そこで潜在していたかもともと押し殺していた本心を露わにして、彼らしい理念で政治を執りはじめた。

ところがその執政内容は、なんと大恩人であるはずの不比等の業績を覆してゆくことだった。

不比等は大宝律令の編纂を実質的に領導し、その後も補訂作業を続けて養老律令を編み、自分なりに完成度を高めようと努めていた。

その一方で『続日本紀』和銅四年（七一一）七月甲戌条によれば、

律令を張り設くること年月已に久し。然れども纔に一二を行ひて悉くに行ふこと能はず。良に諸司怠慢して恪勤を存せざるに由りて、遂に名をして員数に充てて空しく政事を廃せしむ。

として、天皇の口を借りて「官吏の怠慢で律令の趣旨に沿った政治がほとんどできていない」とぼやきつつ、「重罪を科すぞ」と脅して官吏の尻を叩いていた。みずから定めた律令の完全な履行こそ、彼の悲願であり夢だった。その後ろ姿を遠巻きに見守ってきたはずの諸兄だったが、じつは困惑し憂えながら見つめていたようで、根本的に政治観が違っていたようだ。

ともあれ、諸兄の執政ぶりを年代順に辿ってゆこう。

まず『続日本紀』天平十年五月庚午条に、

東海・東山・山陰・山陽・西海等道諸国の健児を停む。

とあり、翌年六月癸未条には、

兵士を停むるに縁りて、国府の兵庫は白丁を点じ、番を作りて守らしめよ。

と発令し、諸国の健児と兵士の徴発を停止させている。

不比等は、地方有力者であって経済力もある郡司の子弟を日常的に訓練して健児に育て上げ、地方の治安維持の中核部隊に育て上げるつもりでいた。それとともに白村江の戦いのような唐・新羅軍との戦いに備えて国民皆兵を選択し、庶民をいつでも戦線に投入できるよう軍団内で軍事教練を受けて待機させることとした。これによって国内の治安も万全で、対外戦の備えもできる。そういう国家構想が立てられていたのだが、構想の軸となる健児も軍団もこれで消えた。

諸兄は、『令義解』（新訂増補国史大系本）軍防令兵士簡点条にある、

凡そ兵士の簡び点さむの次では、皆比近にて団割せしめよ。隔越することを得ざれ。其の応に点して軍に入るべきは、同戸の内、三丁毎に一丁を取れ。

という規定の施行を全面的に否定したのである。

ついで『続日本紀』天平十一年五月甲寅条で、

諸国の郡司、徒に員数多くして、任用に益無し。百姓を侵し損ひて蠹を為すこと実に深し。仍りて旧員を省きて改め定む。大郡には大領・少領・主政は各一人、主帳は二人。上郡には大領・少領・主政・主帳、各一人。中郡には大領・少領・主帳、各一人。下郡も亦同じ。小郡には領・主帳、各一人。

とし、地方支配機構の官吏削減を指示した。

しかし官吏の増員は、不比等・四子たちが力を入れてきた施策である。

もともと統治の極意は「分割して支配せよ（Divide et impera）」（フランス国王ルイ十一世の言葉）というが、小さな単位に分ければ分けるほど支配は徹底する。行政的な支配効率が高くなる。管理の対

象が広く多ければ目が行き届かなくなり、密かに団結されてしまったら手強い。

かつて筆者の勤めた中学・高等学校で、一学級に四十八人を受け容れていたときには、何をやっていても、聞いていない生徒がいて、クラスのおさまりは悪かった。それでも、生徒の間には自由な雰囲気と活気が漲っていた。しかし募集に失敗してできた三十人学級は、どのクラスも教員のいう通りになった。誰が何をしているのかがすべて把握でき、生徒は行儀正しくておとなしかった。どういう差なのかといえば、それは教員の目が行き届くかどうか。教員の目が行き届き過ぎれば、教員の指図を待ちそれに従うだけでおよそ自発性のない生徒が出来上がる。少人数学級が好ましいというのは、教員側や保護者側の管理者的発想によるものであって、当の生徒が望んでいることではない。目が行き届かず手が回らないことは、立場が違えば悪いことでない。

このささやかな経験がどこにでも通じるとは思わないが、官吏を増やして一人あたりの管轄対象者数を少なくすれば、支配網は精緻になる。律令制度の浸透度合いは、個々人のランクまでじかに目視によって確かめられる。ぎゃくに管理対象数を多くすれば支配の密度が粗くなり、律令制度が蔑ろにされても気付けない危険性が高くなる。為政者としては好ましからざる話だろうが、後者の趣旨による改変が諸兄の執政下に多く見られる。

律令に規定された本来の地方行政区画は国・郡・里の三段階制だが、霊亀三年（七一七）不比等の主導で五十戸で構成される里は郷と改称し、その郷がさらに三～四の小里に分けられた。数で記せば、従来の里長は一二〇〇人についての報告を五十人の郷戸主から受けていたのだが、今度は一五〇～二〇〇人の房戸主から聞けることとなる。情報量が多くてより細かくなり、支配の網の目は精密さを増す。

こうしていけば律令制度は、さらに深く隅々まで浸透していくはずだった。ところが諸兄は天平十一年末から十二年初頭のどこかで[2]この小里を廃止し、郡郷制つまり旧制でいえば郡・里の二段階制に戻してしまった。

　国・郡の分割でもそうだった。不比等は、越後から出羽を、丹波から丹後を、備前から美作を、日向から大隅を、河内から和泉を、上総から安房を、越前から能登を相次いで分割・建置させた。国となれば国司集団がさらに中央から派遣されて、支配の目はより緻密になってゆくはずだ。しかし諸兄は、和泉を河内に、安房を上総に、能登を越中に、佐渡を越後に、それぞれ合併させた。

　また『続日本紀』天平十五年五月乙丑条には、

> 聞く如く、墾田は養老七年の格に依り、限り満つるの後は、例に依りて収授す。是に由り、農夫怠倦して、開ける地、復た荒る。自今以後、任に私財と為し、三世一身を論ずること無く、咸、悉に永年取ること莫れ。

という墾田永年私財法が発布されている。これは大化二年（六四六）正月に大化改新詔で国策大綱を示して以来、国家の悲願とした基本中の基本原則である。豪族の私有地を撤廃して国家所有へと移行させるのに五十年。為政者たちはどれほど苦慮してきたか。その公地原則を、諸兄はこともなげに破ってみせた。なお開墾地を私有させるという改革は、これによって開墾の主力となる寺社・貴族・地方有力者たちが経済力をつけ、その経済力を基盤として東大寺盧舎那大仏造顕や国分二寺建立などの国家事業に協力するように期待した政策と見られる[3]。

　さらに『続日本紀』天平十六年二月丙午条には、

天下の馬飼・雑戸の人等を免ず。因りて勅して曰く、汝等今負ふ姓は、人之恥ぢる所也。所以に、原免して平民に同じふす。但し既に免ずるの後は、汝等が手伎、如し子孫に伝習せしめざれば、子孫弥前姓より降して、卑品に従はしめむと欲す。又、官の奴婢六十人を放ちて、良に従はしむ。

とあり、放賤従良を実施している。賤民として律令官僚機構の底辺で政府機能の維持のために拘束されてきた雑戸を良民とし、縛り付けられてきた身分から解放したのである。

右のように諸兄は、藤原不比等と四子が重んじてきた律令制度の充実を図る施策を、こともなげに覆してきた。といっても、だからといって藤原氏を目の敵にして彼らの出世を阻むなどという反藤原氏的な姿勢は見せていない。筆者が思うにこれは諸兄の奥底に秘めてきた信念であり、諸策は諸兄の政治理念が自然に発露したものであろう。不比等とは、人としての資質が違うとしかいいようがない。この一連の施策内容には、被支配者への温かな眼差しと思いやりが溢れている。

支配・管理の網の目をこまかくすれば、支配者側は安心できる。しかし支配者の監視の目にさらされ続ける被支配者側は息苦しくなって、窒息しかねない。俗な表現でいえば、生きた心地がしないのだ。一般人民は、支配者や政治家のために生きてるわけじゃないし、彼らは思いのまま使われるために平素準備し待機しているわけでもない。律令に書かれている為政者が勝手に決めた規定は、生きた人間の顔を見ながらではなく、政治家の都合を優先し、使いやすいようにと机上で捏ね上げた文である。支配者側のそんな思いで定めた法文になど依拠させられず、何ものにも縛られずにおおらかに生きるのが仕合わせであり、そう生活させるように図るのが政治家というものだ。押さえつける上司がいないなかで、その信念そのままを実現して見せたのであろう。

考えてみれば、日唐間・日羅間の対外戦争の危機からはすでに七十年以上が経過しているし、いまは遣唐使・新羅使も行き交う。この時点で、律令国家体制下の内戦は皆無であり、靺鞨などの異民族からの侵入を受けそうだという話も聞かない。それなのに、規定されているからといって軍事教練を続け、人々をむだに疲弊させている(4)。兵士役を廃止してやれば、調庸は五割も増徴できるのに(5)、である。また、口分田のまわりにほまち田のようなわずかな墾田を作っていても、班田の年には取り上げられる。これでは日常的に余力があり向上心があっても、開墾する気持ちになれない。だからいまある口分田以上に開墾した田はその個人の持ち物とさせてやりたい。律令にあわせた息苦しくあまりにつましい生き方などさせず、ちょっと家族生活を豊かにさせようがための開墾意欲を蘇らせ、いまそこに生活している人たちに生きた心地を味合わせてやりたい。

彼らのためになる政治をしようと考えることが、儒教の愚民思想に蔽われていたこの時代社会では、すでに義侠心だったろう。多くの人たちに働いたことで報われる生活を過ごさせるべく、彼らのために一肌脱ごう。律令の適用こそ時代の進歩・文明への接近である思って励んできたが、その流れから物事を考えることをやめる。情の通わない律令の規定に人々の生活を擦り寄らせるのではなく、人々の暮らしに沿うように法律の方を合わせる。それが統治者として気を配るべきことじゃないのか。しかも諸兄は、いまや自分の手で思いのままにそれが実現できる立場にある。かくて諸兄の心は、積年の鬱屈が晴れようとしていたのだった、が。

三　聖武天皇の迷走と光明皇后の豪腕

諸兄は聖武天皇治世下の最高官である左大臣に就き、天皇から委ねられて太政官を取り纏め、執政に当たっている。だから、登庸・任命した聖武天皇の支持さえ失わなければ、施策が維持できる。そのはずだ。

ところが肝腎の聖武天皇の体調が、天平十七年ころには思わしくなくなっていた。

諸兄の子・奈良麻呂が天平十七年に軍事クーデタ計画に佐伯全成を誘うなかで、

　陛下、枕席安からず、殆ど大漸に至らんとす。（『続日本紀』天平宝字元年七月庚戌条）

といい、『続日本紀』天平十七年九月辛未条の詔で聖武天皇本人が、

　朕、頃者、枕席安からず。

と述べている。また『東大寺要録』（国書刊行会本、巻一・本願章第一）にも、天平十九年三月に光明皇后が天皇の病気平癒を祈って新薬師寺を発願したとある（一五頁）。薬師寺は薬師如来が本尊である。「旧」薬師寺は天武天皇が鸕野皇后（のちの持統天皇）の病気平癒を祈願して建立をはじめた寺院である。それに続く「新」薬師寺の建立は、旧薬師寺の故事に倣って光明皇后が夫・聖武天皇の病気平癒を祈ったものであった。もはや宮中で隠しおおせる段階でなく、公然と病気平癒の祈りを捧げなければならなくなっていた。

その二年後の天平感宝元年（七四九）七月、聖武天皇は皇太子・阿倍内親王（孝謙天皇）に譲位した。ところが孝謙天皇に位を譲ったのに、実権はその母・光明皇太后が握ってしまった。皇太后は翌月の

させた。先んじて紫微中台を設置し、そこを舞台として寵臣・藤原仲麻呂に政務をみ天平勝宝元年（七四九）八月に紫微中台を設置し、そこを舞台として寵臣・藤原仲麻呂に政務をみさせた。先んじて紫微中台で決定・施行し、すべてが終わってから太政官が決裁した。

しかもその施策は、橘諸兄がいままで尽力してきたことを徹底的に否定するところからはじまった。天平十八年十二月十日には京畿内と諸国の兵士を再徴集することとし、天平十一年六月二十五日の諸兄の施策を覆した。天平勝宝四年二月二十一日には雑戸を復活させ、天平十六年二月十二日の諸兄の発令が撤回された。天平宝字元年（七五七）には諸兄が合併を命じていた和泉・安房・能登・佐渡の諸国が、ふたたび分置されている。そして天平宝字六年（七六二）二月十二日に健児が復活し、天平十年五月三日の諸兄の発令も取り消された。

また『続日本紀』天平九年十二月丙寅条に、

大倭国を改めて、大養徳国と為す。

とある。大養徳国に変えた人物もその時期もよくわかっていなくて、確定できるだけの証拠もないのだが、「大倭国→大養徳国→大倭国」という国名表記の変転は、諸兄の施策が全否定されていく姿の一例だったようだ。どうやら、諸兄とともに聖武天皇の側近だった玄昉僧正が「大養徳」を撰進し、それを採用して諸兄が制定した。光明皇太后の政権奪取後に藤原仲麻呂がこれを否定し、大倭国に戻したと思われる(6)。

ついでながら諸兄は、みずからの別業（別荘）のあった相楽に聖武天皇を誘い、恭仁京を建設させた。そこはほんらい山背国内だったが、都ができたために大倭国内に編入されて大養徳国恭仁宮と呼ばれることとなった。この地域が大和国になったのは諸兄にかかわる優遇措置とみなされ、これも否

定の対象となった。天平十九年三月に、

大養徳の国を改め、旧に依りて大倭の国と為す。

（『続日本紀』天平十九年三月辛卯条）

とする施策の一環として、恭仁京の旧地はもとの山背国に編入された。

諸兄政権下で採られた政策で残されたのは、封主に封戸の租を全給することと墾田永年私財法くらいである。どちらも一般人民への関わりが小さく、貴族にとってより有利有益なものであった。だから貴族の要望に配慮して、撤回されなかったようだ。

こうして、諸兄はみずからがとった施策がほぼ全否定されるのを間近で見つめながら、天平勝宝八歳二月二日に左大臣を致仕（辞職）し、その翌年正月に亡くなった。生きてきた日々を振り返って、さぞや無念な思いであったろう。

しかし諸兄の施策は彼の意思・発案に基づいたものとしても、聖武天皇の同意・承認のもとに行われている。つまり聖武天皇の意思が加わっているのだから、その施策に含まれている聖武天皇の意思も押し潰されたことになる。聖武上皇は、そのことにどれほどの不快感も懐かなかったのだろうか。

もともと天平九年の天然痘流行で崩壊した廟堂を再建した主役は、諸兄でなく、聖武天皇だった。諸兄は聖武天皇によって採用され引き立てられた駒であって、再建の主導権は聖武天皇にあった。それまで藤原氏と相談しなくては一枠といえども動かしえなかった人事権が、藤原四子の死没によって、労せずして聖武天皇の掌中に収まった。

天平九年に廟堂が崩壊する政治危機に見舞われた。その危機をみずから主導して乗り切った聖武天皇は、この成果に酔い痴れたようだ。基礎には多くの地方官人・中央官人・貴族たちが社会を立て直すための懸命の努力を払っていたのだが、聖武天皇には「自分には、こんなにも優れた力が備わっている」とのみ思えた。酒を飲みながら漢詩や和歌を詠んでいた宴会で、酔ったはずみに調子にのって摺られた胡麻の褒め言葉を、そのまま「さもあろう」と受け留めてしまったのか。みずからを賢帝・名君と思ってしまった。

　賢帝ならば「野に遺賢無し」でなければならない。それは『書経』大禹謨にあるように、民間に隠れた人材がいなくて、優れた人材はみな官に登庸されている。そういう世の中の理想の姿だ。それならその遺賢を隈なく発掘して、登庸して見せなければ。そこでその証として玄昉と吉備真備を登庸し、「この登庸は賢帝の自分だからこそなしえた」と自負してきた。

　玄昉は唐の玄宗から紫の袈裟を賜与された高僧であり、真備も唐に十七年も留学していた実務派知識人である。その能力を活用するのはそれでよいのだが、聖俗の別を弁えないであれもあれもと口出しする玄昉の発言は困るし、卑姓の地方豪族出身者をむやみに貴族に登庸されては官界の秩序が乱れる。「天平九年以来の疫病や飢饉などの災異は、聖武天皇の施政が悪いという天の意思の表われだ」といい、君側の奸つまり玄昉・真備を排除することを名目として天平十二年九月に藤原宇合の子・広嗣が大宰府で蹶起したのは、その竹篦返しであり、じっさいは「賢帝を気取る」聖武天皇に退位を迫る軍乱である。

　乱は鎮圧されたが、聖武天皇は動揺した。

　これが平城京を棄てて天平十二年十月末から十七年五月までの五年弱、畿内各所を彷徨する原因となった。彷徨と乱との関係について、天皇の身の安全なら「禁衛の衛府の兵士に守られている宮城内の方が優れており、謀反人の襲撃の可能性を顧慮すると行幸途次の方が遥かに危険度は高い」[7]とする理解も制度的に見れば指摘された通りだが、禁衛の軍事力を現実に動かしているのが藤原氏であり、藤原氏の利益を損なったと評価された天皇としては京を離れておく方がまだ安全と思えたのであろう。

ともあれ平城京を出た聖武天皇は、そのはじめこそ諸兄の勧めのままに山背国相楽の恭仁宮に落ち着いた。しかしもとよりそこに留まっている気もなく、天平十四年には近江への道を造らせ、十五年には紫香楽宮の造営を指示し、十六年には恭仁宮・難波宮のどちらがよいかと百官と市人に諮問した。諮問したのに、恭仁宮に多数の支持があるのを承知しながら、難波宮への遷都を発表し（これは元正上皇の意思だったか）、さらに紫香楽へと遷都する。行き当たりばったりの、奔放・放埒な行動のきわみである。

諸兄から見れば、聖武天皇にもともと引き立てられた。その恩義がある。政務自体に興味のない聖武天皇は諸兄の政治内容に容喙せず、思うまま自由にさせてもくれた。だが人事権をふくめた天皇大権に翻弄され、太政官の最高官である左大臣にいながら人々の負担となる度重なる遷都をまったく抑止できなかった。政権の首班にいながら、そこにいないも同然だった。執政は自由にさせてくれたといったが、その放任同然の自由さのせいで、妻・光明皇太后が紫微中台を舞台に独裁して太政官体制を崩壊させていることにも無関心であった。

結局、諸兄の執政は天平世界にほとんど痕跡をとどめなかった。

だが彼の政務にかけた侠の心は、奈良麻呂へと引き継がれた。奈良麻呂は光明皇太后・仲麻呂による支配者の儒教理念や仏教理念による政治を批判し、在地の人々の生活意識に沿った父譲りの政治を

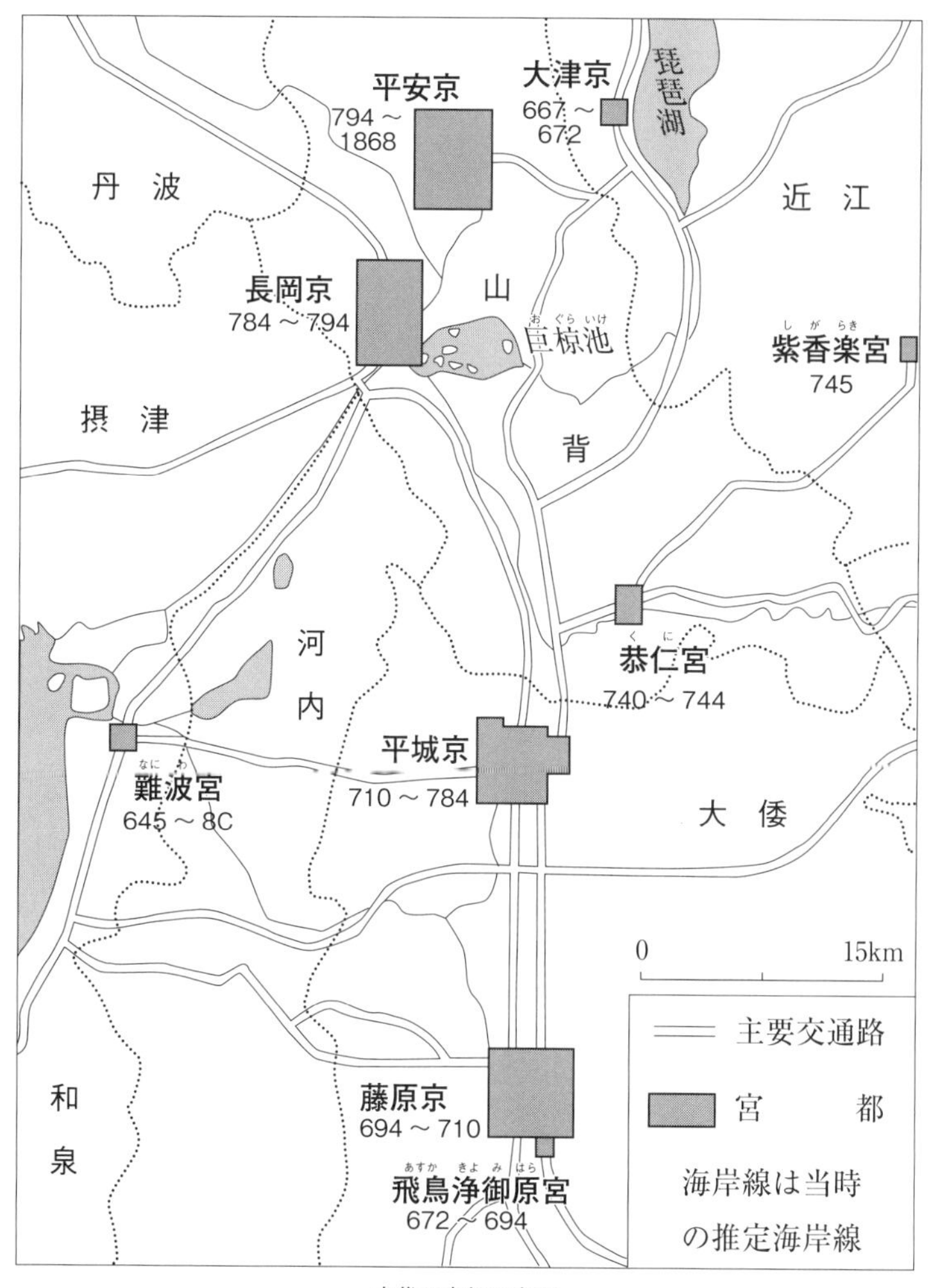
平安京
794～
1868
大津京
667～
672
琵琶湖
丹 波
近 江
長岡京
784～794
山
巨椋池
紫香楽宮
745
摂 津
背
河
内
恭仁宮
740～744
平城京
710～784
難波宮
645～8C
大 倭
0
15km
主要交通路
宮 都
海岸線は当時
の推定海岸線
和
泉
藤原京
694～710
飛鳥浄御原宮
672～694

古代の宮都の変遷

標榜し、天平宝字元年七月に決起しようとした。その軍事政変を未然に鎮定したあと、光明皇太后・孝謙天皇らはこの事件の支持者に告諭(こくゆ)するために、

是の日、南院に御して、諸司幷(ならび)に京畿内の百姓村長(むらおさ)以上を追(め)し集(つど)へ、詔して曰く……。

(『続日本紀』天平宝字元年七月戊午(ぼご)条)

として、詔をじかに村長に聞かせたという。つまり諸兄・奈良麻呂への支持は、村長クラスまで広がっていたのだ。勝てなかったが、諸兄・奈良麻呂の俠気の心は、たしかに村々にまで届いていた。古代という時代社会の制限のなかでは、それだけでも貴重な事実であって、その痕跡を残しただけでもはやよしと考えなければなるまい。

【注】

(1) 木本好信氏著『藤原四子』(ミネルヴァ書房、二〇一三年)。

(2) 鎌田元一氏「郷里制の施行と霊亀元年式」(『律令公民制の研究』所収、塙書房、二〇〇一年)。

(3) 仁藤敦史氏はその著作『藤原仲麻呂』(中公新書、二〇二一年)において、墾田の租収入を財源として東大寺毘盧遮那大仏造顕という国家事業に取り組もうとした、と論じている。しかし、そうだろうか。墾田開発の認可をはじめると政府が宣言しても、誰が応じ、いつから開墾を進めるか、保証などない。取り組みが遅ければ、租が取れるのは五年後、十年後になるかもしれない。また新開地は歴史的に耕作を続けてきている既存の班田地・公田とは別の場所でなければならず、山野・荒蕪地を開いて作ることになる。そうした土地の開発において、かりに開墾予定地を占定できて三年不耕の原則を避けるために早く着手したとしても、じっさいのはじめの開田面積は微々たる

もの。荒れ地のなかの収穫だから育つ稲も少ないだろうし、まして租稲はそのわずか三パーセントに過ぎない。それなのに、数年でただちに大量の租収入があがるだろうと見込むのは、あまりに楽観的である。そうであれば、ここからの租収入を当てにし、じかにその経費を賄うつもりで巨大な国家事業に着手しようなどと決意できようはずがない。私有法令・開墾と国家事業の関係性は、開墾にあたる有力者を介した間接的なものだろう。

（4）冨澤暉氏著『軍事のリアル』（新潮新書、二〇一七年）によると、徴兵制の問題として、中国には「好鉄不打釘、好人不当兵」つまり「好い鉄は釘にならず、好い人は兵にならない」という古来の言葉がある。またイタリアは一八六〇年代から徴兵制を布いてきたが、二〇〇〇年に廃止した。その理由は「ソマリア内戦に国連多国籍軍として参加した時に、余りにも弱く役立たなかった」からで、「訓練練度の高い精強部隊を作るため」に志願制に変えたそうだ（二〇三～七頁）。『万葉集』（日本古典文学全集本）には「我ろ旅は　旅と思ほど　家にして　子持ち痩すらむ　我が妻かなしも」（巻二十―四三四三）や「防人に　行くは誰が背と　問ふ人を　見るがともしさ　物思もせず」（巻二十―四四二五）と詠まれており、この意識では古代の日本でも意気軒昂で士気の高い兵士を得がたかったろう。こうした実情に鑑み、不比等は脆弱になりがちな徴兵制とともに、一方で軍の軸にすべく、郡司の子弟による精強な騎兵・健児の育成を目指したのであろう。だが諸兄は「それよりも人々の疲弊と戦いのない国の現状から政策を発想した」ということになる。

（5）下向井龍彦氏「延暦十一年軍団兵士制廃止の歴史的意義」（「史人」創刊号、一九九七年三月）。

（6）嵐義人氏著『余蘊孤抄』（アーツアンドクラフツ、二〇一八年）。

（7）森田悌氏「藤原広嗣の乱について」（「政治経済史学」三四七号、一九九五年五月）。

（関幸彦氏編『俠の歴史』清水書院、二〇一九年十月）

Ⅲ　社会・慣習など

コトバを創り、話したように記す——古代びとの挑戦

古墳時代から奈良時代にかけて、流入した多数の渡来人や遣隋使・遣唐使らの開いた外交ルートなどを通じて、古代びとは中国文化と接してきた。そのなかで古代びとたちは、その文化を吸収するために、日本にかつてなかった多くのコトバを作り出してきた。また喋っている日本語文と中国漢文では書き表わす方法が異なることに戸惑い、日本語文の表記の仕方に悩んだ。眼前にある中国漢文をどうにかして利用しようと藻掻くが、道のりはそう平坦でなかったのだ。彼らが直面してきたその問題、克服していった足跡を、以下に探ってみることとしよう。

一　コトバを創る

中国古代史の基礎知識に不足を感じて、筆者は、平成五年（一九九三）三月二十五日に静岡大学教授（中国古代史専攻）の重近啓樹氏の研究室を訪ねた。私がかねて懐いてきた数々の疑問にお答えいただいたが、そのさい「日本の奈良時代は、社会経済段階でだいたい漢代（B.C.［B.C.E］二〇二年～A.D.［C.E.］二二〇年）と同じとみておくのが妥当だが、じっさいはそれより少し後れているだろう」といわれたのが、とくに記憶に残った。その時代差は短くとって五〇〇年、長くとれば九〇〇年かそ

れ以上後れた社会だったことになる。現代の時点から遡っていえば、「鎌倉時代・室町時代の人々が現代人に接触してきた」という話とでもなろうか。

右の譬えは環境が異なりすぎていてかならずしも適切でないが、古代びとは、南朝の宋への朝貢や遣隋使・遣唐使の派遣などによってじかに中国から、あるいは渡来人を招聘し受け容れることで朝鮮半島諸国を経て、圧倒的に高質で多量の中国の文化・文物に接した。その衝撃はいかほどであったろうかと想像を逞しうするが、適切に表現できそうもない。

漢字を操って書物を著わし、体系的な理論を駆使し継承・発展させていた文化である。思想家の孔子（孔丘。B.C. 四七九年没）は漢王朝の成立よりさらに二八〇年ほども前に死没しているし、体系的歴史書である『史記』（B.C. 九一年またはB.C. 八七年成立）は卑弥呼が親魏倭王となるより三〇〇年も前に出来ている。日本で素焼きの弥生土器を作っているとき、中国では青銅器文化を終えて鉄器文化の時代に入っていた。水準が桁外れに高い文化・文物に触れたとき、反感を懐いたりめげたりするより、幸いにも日本の古代びとはいそいでその受容・吸収を図ろうとすなおに反応した。

しかしそうはいってみても、これだけの年代差と文化水準の差があると、相手の言葉が、言葉の意味が理解できない。中国の人ならその言葉で思い浮かべられるはずのものが、日本人にはまったく何も思い浮かばない。ちょっと前にシステム・エンジニア（SE）の話していた言葉は宇宙人が意思疎通を図るさいの特殊な暗号かのようで、何も解らなかった。いや、いまでも解らないのだが。そういう記憶が蘇る。眼前にそういう事実がなく、経験したこともなければ、その言葉の意味するものが理解できないのだ。鎌倉時代にない電気とコンピュータを、鎌倉時代の人に理解させることはできまい。

電話を知らない人には、横浜で商談している最中なのに、二万キロメートルも離れた地球の裏側に住む取引相手の諒解がなぜいま取れたのか、理解できまい。ないものには、それに当たる言葉が生じない。言葉がないものは、理解されていないということだ。あるいは、かりに言葉はあっても、その言葉で表わされている実体が分からない。竜田揚げという料理を知らなければ「(奈良県)竜田地方の特産品か」と誤解する。龍田山・龍田川は百人一首の「千早振る神代も聞かず龍田川からくれなゐに水くくるとは」(在原業平作)の歌に詠まれた紅葉の名所だが、赤色が揚げ物の具に見られるだけで、赤色↓紅葉↓龍田と連想したのだ。磯辺揚げも、海苔を巻いたり粉末にして衣に入れたりして油で揚げたもの。これも、海苔を使ったというだけでよくもここまで発想を飛躍させられたものだ。磯辺には、海苔だけでなく、いろいろと落ちているだろうに。頭をよほど柔軟にしなければ付いて行けないが、こういう話はきりがない。

文化の差を思い知った事例としては、幕末から明治にかけての記憶が身近で分かりやすそうだ。欧米文化の水準の高さを知った日本は、欧米文化を急いで導入しようとして、その前提となる知識を書物の翻訳によって吸収しようとした。だが問題は、欧米の書物にある言葉に当たる日本語が存在しないので、その当時の日本語に置き換えられないことだった。rain は雨で、flower は花。呼び名は違っても、これらは東洋・西洋のどちらにもあるから、語を置き換えれば済む。あるていどの翻訳は進められる。それでもだがどうしても突き当たる壁がある。

明治の社会には、まだ economy という考え方がない。とりあえず古典の経世済民から経済と訳したが、経世済民は世を治め民を済うことである。支配者側がするもので、政治活動の意味合いが強い。

societyはとりあえず仲間連中と訳したものの、これでは花見に出かける長屋の隣家集団や知人同士と受け取られてしまう。社会という従来ない言葉を作って、訳してみた。artも江戸時代までの職人の技芸はただの術であって、特別な文化価値のあることと考えられていなかった。それを頭のなかだけでこういうことかと練り上げ発展させて、西周はあらたに芸術と訳した。pflegeheitは「健康な」という意味のギリシャ語をもととする言葉だが、これを「衛生」（長与専斎訳）と訳した。一度訳出されたものがそのまま定着していく例ばかり挙げたが、charactorでは試行錯誤が続いた。当初は「品行・品格」と訳されたものの、「品性・品位・徳性」と変えられ、人格→性格→特性へと変化した。こうした訳語の試行錯誤は重学→力学、度学→測量、状報→情報、遠西→西洋などもそうだ。幕末から明治時代にかけて作られた訳語には、ほかにも存在・憲法・個人・近代・美・彼／彼女・環境・銀行・演説・幸福・権利・人権・特権・背景・歓送・階級・希望・説明・供給・妄想・共和国・哲学・心理学・物理学・名詞など数多くある。

この新訳語を読まされても、当初の読者はおそらくどういう意味の言葉なのかその内容がわからなかったろう。それは、訳出した本人だとて原語の意味をなかなか理解できなかったのだから、それをだれも使っていない言葉に置き換えてみたところで伝わるはずがない。そういう考えがそもそも日本になくて、訳した自分もその訳文の読み手も経験したことがないからだ。それを柔軟に思考して、原書の語るところを読み取り、その語意を空想しながら訳語を作っていった。いまは「ない」と思われているものでも、それが「ある」と知らせようとして。いま生きている時代社会を離れ、手に取れずだれも目に見てもいないものでも空想できる力を発揮して訳し出したことが、素晴らしいのである。

これは日本にとって、凄く貴重な功績である。こういう人たちがいてくれたから、今日の日本と日本語がある。

たとえば権利だが、江戸時代までの百姓（農漁民など）が領主に「年貢を出しているのだから、その使途を明らかにせよ」と要求したことなどない。納税者には税の使途を知って口出しする「権利」があると思っているのは、この一〇〇年ほど前からの新感覚だ。納めた年貢がどう使われようと領主の勝手であってそれに干渉する権利などないと思っている人が、本の記述を読み取って、「地租を出しているのだから国政に干渉する言動をなして良い」と自覚し、その行動の根拠としてそうした「権利」があると訳出したのである。欧米文化の吸収・摂取には、一語一語について文化水準の差を埋めるこうした柔軟な思考と作業の積み重ねがあった。日本にいまもかつても「ない概念・ない事柄」に名をつけ、自覚させあるいは自覚を持たせようとする。進みすぎている欧米文化を受容するのに、受け取る容器がない日本では、「きっとこうだろう」と空想して言葉の容器を作り上げていくほかなかった。中国が造り上げた電脳（コンピュータ）などは近時の好例だが、こうした造語・訳出の努力はいまもこのさきも世界各地でなされつづけるだろう。

もちろんすべて新造語で埋めたわけではない。それでは読み手もまったく分からないままになりかねない。何らかの手がかりを感じれば、江戸時代まで使っていた言葉を転用することもあった。完全に一致することはないし、少し違ってもいやかなり違っても、字面でその方面のことだと分かればそれでもよい。それまで「自然に」という意味だった自然をnatureの訳語とし、loveは愛とした。それまでに仏教的な意味での「慈悲の愛」はあったし、男女間の恋情の意味では「孤悲」（『万葉集』）

「恋すてふ」（『拾遺集』壬生忠見）というように「恋」があった。コヒはコフの名詞形で、相手にものをねだることとである。恋ふ・乞ふ・請ふと漢字では変えられているが、日本語としての源は同じだったのではないかと密かに思っている。国文学の世界では「恋はかなえられない定めがあった」というが(1)、叶う恋情の言葉は何というのか。叶う場合も恋であるが、叶わない場合が文学作品として採られやすかっただけではなかろうか。その詮索はともあれ、上から施すかのような慈悲心や浮ついた（？）恋心とはやや異なった次元で真剣・対等な意味合いを持たせて、愛という言葉を転用して訳語とした。近くなくても遠くない類例があればそれでも読み手は意味を推測しやすそうだが、その類例を知っているために却って混乱を招きかねない・招きやすいともいえる。自由はもともと「思いがけず・自分勝手」という負の意味が強い言葉だった(2)。「自由出家」などはたしかに自分勝手な出家の意味であって、悪意を込めた批判的な意味合いの表現である。今日のように、肯定的な意味合いに使わない。しばらくは混乱したことだろう。

江戸時代から明治時代への時代転換の要請は急であり、それなのに流入してくる文化の質も高く量も大きかった。その受容はとても大変だったろうといまさらながら忖度するが、古代びともじつは同じような大変さを体験していた。

『隋書』（新人物文庫）に、

文字無く、唯木を刻み、縄を結ぶ。仏法を敬ふ。百済に仏の経を求め得て、始めて文字を有す。

（一六二頁）

とあるが、文字自体は和歌山県の隅田八幡神社蔵人物画像鏡銘（四四三年か五〇三年）、熊本県の江田船山古墳出土太刀銘（四七〇年前後か）、埼玉県の埼玉稲荷山古墳出土鉄剣銘（四七一年か）などに日本的な使用例が知られているように、すでに入っていた。しかし大量にまた体系的に文字文化を修得するには、仏教経典の流入が大きかった。この記事が言いたかったのは、そういう意味でであろう。注意を喚起しておけば、仏教はいまでこそ一宗教であり、その世界観は宗教的な改竄に満ちていると評してもよい。しかしその当時においては、最多最大の知識を基礎にして体系化された、もっとも優れた思弁のはてに得られた科学的社会観であり、善意に満ちた最良の哲学であった。この哲学世界を身につけるには、それを追体験できるだけの知識と思弁力を持たなければむずかしい。それでもこの思想体系を手にしたことは、世界の真理を伝授されたも同然だった。それだけの価値があると見られていたのである。

右の仏教の教理をふくめて、中国ではすでに一〇〇〇年以上の歳月をかけて培い吸収してきた圧倒的な知識・思想などの成果が山積みになっていた。その文化的蓄積が、一部は渡来人や文物を介して流入し、一部はみずから遣使して入手もできる。すでに出来上がっていて、手の届くところにある。その成果を前に、意固地になって対抗すべく取って代わるような知識・思想を創出しようとするより、咀嚼・吸収してしまうのが自分たちの成長には手っ取り早い。捻くれて拒否感を懐いてそっぽを向くより、まずは手早く身につけるのが得策。そう思うのが当たり前だ。だがその当たり前をしようにも、それを手早く理解するには段差が高すぎた。読めば・読めればただちにわかってしまうようなものではない。日本にない知識・思考が、明治時代と同様に、そこに満ち満ちていた。

十や二十は数えられるし、百までも数えられよう。しかし億・兆という数は、具体的に使われる日常的な場面が想定できず、現実的な数値でない。だが経典にある億・兆という言葉を採り入れるときに、その数値を想定し観念しなければならない。そういった感覚ではなかったろうか。あるいは涅槃（ねはん）という言葉を知る。現実的には見えない世界だが、それを何かと思い描こうと藻掻（もが）く過程で、観念世界のものとして三千世界や浄土（じょうど）・魑魅魍魎（ちみもうりょう）などの理解が求められる。その理解の足がかりとなる、その理解を受け止められるような言葉を持たなければ、思考を深めていけない。

「多くの言葉を知っていれば、すなわち学力がある」とはならないが、言葉数が貧しければ学力が高くなりえないのは否（いな）めない。大きな器（うつわ）だからといって水がたくさん入っているとは限らないが、小さな器では水を多く蓄えることがそもそもできない。

江戸時代の話だが、長崎奉行所の通詞（つうじ）たちがオランダ語の「別段風説書」（一八四五年）から南京（ナンキン）条約（一八四二年、英中間で締結されたアヘン戦争の講和条約）の条文を翻訳したさい、領事（りょうじ）に当たる言葉はないため「コンシュル」とカタカナ書きにしそれに「役名」と割注して済ませたものの、『民事』、『遺言（いごん）の検認（けんにん）』、『不動産所有権』などは、理解された痕跡がまったくない」（一五六頁）といい、言葉の訳出の試みはもとより、カタカナ書きすらされていない[3]。書かれていなかったことにされてしまったのである。考えたことのない概念には、ふつう思い浮かぶ訳語があるはずない。作ろうにも、できない。だから無視した。

弘化四年（一八四七）ごろ、高野長英は、ハインリッヒ・フォン・ブラント原著／イ・イ・ファン・ミュルケン蘭訳『三兵答古知幾（サンペイタクチーキ）』第一章中に「軍隊のもっとも単純な構成要素は、individu である。軍隊は individu である兵士によって構成される」という文に直面し、これに「印受比細比（インジュヒジヒ）〈按学科の雅言〔術語〕にして、一体一形分かつべからざる元行をいふ。而してここにては、軍隊を製造する諸物は、歩騎砲の三兵なるをいふ〉にして、すなはち、兵士これなり」と注した。印受比細比は蘭語 individu の音訳で、現代なら個人と翻訳するところだが、彼の生きていた時代の日本に個人という概念はなかった。「一体一形分かつべからざる元行」とは分かったのだが、兵士は個でなく「歩騎砲の三兵」で成り立つと考えていたので、翻訳しうる言葉を見出せなかった。意味が通じなかったので、ここでの訳語「すなわち、兵士これなり」の「兵士」には、個々人のという意味は入っていない[4]。社会に差があり時代の制約があるなかでは、これが普通である。言葉の意味を正しく理解できていても、受け取る自分が理解するときに屈折し、日常的観念・平常の言葉のなかへと着地させるので、結果として訳を誤る。

だが時代の要請に押されているのに、無視や達観で済まされるはずもない。多くの言葉を増やしその言葉の意味する概念を知らせなければ、そのさきにあるものを思考し、考え学んでゆく力も持てない。そのさきに、その言葉で理解したものを生かした成果が育まれる日はこない。

古代日本でも、日常的な社会生活を送るのに困らないていどの一揃いの言葉、お遣いに行って買い物をするていどの言葉は、それなりに備わっていたろう。しかし言葉数や言葉の質が不足していて、日本の古代びとが固有に作り出してきた言語世界では観念的な思考や哲学的な思索の力が育めない。文化的な発展段階の差があまりにも明瞭に桁外れだったので、漢字の世界に接して漢語を消化し修得することによって、手っ取り早く抽象的・観念的思考の世界に導かれていく道を選んだ。

だから古代びとは、可能な限り意味を持っている漢語について、それにあたる言葉・思考を表わす日本語を作り出していった。例えていえばタソカレ時とカハタレ時は、「誰よ彼は」と「彼は誰」であって、同じような意味の言葉である。黄昏という二つの漢字を前に「これを日本語で何と読むか」といわれ、「そこにいるあんたは誰？」と読むんだ、と答えたようなものだ。「！」をビックリマークと読むことにする、というような暴挙だ。ともあれこんな突拍子（とっぴょうし）もない文が、タソカレは黄昏として夕方、カハタレは明け方を表わす訓（よ）みとして成立していった。タソカレ・カハタレとも文であっておよそ単語の訓みといえない、熟した用語として成立していたとは到底思えないその場凌（ばしの）ぎの表現だが、むりに漢字の黄昏にタソカレという日本の言葉を対応させたのである（日本では日の出・日没の薄暗さをタソカレ・カハタレと区別したが、カハタレに当たる漢字は出現しなかったようだ。なおカハタレは、当初、明け方・日暮れの両方の意に用いた）。この熟さない言葉を一括（ひとくく）りにしたため、これから先は、タソカレ・カハタレは文でなく、特殊な意味の日本単語と意識されるわけである。こうして漢字の一字一字についての訓みの決定作業が、中国漢字を受け容れるためになされていった。古代人の凄（すさ）まじい努力と執念が想像される。

嵐義人氏は『日本書紀』（日本古典文学大系本）天武天皇十一年（六八二）三月丙午（へいご）条に編纂されたとある『新字』一部四十四巻について「時代の要請としての訓釈の書の誕生は、天智・天武朝にあってよい」(5)とし、漢語の訓み作りつまり日本語作成が国家事業となりはじめたおおよその時期を推定されている。ただそうはいっても、どんな日本語がここであらたに作り出されたのかとなると、比較対照できて手がかりとなりそうな書籍が残っていない。どれが中国文化を受容する前の日本語で、どれが中国文化に接するなかで対応して作り出されていった日本語なのか、明瞭に振り分けることがいまや難しい。「ラ行ではじまる日本語はない」というのは漢語・和語分別の手がかりとなるが、日本語の新旧を見つける作業には益しない。

そうではあるが、推測できるものもある。

古代日本人には、色は四種にしか識別できなかったようだ。それが青・赤・白・黒で、「い」をつけて青い・赤い・白い・黒いといえるものだ。

じっさい『古事記』（新編日本古典文学全集本）では、「青垣」「青海原」・「赤かがち（酸漿）」「赤土」・「稲羽の素兎」「白き腕」・「黒き御衣」「黒葛」のようにこの四色しか出てこない。これが古代びとの認識できた固有の色彩だったようだ。緑色の信号を見ても、青信号といってしまう。それは緑も青の一部だったからだ。青緑という表現は緑が青の一部であることを意味するし、青紫・赤紫という言葉は紫が青・赤の範囲にわたっていることを、また黄緑・黄赤という表現のあることは黄色が赤と青との境界線上の色彩だったことを意味している。白・黒は色がないともいえるから、古代びとの色彩区分は、事実上、青と赤の二色しかなかったことになる。

右の四色以外の色彩表現は中国や朝鮮から学んだ言葉を取り込みつつ色の名としたもので、茜をアカネと呼ぶのはその植物の赤根を用いると出せる色だから。紫も、群がって咲く（ムラサク）習性のある草（紫草）を使って出すと、中国の紫にあたる色になる。それで、染色材料の名を採って中国漢字の茜・紫にそういう訓みを付けた。茜・紫という中国漢字を足がかりにして、アカネ・ムラサキという色の名を表現する日本語に仕立て上げたのだ。紅を「くれなゐ」というのも、長江流域の呉地域から齎された藍（青藍色の染料ではなく、ここでは染料一般の意味）を使うと出せる赤色だからで、この藍は中国ですでに紅藍と呼ばれていた。[6] その漢字に当てて、紅だけで「くれのあゐ」という色名として訓むことにした。こうした方法で中国漢字に当たる日本語を次々作り出し、日本語を作ることで中国文化の言葉・意味を理解して日本人が摂取できるように換えていったのである。

数詞に「つ」が付けられる読み方も、古い日本語の形と推測される。一二三（イチニサン）と読めば中国の字音のままだが、一（ひと）つ・二（ふた）つという言い方はいまも残っている。とはいえ中国語に比べ、日本語の数は圧倒的に少なかっただろう。言葉を弁別（べんべつ）しなければ困るほど多様な物資も周（まわ）りになく、深い思考も必要のない生活をしていれば、もちろん数多くの言葉など必要ないからだ。

日本語には眼でみるという言葉には「みる」しかなかったので、中国語の見・看・観・診・覧・察にはすべて「みる」という訓をつけた。中国漢字では本人の立場や臨（のぞ）む姿勢、その対象による使い分けがあり、その一字だけでどこでどういう立場の人が何をみているのか分かるのだが、日本にはそうした区別がなかった。また金属はすべてカネといっていたから、区別しなければならなくなってはじめて金銀銅鉄の差をつけようと、安易だがそれぞれに「く（黄）＋ガネ」「しろ＋ガネ」「あか＋ガネ」「くろ＋ガネ」として色名を上につけた。のちの時代の話だが、ものをみる硝子（ガラス）製品をめがねと名付け、その言葉を基盤にして機能と用途で「遠めがね」「虫眼鏡」と区別したのと同じ発想の命名だ。

もちろん成功して日本語として定着する言葉もあるが、用いられずに消えていく例もある。

稲は田のもつ力によって出来たものだから、そこから献上される税をタヂカラと名付けた。「百八十」を「ももあまりやそ」と訓んでみたが、そういう長ったらしい読み方は好（この）まれず、そこは音が用いられた。二桁以上の数の和語表現は八百万神・八十島・八十梟帥は著名だが古語の世界でのことで、八百津町（岐阜県加茂郡）・千代田・百津（新潟県阿賀野市）・五十里（富山県高岡市）などの地名や千代子・百田・五十嵐などの姓名が散見されるていどになっている。十一以上のものを数えるときの表現にはふつう使わない。

よい和訓をどうしても思い付けなければ、やむを得ない。律令・銭などと字音をそのまま用いて済ませた。銭はセンのンの表記がなかったのでセニと表記されていたが、のちにはその表記に従って「ぜに」と読まれた。鬼が隠れているものの意味でオンとされていたが、書き留めたときの表記はオニだった。だからそれが、あたかも訓のように扱われている。馬・梅もマ・メイという字音に接頭語のウをつけているだけで、本当は和訓が存在していない。こういう字音だけの漢字も、肉（ニク）・絵（エ・カイ）など決して少なくない。

漢字表記と字音をそのまま受け容れた例は、『土左日記』（日本古典文学大系本による。ただし新編日本古典文学全集本などでは平仮名部分の一部が漢字に変えられている）に見られる。この書は、紀貫之が女性になりきって、女文字（平仮名）で日記を記したとされている。しかし本文を読むと、

> をとこ（男）もすなる**日記**といふものを、をむな（女）もしてみんとてするなり。……廿四日、**講師**、むま（馬）のはなむけ（餞）しにい（出）でませり。ありとあるかみしも（上下）、わらは（童）までゑ（酔）ひし（痴）れて、**一文字**をだにし（知）らぬものし（物師）が、あし（足）は、**十文字**にふ（踏）みてぞあそ（遊）ぶ。[7]（括弧内は、漢字にもできたはずの箇所に該当する漢字）

とあって、日記・講師・一文字・十文字に漢字が使われている。これでは、女文字に徹した日記と仕

立てたと認めがたく感ぜられる。だが彼は和漢混淆文を書く気などまったくなく、あくまで平仮名文に徹しているつもりなのだ。それなのに漢語を入れてあるのは、その当時に日本語がなく、漢語でしか表現できなかったからである（のちには、漢語も平仮名書きにされていく。これに徹したのが現代韓国で、漢語もすべてハングルにしてしまったため、同音異義語の多い漢語のうちのどれに当たるものかが分からず、相互に誤解を生むもととなっているという）。現代中国では、訳せないコンピュータ（中国訳は電脳）用語は、原語のまま click／cell として文中に書き込む。その考えと同じである。あるいは長崎通詞がした先掲の「コンシュル（領事）」のように、日本語の仮名とならないところ、つまり日本語がない言葉は、原語のままか同じ音のカタカナにして日本語文のなかに取り込んだ。だから純然たる仮名文学として書いているのに漢字が入っている（従って、漢字の廿四日・一文字などはニジュウシニチ・イチモンジと音読みすべきで、訓読みしてはならない）。学があるところをひけらかそうとしているのではなく、書きようがないからそのままにした。だから外来語はそのままで、日本語で書くところはすべて女文字（仮名書き）に徹した日記といえるわけである。

　タソガレのように用語として熟していなくとも、日本語を変形させながら、漢語を自分が従来知っている言葉の範囲内に導くか。それとも日記・講師のように漢語のままにしておいて、見知らぬ言葉の指し示すものを妄想しつつ自分が歩み寄るか。そのどちらでも持っている知恵を駆使して、古墳時代から奈良時代までに多種・大量の言葉を編み出し、多数の言葉を受け容れながら、先人たちは中国文化との差を埋めていったのだ。

　異国の言葉を日本語に置き換える努力は、いまもそうだが、平安時代にも試みられていた。難しかったのは、予想されることだが、とくに抽象的な表現である。

『日本書紀』の冒頭は宇宙のはじまりを語るところだが、そこに、

古天地未剖、陰陽不分、渾沌如鶏子、溟涬而含牙。

（古に天地未だ剖れず、陰陽分れざりしとき、渾沌れたること鶏子の如くして、溟涬而含牙）

とある。天と地がまだ分かれていなくて、陰も陽もなく、ぐるぐる回転して形が定まらず卵の中身のようだったというのだが、問題はその次の「溟涬」である。

この文章自体は『淮南子』『三五暦紀』という中国古典からの引き写しなのだが、この二文字を日本語でどう読んでいくか。溟は「くらい海」で、涬は「ひろくくらいさま」である。平安時代の学者たちは、これを「くらげなすただよへる」「くらげなすたゆたひて」（『釈日本紀』）と読もうとしたのだが、どこにもクラゲに当たる字などない。意味を取って読み込んでいるのである。いまはそこから「くくりて」「くくもりて」を経て、「ほのかにして」と読んでいる。日本語でまずは意味をとり、そこから定着するようならそういう和訓の字として、自国語の文中に入れる。[8] 江戸時代には漢語の両側に小文字が書き込まれ、右は和訓などでの振り仮名、左は意味となっていた。訓みを作る発想は、それに似ている。もともと中国古典を引き写しているのだし、日本語として書かれた文でないのだから、筆者からすれば「溟涬にして牙を含めり」（新編日本古典文学全集本）と字音でそのまま読めばよいと思う。だが古代の学者たちはこれを何とか日本語の表現のうちに摑み取り、「読んでしまおう」とクラゲまで持ち出しつつ凄まじい思弁を重ねたのである。

努力のあとをもう一例。『論語』（岩波文庫本）に、

子曰　学而時習之　不亦説乎　有朋自遠方来　不亦楽乎　人不知而不慍　不亦君子乎

という一節がある。「学んで、さらに復習して体得するのは（習は鳥が羽を畳んだ姿で、重ねるの意）、嬉しいことだ。友人が遠くからやって来るのも楽しい。世の中の人が自分を理解してくれなくとも、憤らない。それこそいかにも君子だ」という意味にいまは解されている。

ところが「徳島市観音寺遺跡」から七世紀第二四半期の木簡が出土した。それには、

子曰　学而習時　不孤□乎　□自朋遠方来　亦時楽乎　人不知亦不慍

（『木簡研究』二十—二〇八頁）

左側面

（『木簡研究』二十—二〇九頁）

とあったのだ。

写し間違え・書き間違えともいえそうだが、「時習」が「習う時」となっていて、「不亦説」が「孤りならず」、「不亦楽乎」が「亦時に楽しまんや」となっている。暗唱によるうろ覚えとか見間違いによる誤写とかの不自然なありようをあれこれ想定するより、読み間違えの結果とみた方がどうもよさそうだ。つまり大意で「学習するときには孤独じゃない」「朋友たちと一緒に学んで楽しむものだ」という読み取り方を思いついて、それに合わせた読み替え・書き換えをしていたのだ。(9) 結果としては誤読なのだが、この記載者は原文の内容そのままでは自分として理解しがたいので、ここで言いたい

ことの意味を自分の頭のなかで推測して妥当な読みとなる和訓を考え出した。そしてその順に漢字の方を直した。たまたま誤解したために、このような思考過程の痕跡が残されたのだが、観念的な論理の摂取の場では、一文一文を前にして、こうした読み込みを試行し続けていた。

古代びとは、中国の単語のかたまりを日本にただ持ち込んで眺めていたのではない。持ち込んでも、読めなければ何の役にも立たない。だから自分の頭脳をふるって中国の文化を読み取り、その意味を理解しようと奮闘した。漢字の意味するものを想像して、それに合う日本語を和訓として作り出した。中国文化・漢字のうちで理解できなかったものにはその文化・文物に当たる日本語が生じなかった。現に多くの中国漢字が、日本で使われずに終わっている。それでも日記・講師など日本にまったくなかった概念・事物などについては漢語の形のままでこんなものだろうと臆測し、そこから今度はその漢語が指し示す内容・思想を日本の地に芽生えさせて現出させた。それができたときこそが、真に文化の吸収・受容なのである。

漢字の一字づつの意味を日本語で読み取る〈訓づけ〉という地道な努力が実って、日本では漢字の意味を弁えた上で、「目的・代価・要素」など「音＋音」熟語のほか、「家賃・手配・工場」など湯桶読みの、「本棚・座敷・台所」など重箱読みの、「空巣・手配・手数・出張」など「訓＋訓」熟語まで、数多くの日本製漢字熟語を作ってきた。最近作でも人脈・中古（ともに昭和四十年代）や人際・中水道などがある[10]。ついには、働・躾・鰯[11]・辻・榊・畑・腺・鋲・雫・峠・凩・凪など和製漢字（国字）を作り出しすらした。

あたらしく日本語を作るか漢語にあたる状況が日常的に見られるようにみずからを高めるか、そのどちらかを達成しえなければ日本が中国文化を摂取したことにならない。右に見たように、文化の差を埋めるには、なかったものを作り出して言葉を与え、ありもしない事物・観念を妄想してその言葉に当たるものを日本に芽生えさせる。絶望的に開いている文化水準の差を前に、迷いつつ奮闘していた人々の姿を、この誤読の木簡などの奥に窺い見ることができよう。

もっとも外国文字を翻訳して日本語に置き換えてあれば、その文字の指し示している内容も同じだと考えてよいかは疑問だ。言葉は置き換えられても、それぞれの国の人が思い浮かべる内容は異なる。それはかつても、またいまも、これからも同じだ。訳せるというだけでは、その人と同じように分かったとまではいえない。たとえば虹といえば、日本では七色とするが、アメリカ・ヨーロッパ諸国では六色以下に数える。六色の場合には、藍色を欠いている。それはそう見えないからで、見えない以上そうした色にあたる言葉は生じない[12]。そのほか、翻訳された原語と日本語との差異・齟齬のたぐいと、それに起因する誤解例は少なくない[13]。

二　文に書き記す

世界の言語数は、二七九六言語（L・H・グレイ、一九三七年）とか四二〇〇～五六〇〇言語（マンフレッド・マイヤーホーファ、一九七九年）とかいうが、文字体系の備わった言語となると四〇〇言語ていど[14]らしい。言語数・文字種数とも数値は定かでないようだが、ともあれ話すだけの言語より文字種数の方が圧倒的に少ないことは間違いない。

日本人が独自の文字を作っていく道もありうるが、漢字という圧倒的な質量の文字文化が厳然としてあり、それを眼前にしている。それなのに、それと全く異なる神代文字なるものをわざわざ創造する気になど、とてもなれなかったろう。国家意識とか民族意識などの特殊な意欲が間に入らなければ、そんな手間のかかることに手を染めるきっかけがない。

それに、話している日本語をそのまま書記する工夫は難しくなく、日本人の眼前で見せてもらえた。中国人はたとえば『魏志倭人伝』（新人物文庫本）で、ポルトガル人は『日葡辞書』で、その技をみせてくれている。『魏志倭人伝』では日本固有の名であるヤマト・ヒミコ・ヒナモリ・ククチヒコを邪馬臺・卑弥呼・卑奴母離・狗古智卑狗と書き記し、大和朝廷に取り込まれた渡来人も和歌山県橋本市の隅田八幡神社蔵人物画像鏡に男弟王（継体天皇）の王宮・オシサカノミヤのことを意柴沙加（柴は紫の誤記か画数の省略）と刻み込ませた。また『邦訳日葡辞書』（岩波書店本）には「掘り起こし・心掛け」をForiuocoxi・Cocorogaqeと記しており、安土桃山時代の日本語の発音がそのまま記されている。すなわち、他国の人が聞き取ったように、その国の文字の音を並べれば、日本語文がそのまま書記できる。漢字の画数がやや多いとかの問題があるとしても、そんな簡単・便利な日本語の発音保存法がはやくから眼前で行われていた。それをただ自分も真似て、見よう見真似でやればよいのだ。この筆録法を教わらないなんて、もったいない話である。

『万葉集』（日本古典文学全集本）にある丈部人麻呂の歌は「大君の仰せが恐れ多いので、磯に触れながら海原を渡る。父母を残して」という意味で、

於保吉美能美許等可之古美伊蘇尓布理宇乃波良和多流知々波々乎於伎弖　（巻二十―四三二八）

（大君の　命恐み　磯に触り　海原渡る　父母を置きて）

と詠まれたが、書記は一字一音でなされている。他国の文字の発音は王朝交替や時代の流行などによって変わるので、それに依拠することによって、時とともに違う読まれ方になってしまう恐れもある。保存とかの長い時間幅を想定すればそういう不正確さを免れないが、その場のその時の日本語表記としては、ほぼ正確に書き表わせるものだった。

しかしこの書記法には、いくつかの欠点がある。

句読点という西洋の書記法を知らないから、中国・日本とも、意味内容で文を切る書記法がなかった。文は止めどなく連続する。誤読を避けるために、漢文では之・也・哉・焉など文末を意味する文末助辞を適宜入れた。だが日本語文では、それをどうするか。

というのも、いつのころからか弁慶の「ぎなた読み」といわれてきた日本語文がある。

へんけいかなきなたをもつてさしころしたるもののみうちはととけいつへし

とある文をどう読むか。古代には読点・句点もなく、字面では清音・濁音の区別もない。どこで切って、清濁音をどう分けて読むか。それが読み手の教養だったのだが、そこで、

べんけいがな　ぎなたをもつてさ　しころしたるもののみ　うちはとどけいづへし

と読み間違えて、その無教養さを笑われるという話である。この読み取りでは、たしかに意味をなさない。正解は「弁慶が薙刀を以って刺し殺したる者の身内は届け出づべし」と読む。筆者が幼いころ、卒業式で歌った「蛍の光」（スコットランド民謡／稲垣千頴訳詞）の歌詞の「ふみよむつきひ」（書読む月日）は「一二三四六月日」、「仰げば尊し」（H・N・D作曲／大槻文彦・里見義・加部厳夫共訳詞）の「はやいくとせ」（はや幾年）は「早行くとせ」だと思っていた。他人事として笑える立場にない。

このような漢語の平仮名書きが、文章中に頻出するとどうなるか。

『図録東寺百合文書』（京都府立総合資料館編）にある正和四年（一三一五）七月十日付の「丹後国大内郷吉囲庄藤原氏女譲状案」（一七九八番）には、

> ゆつりわたすたんこのくに大ちのかうのりやうしゆしきの事
> 右のところはうち女ちうたいさうてんのしりやうなりしかるをかいほつりやうすてわのかみ時きよのきしんしやう八てうのゐんちやうの御下文てつきしやうもん氏女あて給はるあんとのゐんせんらをあひそゑてしそくひこ二郎時しけならひにやしないおと、いつもの四郎さゑもんまさもちにかのりやうすしきをはんふんつ、ゑいたいをかきりてゆつりあたうるところなり……
> （京都府立京都学・歴彩館「東寺百合文書WEB」及び今野真二氏前掲書七一～二頁）

とある。何よりも、読み取りづらい。清濁をつけ、漢字と注記を交えて、

> 譲り渡す、丹後国大内郷の領主職の事
> 右の所は（藤原）氏女重代相伝の私領なり。しかるを開発領主出羽（権）守（源）時清（辰清）の寄進状・八条院庁の御下文手継証文・氏女宛て給はる安堵の院宣らを相添ゑて、子息彦二郎時重並びに養弟出雲四郎左衛門（尉）政茂に、かの領主職を半分づつ永代を限りて譲り与うる所なり
> ……

とすれば、読みやすくなろうか。

右の文がさらに平仮名で書かれず、すべて一字一音の、しかも画数のやたらに多い漢字で埋められていたら、読み取る気力すら湧いてこないかもしれない。日本語のたった一音を出すための目的

の割に、漢字の書記は書き手として手間がかかりすぎる。読み手としても、すべて漢字を並べられたのでは、圧迫感があって読み取りづらくなる。

だから当時の宮廷びとは、喋るのは日本語で、書記は中国漢文にしていた。いまなら大変そうだと思うかも知れないが、当時の感覚では「書き言葉は別」と考えていただけのことである。日本国内でも、日ごろ方言を喋っている人たちが文章を書く段になると、どこでも共通な「書き言葉」で記す。つまりどの地方でも、書き言葉と話す言葉はどこか違う。[15]それと似ている。

「書き言葉の世界では漢文が共通」となっていたおかげで、中国・新羅・渤海・日本の前近代の貴族・官人たちは、足をのばせばベトナムでも、筆談で意思の疎通が図れた。

だが中国漢文では、そもそも日本語文がそのままに表記できない。日本語文は主語＋目的語＋動詞の順なのに、中国漢文では主語＋動詞＋目的語の順に並ぶからである。

漢字には慣れてきて、漢字の本来の意味も会得し、それの日本語（和訓）も付けられるようになっていた。それに続く日本語文の書記は、その段階から次のように進んだと長く考えられてきた。

すなわち『万葉集』に、

①東野炎立所見而　反見為者月西渡　　柿本人麻呂（巻一―四八）
（東ノ野ニ炎ノ立ツ見ヘ而　反リ見為レ者月西渡）

②**春野**尓**霞**多奈毗伎宇良**悲**　許能**暮影**尓**鶯**奈久母　　大伴家持（巻十九―四二九〇）
（春ノ野に霞たなびきうら悲シ　この暮影に鶯なくも）

③和我都麻波伊多久古非良之乃牟美豆尓加其佐倍美曳弖余尓和須良礼受

若倭部身麻呂（巻二十―四三二二）

（我が妻はいたく恋ひらし飲む水に影さへ見えてよに忘られず）

とある、こういう書記の変遷を順に辿った、と。

①人麻呂の歌の段階（持統朝、七世紀末）では、日本語文のなかに表意（意味を表わす）の漢字を順に置いていくだけで、日本語のいわゆる「てにをは」をほとんど書き込まない。左側の書き下し文中に補なった「ノ」や「ツヘリレ」などカタカナにしてある部分は、読み手が随意に入れ込んで文意を読み取った。それが②家持歌の段階（八世紀前半）では、「春・野・悲・暮影・鶯」など意味で読む漢字と「尓・多・奈・毗・伎」など字音だけの漢字を組み合わせて、表意文字から送り仮名・助詞の読み方まで指定する。そう指定するために、表音文字として使う漢字を多数書き込んでいるのだ。右の歌では、ゴチック活字体の部分は表意文字として読み、そのほかは漢字の意味に関係のない一字一音の表音文字として読ませた。それでも「宇良悲」ウラガナシと読まず、ウラヒと読み間違える危険性もある。そこで③身麻呂の歌（奈良中期）では、究極の表記として表音文字のみによる一字一音での書記がなされた、というわけである。

しかし②のようにすると『古事記』（新編日本古典文学全集本）序文で太安万侶が述べるように、

> 已に訓に因りて述べたるは、詞心に逮ばず。全く音を以ちて連ねたるは、事の趣更に長し。是を以て、今、或るは一句の中に、音と訓とを交へ用ゐつ。或るは一事の内に、全く訓を以て録しつ。（二五頁）

（訓を用いて記すと、漢語の字の意味するものが表現したい心に合わないときがある。すべて音を用いて記すと、今度は長々しくなってしまう。そこで今、あるときは一句のなかに音と訓とを交えて用い、あるときは一つの事柄を記すのにすべて訓だけで書いてみた）

と嘆くことになる。漢字の表意では、もともとの漢字の意味するところが日本語の気持ちを表現できない場合がある。たとえば「言を左右にする」と記しても、こんな表現が日本語にもともと無いから、困って戸惑っているのか、狡く逃れようとしているのかが伝わらない。だからといってすべて日本語の通りに一字一音にするとやたらに長ったらしくなる。そこで、音・訓を交えて用いることとする。つまり②の家持歌のような段階が、日常的に使用するのには現実的で合理的とみなされた。そのなかでの工夫として、表意文字としてのみ使っている漢字を草書体からさらに書き崩した書体（平仮名）にして表音文字と区別する方法へと進むというわけである。

以下の話は、まだそうだと確定できているわけではないが、現実の日本文表記の歴史はどうやらそういう道筋を辿らなかったらしい。

滋賀県野洲市の西河原森ノ内遺跡で、六七五年から六八一年のつまり天武朝のものと思われる告知札木簡が出土した。[16]

椋□傳之　我持往稲者　馬不得故　我者反来之　故是汝トマ
自舟人率而可行也　其稲在處者　衣知評平留五十戸　旦波博士家

（「木簡研究」三十三号、一四九頁）

とあり、テニヲハを補って書き下せば、

椋□傳フ　我ガ持チ往キシ稲者　**馬ヲ不得**ルガ故ニ　我レ者反リ来タル　故ニ是レ汝ト部

自ラ舟人ヲ率ヰ而行ク可キ也　其ノ稲ノ在處者　衣知評平留五十戸ノ　旦波博士ノ家ゾ

となる。文の内容は大した問題でないが、「椋直（または首）が伝言する。私が持って来た稲は、（かねて手配しておくと約束してあったこの場所で）馬が得られなかったので（湖岸まで運べない）、だから私はここから引き返す。だからあなた卜部よ、自分で（馬に乗せて湖岸に運び）舟人を使って（稲を）持って行きなさい。その稲は衣知評の平留五十戸にいる旦波博士の家に、いま預けてある」という趣意である。注目されるのはその表記で、漢文なら「不㆑得㆑馬」となるべき部分が「馬不得」、「率㆓舟人㆒」とすべき部分が「舟人率」とされている。英語でいうなら「I go to church.」（礼拝関係のときはa/the を付けない）というべきところを「I church go to.」と言い放ったことになり、ふつうなら莫迦にされる。いまからすれば「愚かなる、しかし偉大な工夫」だが、誰かがあえてそうしたのだ。

つまり、現代人がこれから伝えようとすることについて、そのなかで使う単語、たとえばアイデンティティ（identity 個性・主体性）とかエビデンス（evidence 証拠・根拠）・リテラシー（literacy 読み書き能力・情報評価識別能力）などの外来語を読み取ってほしい順に並べておく。読み手は、日本語文として受け取るさいに頭のなかでテニヲハを付けて読み取ってゆく。柿本人麻呂の文の表記は、そういう相互の諒解によって生まれた文体のように見える。しかし日本語文の書記は、表意漢字の単語を並べてからテニヲハを適当に置いてはじまったのでなく、漢文体を前提・元として、それを日本語的に崩すところからはじまった。書記にはもともと外来語の漢文を用いていたが、それを自分が話している順番で、日本語順に改編した。その発想によって日本語の和漢混淆文ができていった、という過程を辿ったのだ。書記するときは漢文を用いるとしてきた宮廷びとの誰かが、ある日とつぜん「漢文で書いたものを頭のなかで日本語文として読み直しているくらいなら、最初からひっくり返しちゃえ」と書いてしまった。まわりの誰かが「これって、いいんじゃない」などといって、仲間内のみで使いはじめた。こうして発生して普及していった和漢混淆文のおかげで弁慶の「ぎなた読み」のような読み間違いをしないで済むからと、このおよそ出鱈目な変形漢文をあえて真似した。教養ある宮廷びとからすれば「愚かなる工夫」を初めてした誰かには、大いに感謝しなければなるまい。

この「愚かなる、しかし偉大な工夫」の痕跡は、いま飛鳥（奈良県）から遠い近江（滋賀県）で発見された。しかもこの段階では、この書き方ですでに運搬業者の間でふつうに通じると思われていたから、彼らは日常的に使い合っていた。しかし近江は、文化的な僻地とまでいわないが、当時の感覚ではどう考えても文字文化の中心地でない。とすればこの日本語文の表記法は、それよりすこし前に、近江ではないどこかでつとにはじまっていたはずであり、きっと文字文化に馴れていてもっと盛んに行われていた場所で成立したのだろう。おそらくは宮都が置かれていて役人たちが多くいた飛鳥周辺で、七世紀中ごろにはじめられたのでなかったか。

ところが、じつは、この漢文から日本語文への変形が書記法成立過程のすべてでもなかった。

大阪市・難波長柄豊碕宮跡から六四六～五四年ごろの木簡が出土した。それには、

皮留久佐乃　皮斯米之刀斯□　（「木簡研究」三十一号、三十四頁）

（「春草の初めの年」あるいは「春草の初めし年」）

木簡実測図

（「木簡研究」三十一号、三十五頁）

とあり、またさきほど紹介した「徳島市観音寺遺跡」でも、

奈尓波ツ尓作久矢己乃波奈×

（「木簡研究」二十一号、二〇五頁）

と記された木簡が出土していた。後者の歌は『古今和歌集』（日本古典文学大系本）に仁徳天皇の歌として載せられており、「なにはづにさくやこのはな冬ごもり　いまははるべとさくやこの花」（九五頁）と続いている。

こうした一字一音の書き方は、先掲のように防人歌時代の八世紀中葉になって成立したのではなく、その一〇〇年も前の七世紀中ごろすでに用いられていた。つまりこういうことだ。七世紀半ばのとある日に、一方で日本の出来事は中国漢文を用いて記録されたが、歌詠の場などではだれにでも間違いなく読める日本語文作成の方法である漢字の字音を使った一字一音で表記した。しかし七世紀後半になって、一字一音での筆記もするものの、同時に漢文を日本語文の順に崩して使おうという試みがはじまった。この二通りの方法をともに駆使しつつ、日本語文のより妥当な表記法を模索していた、ということである。

といって終わりたいところだが、筆者には解せないものが心のなかになお一つ残っている。

それは、宣命小書体のことである。[17] 宣命とは天皇が（漢文でなく）日本語で指示・命令するときの公文書である。天皇の口にした日本語文を文字に写し取るわけだが、そのときの書記の方法に宣命大書体と宣命小書体があった。具体例を作れば宣命大書体では、

食国乎治 奉 止任 賜幣留国々宰 等尓至 麻弖尓

となり、宣命小書体では左のようになる。

食国乎治奉止任賜幣留国々宰等尓至麻弖尓

宣命大書体は前記の家持歌の書記法（万葉仮名）であり、天武朝の和文体木簡も同じであった。字はすべて同じ大きさで記される。これに対して宣命小書体は一字一音の部分をすべて割注（細字双行での分かち書き。右の文では、機械の都合でしていない）にしている。ただし左の文中に散見されるのだが、文頭が一字一音表記となる場合、そこは大書体とする約束になっていたようだ。この宣命小書体なら、表意文字として読む漢字と一字一音の表音文字としてのみ読む漢字との区別は一目見ただけでわかる。かつてのワードプロセッサのように「同一行のなかは、同じフォント・同じ大きさの文字しか打てない」というような制約はない。手書きなのだから、自分で手加減すればよいだけ。誰にでも、ただちに、しかも容易にできるまことに適切な方法ではないか。

『大日本古文書』（編年文書）にある天平勝宝九歳（七五七）三月二十五日の孝謙天皇の命令を中務

卿・藤原永手が書き記した宣命には、

> 天皇我大命良末等宣布大命乎衆聞食倍止宣、此乃天平勝宝九歳三月廿日、天乃賜倍留大奈留瑞乎頂尓受賜波理貴美恐美親王等王等臣等百官人等天下公民等皆尓受所賜貴刀夫倍支物尓雖在合間、供奉政乃趣異志麻尓在尓他支事交倍波、恐美供奉政畢弖後尓趣波宣牟、加久太尓母宣賜祢波、汝等伊布加志美意保々志念牟加止奈母所念止宣大命乎諸聞食宣、
>
> 三月廿五日中務卿宣命　（巻四―二二五～六頁）

とある。これを溯った天平年間（七二九～四九）作成の『大安寺伽藍縁起幷流記資財帳』には、

> 仍即天皇位十一年歳次己亥春二月、於百済川側、子部社乎切排而、院寺家建九重塔、入賜三百戸封、号曰百済大寺。此時、社神怨而失火、焼破九重塔並金堂石鴟尾、天皇将崩賜時、勅太后尊久、此寺如意造建、此事為事給耳。　（『寧楽遺文』中巻、三六六頁）

とある。ただしこれは原本でないので、後世の人が転写するさいにその時代の知恵を適用して宣命小書体へと書き直したのかもしれない。そうなると宣命小書体の書記法は、八世紀中ごろは確実でも、八世紀初頭にあったか確信が持てない。

そうではあるが、こうした大書・小書を弁別する知恵がそのころ成り立っていたのならば、『古事記』序文で安万侶が発したような書き方についての愚痴など聞かされずに済んだはず。またそうした書記法が成立していたのに、そのあと、宣命小書体つまり表音文字とする漢字を小書きにするという知恵を宮廷びと・古代びとがなぜ広く採用しなかったのか。平仮名の成立まで苦しみ続けた理由について、納得できる理由がいまだに思いつかないでいる。

【注】

（1）廣岡義隆氏著『萬葉のえにし』（塙新書、二〇二〇年）、四四～七頁。

（2）遠藤基郎氏「『婆娑羅』から考える」（東京大学史料編纂所編『日本史の森をゆく』所収、中公新書、二〇一四年）。一四頁。

（3）松方冬子氏著『オランダ風説書』（中公新書、二〇一〇年）。第五章別段風説書、一五四～六頁。通詞の能力を否定するかのような記載部分を引いたが、『外交』、『内閣』、『総督』は、どれも古今の漢籍から得た中国に関する知識を総動員し、幕末から明治にかけて作られた新しい日本語である。そのような新語を作り、あてはめ、自分たちの知識として再構成していく作業が体系的な知識の導入そのものであった。この時代の日本人はヨーロッパの言葉をそのままカタカナに直して満足したりはしなかった。その背景には江戸時代に広く培われていた漢文の素養があった」（一九九頁）とされ、受容の準備と努力がなされていたことも記されている。

（4）佐藤昌介氏著『高野長英』岩波新書、一九九七年。Ⅵ「兵書翻訳を業として」、学究的本領とあらたな使命感、一八二～九〇頁。

（5）『余蘊孤抄』（アーツアンドクラフツ、二〇一八年）。一七二頁。

（6）吉岡幸雄氏著『日本の色を染める』（岩波新書、二〇〇二年）。三五～六頁。

（7）『土左日記』の日本古典文学大系本では、一文字・十文字を「ひと＋もじ」「と＋もじ」として「訓読み＋音読み」で読み取っている。しかしこれはイチモンジ・ジュウモンジと読むべきだろう。というのは、ここでは文字数を一・十と数えたのでなく、一・十のそれぞれの字形の意味で使っている。一という文字も知らないくせに、十という文字を書いて足を踏んでいるという洒落である。字数の意味ならば平仮名にしていたろうが、話が字形だったから漢字のままにしているのである。

(8) 今野真二氏著『かなづかいの歴史』(中公新書、二〇一四年)。

(9) 新川登亀男氏著『漢字文化の成り立ちと展開』(山川出版社、二〇〇二年)。九三～六頁。

(10) 高島俊男氏著『漢字と日本語』(講談社現代新書、二〇一六年)、Ⅰ・Ⅲ。

(11) 荒井秀規氏「『辻』の墨書土器―点の数をめぐって―」(「湘南考古学同好会々報」一六〇号、二〇二〇年十月)。
辻の之繞の点は、古代遺物において一点で書かれていた。

(12) 桜井邦朋氏著『「考え方」の風土』(講談社現代新書、一九七九年)。

(13) 今野真二氏著『日本語の考古学』(岩波新書、二〇一四年)。

(14) 阿辻哲次氏著『〔一語の辞典〕文字』(三省堂、一九九八年)。

(15) 高橋源一郎氏著『たのしい知識―ぼくらの天皇(憲法)・汝の隣人・コロナの時代―』(朝日新書、二〇二〇年)。一八九頁。

(16) 拙稿「天武朝の和文体木簡」(『天平の木簡と文化』所収、笠間書院、一九九四年)。ただしそのおりの釈文は、二〇一三年、直は直ないし首、[侮]は傳、[□][往]・[不]は持往・不に変更されている。

(17) 拙稿「太安万侶と宣命小書体」(『古代の豪族と社会』所収、笠間書院、二〇〇五年)。

※本稿は、平成三十年(二〇一八)十月三十一日に神奈川学園高校N館三〇一教室において行なった講演と令和元年六月二日に横浜開港記念会館で行なった横浜歴史研究会平成三十一年度六月例会での講演をもとに、若干の加除訂正を施したものである。

日本古代の高齢者

一　「老」の年齢

寛永九年（一六三二）九月に発布された『諸士法度』には、末期養子の禁という項目があった。当主がその末期（死の間際）になって、急に養子を取ると届け出ても、その養子の跡目相続を認めないという規定で、

一、跡目之儀、養子は存生之内可得御意、及末期忘却之刻雖申之、御用ひ有へからす。
勿論筋目なきもの御許容有ましき也。縦雖為実子、筋目違ひたる遺言御立被成ましき事。

（岩波書店本『御触書寛保集成』九、寛永九年申九月廿九日条）

とある。これは大名についても同じで、この規定で絶家（御家断絶・改易）となった大名家が少なくなかった。そのために解雇となった大名家の家臣たちは牢人（浪人）となったが、再仕官・再雇用された数は比して少なかったから、多数の牢人が巷に溢れて治安を悪くすることとなった。折しも徳川家光歿後で家綱（十一歳）への代替わりでかつ幼年将軍の就任という不安定な政局を衝いて、慶安四年（一六五一）七月に由井正雪の乱（慶安の変）が起きた。

幕府は、叛乱や命令違反などの過失でなく、末期養子の禁の機械的な適用がこの事件の一因になったと認識した。そこで慶安四年十二月、一転して末期養子を認可。養子は存生のうちに言上すべきで、末期になって言い出しても用いないという原則を述べたあとを、次のように改制した。

> 雖然、其父年五拾以下之輩は、雖為末期、依其品可立之。拾七歳以下之もの於致養子は、吟味之上許容すへし。向後は同姓之弟同甥同従弟同又甥幷びに又従弟、此内を以、相応之ものを可撰。（以下略）
>
> （『御触書寛保集成』十一、寛文三年八月五日条）

三十五、六歳ならば自分が急死するとも思わずにいるだろうし、跡継ぎとなる男子の出産もまだ期待していてもよい。この時代に戦死はあまりなかろうが、そのなかでも病気で急死・頓死することはままあった。それで絶家とするのはかわいそうだろう。それでも五十歳になっても跡取りがいないままで、養子も決めておかなかったとすれば、それは当主の落ち度だ、という判断である。つまり五十歳にもなってなお次の世代に譲る準備をしていないのは誰でもおかしいと考える、といわれているわけである。五十歳はすでに世代交代の準備がなされているべき年齢で、それを過ぎて何もしていないのは、それの方が愚かなのである。たしかに佐賀藩主・鍋島閑叟は、文久元年（一八六一）十一月に四十八歳で家督を子・直大に譲っている。北条氏康は永禄二年（一五五九）十二月に四十五歳で子・氏政に、その氏政は天正八年（一五八〇）八月に四十三歳で子・氏直に、織田信長は本能寺の変より七年も前の天正三年（一五七五）十一月に四十二歳で子・信忠に、大塩平八郎に至っては文政十三年（一八三〇）三十八歳で大坂東町奉行組与力を退職して養子・格之助に家督を相続させている。

家督相続の例は思いつくままに並べてみたにすぎないが、末期養子の禁を緩和してもなお五十歳が規準となるのは、五十歳が社会構成員の主軸からの引きどきと見なされていたことを思わせる。

『倭訓栞』（国立国会図書館デジタルコレクション）巻四十五／於之部には、

おい　○四十を老の始とするよし、西土にいへり。内経に八、五十以上為老と見ゆ。

とあり、江戸時代感覚の五十歳はもう「老い」の年齢だった。そうだからこそ、井原西鶴は『西鶴置土産』（新日本古典文学大系本）巻一に、

辞世　人間五十年の究り、それさへ
我にはあまりたるに、ましてや
浮世の月見過ごしにけり末二年
元禄六年八月十日　五十二才
（二六〇頁）

として五十二歳の自分を「二年の見過ぎ」と詠み遺したわけだし、還暦（数え年の六十一歳）、古稀（七十歳）が格別に目出度かったのである。

では、日本の古代社会での「老い」は、何歳からのことと認識されていたろうか。

『令義解』（新訂増補国史大系本）戸令三歳以下条によれば、

男女は、三歳以下は黄と為よ。十六以下は少と為よ。廿以下を中と為よ。其れ男は、廿一を丁と為よ。六十一を老と為よ。六十六を耆と為よ。

とし、税制上は十七歳から二十歳が中男（大宝令では少丁、以下同じ）、二十一歳から六十歳までが正丁（壮丁）、そして六十一歳から六十五歳までが次丁（老丁）と名付けられた。それが天平勝宝九歳（七五七）四月、儒教的撫民政策を標榜する藤原仲麻呂によって、中男が十八歳以上、正丁が二十二

歳以上、さらに天平宝字二年（七五八）七月には次丁が六十歳から六十四歳までと改められた。課税される年齢が上下でそれぞれ一年削られ、正丁として重く課税される期間も、二十二歳から五十九歳へと短くする優遇策であった（『続日本紀』）。

このときに仲麻呂は「六十五を以て耆老となす」（新訂増補国史大系本『続日本紀』天平宝字二年七月癸酉条）と表現しているが、言葉の意味とすれば「老」丁や「耆老」には異論もある。中国では「耆は六十歳、老は七十歳」とする説や耆は六十歳（『礼記』）とか八十歳（『周礼』）とする説があった。また税制上の年齢の区切りも、唐では六十歳以上になると口分田が半減となり、北魏では七十歳になると課税もなくなるが露田（口分田のこと）も取り上げられるなど、王朝・時代によって微妙に異なっていた。それぞれの社会の年代観もあろうが、王朝ごとの財政規模の目算や田圃の面積の状況も関係したのかもしれない。

ともあれ日本の老丁は老と呼ばれているが、税制上は課税対象・税負担者である。引退年齢と見なされていないし、いたわる対象とも認識されていない。保護・慰労すべき対象とみなされるようになるのはいつかといえば、まずは八十歳からだった。

『日本書紀』（日本古典文学大系本）朱鳥元年（六七六）十二月壬辰条では、

京師の孤独高年に布帛を賜ふこと、各差有り。

というが、何歳以上に賜与したのか分からない。それが持統称制元年（六八七）正月庚辰条になると、

京師の、年八十より以上、及び篤癃、貧くして自ら存ふこと能はぬ者に絁綿賜ふこと、各差有り。

とあり、以下、持統天皇四年三月丙申条に、

京と畿内との人の、年八十より以上なる者に、嶋宮の稲、人ごとに二十束賜ふ。

持統天皇六年三月甲申条に、

過ぎます志摩の百姓、男女の年八十より以上に、稲、人ごとに五十束賜ふ。

持統天皇七年正月癸卯条に、

京師及び畿内の、位有りて年八十より以上、人ごとに衾一領・絁二匹・綿二屯・布四端賜ふ。

さらに持統天皇九年六月壬辰条に、

諸臣の年八十より以上及び痼疾に賞賜ふこと、各差有り。

とあって、賜与の対象年齢が、明らかである。

持統朝最初の二件は奈良盆地南部の飛鳥京内に居住する高齢者と範囲を広げた畿内の高齢者に繊維製品や稲束を配ったもので、徳の高い天皇の所在地の周辺はとくにその恩恵を厚く受けるとの考えによる。持統天皇六年の件は、行幸にともなう恩典である。天皇のミユキ（御行き）を行幸とことさらに書くのは、天皇が行くとそこには幸が訪れるからである。その理念を可視化し実感させるために、行く先々にこうした賜与を行なった。持統天皇七年と九年の二件は、身内の官人の優待である。一般人・官人のいずれも、賜給は八十歳からとなっており、『続日本紀』慶雲元年（七〇四）七月壬寅条も、

詔して、京師の高年八十已上の者には、咸、賑恤を加ふ。

と変わらない。この時期は、これが「高年」の認定規準だったようだ。

奈良時代になると、天平八年（七三六）度「摂津国正税帳」西成郡の項目にある「高年鰥寡惸独

等の人」のうちの高年者の内訳では「九十歳已上十三人、八十歳已上卌四人、七十歳已上二百三人」（『大日本古文書』［編年文書］二、一〇頁）となっていて、七十歳以上が高年者に数えられている。年齢を下げたために対象人数は急増しているが、この措置はそれに見合う国家的な備蓄があるという自信の表われでもあろうか。

持統朝・文武朝の賑給はとりあえず八十歳以上としてはじめられたが、古代の「老」は「摂津国正税帳」にあるように七十歳以上とするのが時代としての諒解だったようだ。

というのも、七十歳は官人（四等官・主典以上の専任職）の致仕つまり退職年齢とみなされていた。『令義解』選叙令官人致仕条には、

凡そ官人年七十以上、致仕を聴す。五位以上は上表し、六位以下は官に申牒して奏聞せよ。

とある。「退職をゆるす」のだから、退職しなくともよいわけで、「建前としての引退年齢」という規定なのだが、それでも引退を促す部下のきつい目にさらされるのは間違いなさそうだ。

七十歳になれば社会組織の第一線を退いて、国から労られる年齢となる。ただそうなると六十五～九歳は高年者でもご隠居でもなく、今と同じように中途半端な位置づけになる。そこはどうやら変わっていない。また江戸時代の老人・隠居の実情に比べて[1]古代の「老人待遇」は遅い。老年まで生き残っている人については思ったよりも長く現役扱いされ、また受け取り方次第ではあるが、期待されたもしくは酷使されたというべきだろうか。

二　老年人口の実情

天平九年度「和泉監正税帳」（『大日本古文書』〔編年文書〕二）記載の五月十九日恩勅による賑給（災害支援）では大鳥・和泉・日根の三郡全体で一〇〇年已上二人、九十年已上十六人、八十年已上九十四人とあり、ついで九月二十八日の恩勅の賑給受給者は一〇〇年が三人、九十年が二十一人、八十年が一〇一人とある（七六頁）。同年内の連続した記事でかつ数え年なのに、つまり年齢該当者が増えるはずがないのに、五月より九月の人数が増えるのは不可解だが、五月のは天然痘蔓延による賑給の恩勅なので、罹病していない人は請求できなかったのだろうか。しかしそう理解すると、高齢者の大半が天然痘に罹っていたことになってしまう。九月の恩勅も対象者の条件が不明なので、これも高年者の一部への支給だったのだろうか。掲載された人数が高齢者の総数でないかもしれないが、それでも保健衛生で劣る古代に、一郡当たり一人の一〇〇歳者がいたとは驚かされる。話をいささか飛躍させてしまうことになるが、全国は五五五郡あるから、五〇〇人超の一〇〇歳老人がいた可能性がある。

高年者の人口比率は、澤田吾一氏(2)によってすでに統計結果が示されている。

七十歳以上・八十歳以上は、美濃国（データ数、一一三二人）で三十六人・九人、西海道（六〇七人）で八人・一人、下総国（五三五人）で八人・一人であり、通計すると七十歳以上は一・六％弱、八十歳以上は〇・三％強でしかない。二〇一八年の七十歳以上（二六一八万人）が人口比で二〇・七％であるから古代に比べて現代はたしかに稀少性がない。この点については、人生の先師・先達が多数いることを力強く感じて貰うべしとしておこうか。

ところで賑給された白米は、法律の規定する優遇の対象だったことによるが、優遇措置はほかにもある。たとえば『令義解』戸令給侍条によれば、

凡そ年八十及び篤疾には、侍一人を給へ。九十には二人、百歳には五人。皆、先づ子孫を尽くせ。若し子孫无くば、近親を取るを聴せ。近親无くば、外に白丁を取れ。若し同家の中男を取らむと欲はば、並びに聴せ。

とあり、八十以上の者には専業の供侍者を認め、課税を免除して付き添い・看護に当たらせていた。そのさいはまずはその家族で、ついで三親等以上の近親者、それでもいなければ庶民から採った。家のなかに中男がいれば、その雑徭を当てさせるとの解釈（『令集解』朱記）もあったようだ。

また好ましい話でないが、『律令』（日本思想大系本）名例律七十以上条では、

凡そ年七十以上・十六以下、及び癈疾、流罪以下犯せらば、贖収れ。……八十以上・十歳以下、及び篤疾、反逆・殺人の死すべきを犯せらば、上請せよ。……九十以上・七歳以下は、死罪有りと雖も、刑加へず。

とあり、執行すべき刑罰を笞・杖刑や流刑など身体を使う形ではなく、物品で贖うことに代えさせている。また九十歳以上では、刑の執行を止めさせている。といっても、そもそもこの恩恵にあずかる立場になりたくないが。

三　老の光と影

あやかるために、長命な人たちの活躍の記録も掲げておこう。

孝安天皇の一三七歳（『日本書紀』）、仁徳天皇の享年一一〇（岩波文庫本『水鏡』三三頁）、六朝に仕えた武内宿禰が二九五歳（新訂増補国史大系本『公卿補任』仁徳天皇御世）とか二八二歳（新訂増補国史大系本『扶桑略記』巻二／仁徳天皇五十五年）・三一二歳（新訂増補国史大系本『帝王編年記』巻五／仁徳天皇七十八年）などとあるのは、史書編纂時の時間配分の都合だろう。

正史に記録される記事で信憑性の高い長寿者となると、尾張浜主と竹田千継が著名である。

『続日本後紀』（新訂増補国史大系本）承和十二年（八四五）正月乙卯条によると、浜主は一〇〇〇人を超す観客の見守るなか、和風長寿楽を平安宮大極殿南庭の龍尾道で舞った。日ごろ起居にも不自由しているという話だったのに、服を着て曲が流れるや、あたかも少年のように演じた。「近年これほどの人はいない。浜主は本当の伶人（楽人）だ」とみな絶賛した。このとき一一三歳で、みずからこの舞を作って、舞いたいと申請したのだという。二日後にも仁明天皇の召しによって清涼殿前で長寿楽を舞い、天皇は賞嘆し、左右の人は涙を流した。翌年も天皇に舞を披露し、「翁とて侘びやは居らむ（逼塞してなどいられようか）草も木も栄ゆる時に出でて舞ひてむ」という弥栄を言祝ぐ和歌まで奉った。そのさい高年を賞し、地方官人に与えられる外従五位下から内位の従五位下とされて正式な貴族に取り立てられた、という話である。

『政事要略』（新訂増補国史大系本）九十五／至要雑事に載せる「服薬駐老験記」によると、千継は山城国愛宕郡の生まれ。十七歳で典薬寮に入って医生となり、本草経に枸杞が老をとどめて寿を延ばすとする文を見つけた。その効験を試そうと二段ばかりの土地を買って栽培し、爾来七十余年、葉や根を服用し、茎や根の煮汁を飲み、沐浴するときもその水を用いた。その御蔭で少年のように若やいでいた。要するに一人で、身を以て治験し続けたわけである。斉衡二年（八五五）文徳天皇が疲労を訴えたとき、医師たちは石決明酒（利尿剤）を勧めたが、ある人が千継の枸杞のことを奏上した。そこで召し出され、何歳かと問われた千継は「天平宝字九年（七六五）生まれで、九十七」と答えたが、天皇はまさかと疑った。侍臣が身体を調べてみたが、鬢髪は黒く、肌膚は艶があり、耳目も鮮明で歯牙に虫もない。天皇は典薬允に起用したが、その四年後に死没した、という。ついでながら寛平九年（八九七）に一一六歳で没した唐舞師の春海貞吉も枸杞を服用していた、とある。

また『続日本紀』延暦元年（七八二）七月壬寅条には大和国松尾山寺の尊鏡が一〇一歳の高年を褒められて叙位された、ともある。ほかにも『扶桑略記』『元亨釈書』などに長寿者はしばしば見られるが、記事内容の信憑性が劣るので割愛する。

老いてもなお史書に燦然と輝く人がいる一方で、やはり老いは忌避され揶揄される存在でもあった。『万葉集』（日本古典文学全集本）には、

昔老翁あり、号を竹取の翁といふ。この翁季春の月に、丘に登り遠く望す。忽ちに羹を煮る九箇の女子に値ひぬ。百の嬌は儔なく、花の容は匹なし。ここに娘子等、老翁を呼び嗤ひて曰く、「叔父来れ、この燭火を吹け」といふ。ここに翁唯唯といひて、漸くに趨き徐に行き、座の上に着接きぬ。良久にして、娘子等皆共に笑みを含み、相推譲りて曰く、「阿誰か此の翁を呼びつる」といふ。すなはち竹取の翁謝まりて曰く、「非慮る外に、偶に神仙に逢ひぬ。迷惑ふ心、敢へて禁むる所なし。近づき狎れぬる罪は、希はくは贖ふに歌を以てせむ」といふ。即ち作る歌一首幷せて短歌

（巻十六―三七九一の題詞）

とあって、九人の仙女に出会った翁が、やがて「このじいさんを呼んだのは誰よ」と仙女たちから迷惑がられることに。翁は馴れ馴れしく近寄ったことを詫びつつかつて若かったころを思い出して長歌を詠み、その反歌として、

死なばこそ　相見ずあらめ　生きてあらば　白髪児らに　生ひざらめやも（巻十六―三七九二）

白髪し　児らも生ひなば　かくのごと　若けむ児らに　罵らえかねめや（巻十六―三七九三）

と歌った。「生き長らえていれば、あなた方にも白髪が生える」「そうなったら、あなた方もこんなふうに若い人たちにばかにされずには済むまいよ」という、反撃である。かつての寓居近くの連栄山持法寺の境内掲示板に「子ども叱るな来た道だ　年寄り嗤うな往く道だ」とあったが、まさにその通りである。ここでの仙女は「はしきやし　翁の歌に　おほほしき（ほんとだわ　おじいさんの歌に　うっかりしていたが）」（巻十六―三七九四）と反省しているが、実社会では罵られたまま終わるような気がする。

というのも『枕草子』（日本古典文学全集本）には、

二四　人にあなづらるるもの

人にあなづらるるもの　家の北面。あまりに心よきと人に知られたる人。年老いたる翁。また、あはあはしき女。築地のくづれ。

五二　にげなきもの

にげなきもの　髪あしき人の、白き綾の衣着たる。……老いたる男のねこよびたる。また、さやうに鬚がちなる男の椎つみたる。歯もなき女の梅食ひて、すがりたる。

とあり、清少納言にとって翁は土塀の崩れと同じ軽侮(けいぶ)の対象であり、猫を呼ぶ猫なで声や鬚面(ひげづら)で椎の実を拾う姿を見るのも賤(いや)しくて厭(いや)だったようだ。もっとも清少納言は、同性の嫗(おうな)についても、歯もない口に梅の実を入れてすっぱがっているのが「似つかわしくないもの」だと、酷評している。つまらぬことに我を張ったり駄洒落(だじゃれ)ばかり連発していないで、年を重ねてきた人にふさわしい鷹揚(おうよう)さを見せつつ、知性ある発言と行動とをするよう求められているということだ。

【注】

(1) 呉座勇一氏は著書『日本中世への招待』(朝日新書、二〇二〇年)「第一部人生の歴史学」で、惣村自治組織の構成員の年齢、曲直瀬道三著『啓迪集』の「老人門」が対象とした年齢、「極楽寺殿御消息」の四十六条にある「さて六十にならば、何事も一篇にうちすてて、後世一大事をねがひて、念仏を申すべし」の例から「武士の場合も60歳が現役引退の目安だったようだ」(二三四頁)とし、六十歳以上が老人とされていたとする。その時代の観念と見なしてよいとも思うが、認定する人の立場(医師)や対象者の仕事内容(戦闘員)が影響しているかとも思う。職種次第では異なる見解もあろう。現代でも六十歳はすでに老人だろうが、年金制度の破綻が近づけば七十歳まで老人と認定したくないと「判断」される。

(2) 澤田吾一氏著『復刻奈良朝時代民政経済の数的研究』(柏書房、一九七二年)、二九八～三〇〇頁。

(「歴研よこはま」七十八号、二〇一九年五月)

牛と古代びと

一　牛と宮廷

今年（令和三年／二〇二一年）は丑年なので、古代びとと牛との関わりの話をしてみる。

『日本書紀』（日本古典文学大系本）では、月夜神に斬り殺された保食神について、

保食神、実に已に死れり。唯し其の神の頂に、牛馬化為る有り。（神代上、一〇二頁）

とある。これだと神代の昔から野生種が生息していたかのようだが、『魏志倭人伝』（新人物文庫本）には、

其の地に牛・馬・虎・豹・羊・鵲無し。（四八頁）

とあり、弥生時代でも牛はまだいなかった。

しかし奈良時代ともなれば、『日本古代人名辞典』（吉川弘文館）の第一巻「あ〜う」の検索だけでも、牛（五百木部）・磯特牛（阿閇）・牛養／牛甘（安都・阿倍・朝日・荒田井・井門・石川・出雲）・牛長（出雲）・牛麻呂／牛万呂（縣主族・孔王部・海部・伊奈利・伊福部・磯部・宇遅部・有度部）・牛女／牛売（海部・烏那）など名に牛と付ける人が大勢いた。牛という名は、モー珍しくない。

このうちの伊福部牛麻呂は大宝二年（七〇二）御野国戸籍で二歳とあり、大宝元年（辛丑）の生まれだから牛麻呂（丑年の男）と名付けられた。生まれた年も国も違うが、孔王部牛麻呂は養老五年（七二一）下総国戸籍で二十一歳とあるので、生まれは七〇一年の辛丑年である。神亀三年（七二六）の山背国愛宕郡出雲郷雲上里計帳にある出雲臣牛養は三十七歳なので六九〇年（庚寅）生まれだが、たぶん妊娠期間のほとんどが己丑年だったので、「牛」養と名付けられたのだろう。美濃でも下総でもまた出雲でも、十二支の知識はすでに七世紀代の民間に普及していたことがこれでよく判る。だが、それは思想であって、現物の牛を眼にしていたかどうかまで判らない。「見たこともない動物の名なんて付けないよ」というかもしれないが、誰も辰（龍）の実物を見たことがないのに、坂本龍馬とか矢野竜子（緋牡丹お竜）とかいっている。

このなかに牛養という名がある。これに似た馬養（馬甘／馬飼）・犬養（犬甘／犬飼）・鳥養（鳥甘）などは、それぞれ馬飼部・犬養部・鳥養部など下働きの部民が実際に存在し、飼育に従事させられている。それなら牛養という名も、牛飼い専業氏族とその下部従事者がいたことの名残りだろうか。

そう予想できるのだが、残念ながら「牛養（部）＋姓」という氏族名は見当たらない。だが、牛の飼育を生業とする人たちはたしかにいた。それが乳戸である。

『続日本紀』（新訂増補国史大系本）天平十六年（七四四）二月丙午条のいわゆる「品部雑戸の解放」発令までは王宮に乳戸が附属していた。

『令集解』（新訂増補国史大系本）職員令典薬寮条に「薬戸乳戸」とあり、官員令別記の注解で、

薬戸七十五戸……乳戸五十戸、経年一番に十丁を役す。右二色の人等、品部と為し、調雑徭を免

す。（前篇、一二九頁）

とする。つまり典薬寮管轄下の乳戸五十戸が毎年十戸で番を作って乳牛の世話をし、搾った牛乳を王宮に供給していた。

この乳戸の起源は、大和王権の財政を支えた屯倉にまで遡る。「平城宮木簡」に、

備前國児嶋郡三家郷［牛守部小成／山守部小廣］二人調　塩二斗　（平城宮木簡一―三三一）

とあり、欽明天皇十七年（五五六）七月己卯条に見られる児嶋屯倉にはかつて下働きをする牛守部が置かれていたと推定できそうだ。

乳戸の解放後も専門従事者は残り、『延喜式』（新訂増補国史大系本）によれば典薬寮管轄下で乳牛七頭・犢七頭が飼育され、日別大三升一合五勺（二・二七リットル）を納入していた。飲用の牛乳を搾るほか、蘇（酪）つまりバターかチーズへの加工もしていたようだ。この納入・供給制度は継続され、『政事要略』（新訂増補国史大系本）には乳牛の課法（使用法）として搾乳は、

元来四歳より起こして十二歳で停むること行来年久し。而るに前頭源朝臣道、偏へに令條と称し、去る元慶五年より十九歳之課を勘発し、勘解由使の報符に申載し、寮に下すこと已に畢んぬ。
（巻五十五・交替雑事、三六六頁）

となった。つまりもともとは四歳から十二歳の牛を搾乳していたが、たぶん頭数が不足するようになったのだろう、元慶五年（八八一）からの四年間は十九歳まで搾乳するようになった。それを元に戻したい、と申請して許可されている。

右の記事を連ねて見ると、少なくとも六世紀から古代を通じて、乳製品は薬品・栄養食として王宮に提供され続けた。

なお、かつて牛乳は天皇のみの特殊な栄養食品とみなされてきたが、長屋王家の跡から、

（170）・牛乳持参人米七合五夕　受丙万呂九月十五日　○
　　　・　大嶋書吏　○
（171）・○牛乳煎人一口米七合五夕受稲万呂
　　　・○　十月四日大嶋

（『木簡―釈文と図版―』奈良国立文化財研究所編『平城京長屋王邸宅と木簡』所収、吉川弘文館、一九九一年）

と記された木簡が出土し、貴族も独自に牛を飼育して牛乳・蘇などの乳製品を作らせていたことが知られた。

さて、では乳製品だけでなく、牛本体の肉は食べられていたろうか。

というのも、牛馬は軍用と認識されていたからだ。「天平六年出雲国計会帳」（『大日本古文書』〔編年文書〕二）十月廿一日条の進上公文二十六巻四紙のなかに兵馬帳・官器仗帳・伯姓器仗帳と並んで「伯姓牛馬帳」（五九八頁）があり、これが軍の徴発の予備調査と見れば、兵士の食用かとも思える。

しかしこれは考えすぎのようで、『日本書紀』天武天皇四年（六七五）四月庚寅条の詔で、

牛馬犬猨鶏の宍を食ふこと莫。以外は禁の例に在らず。

とある。このときだけの臨時立法と受け取る向きもあるが、『続日本紀』（新訂増補国史大系本）天平二年九月庚辰条の聖武天皇の詔にも、

陸を造りて多く禽獣を捕らふることは、先朝禁断す。

とあって、先朝（天武朝）の趣旨とされている。牛の肉食は、国家の方針として長期間禁じられていたようである。ただし読み取りようによっては、これ以前は食肉としていたわけだし、詔でも縄文・弥生時代からいちばん食べられてきた鹿・猪や兎は外されているから「肉食は仏教教義の趣旨にそって、すべからく忌避されていた」という宗教政策的な話ではない。猿・鶏はわからないが、牛馬犬には人間生活を補助する役割があるから、むやみに食べてしまうなということだったようだ。

なお、軍が牛を重視していたのは、運搬のためだったらしい。

『日本後紀』（新訂増補国史大系本）延暦二十三年（八〇四）十二月壬戌条には、

牛の用たるは、国に切要在らむ、重きを負ひて遠くに致す。其の功、実に多し。聞く如く、無頼の輩、争でか驕侈を事とし、尤も斑犢を剝ぎ、競ひて鞍韉に用ゆ。

とある。牛革を馬具や革甲などに用いたのも事実だが、生きている間は、その強力な運搬力に期待していたようである。

二　民間における牛

牛を運搬に使ったと記したが、じつは古代に運搬といえば荷駄の大半はふつう馬が担うことになっていた。

この常識は、駄馬・駄賃に馬偏が付いていることからも頷ける。牛は馬より力が強いから重いものを輓くのに適している。だが速度はいわゆる牛歩であって、とても望みがたい。その点で馬の方は、単体で速く走れる。また一頭の馬だけではさしたる力を発揮しえないとしても、動物としてはめずらしく、馬は二頭立て・四頭立てなどにできる協調性があった。馬には力不足を補う方法が取れるが、牛は基本的に一頭でしか使えず、合力しあえない唯我独尊的な生き物だった。

民間社会は、こうした過重な物資の運搬作業と縁遠い生活で、牛などとくに必要なさそうだ。だが『日本霊異記』（新編日本古典文学全集本）などには、家で飼育されていた様子がそこここに窺える。

現代語でかつ要約するが、上巻第十縁には倉の下に立っていた牛が、

> 私はこの家の主人の親だったが、前世で子の稲を十束盗んだことがある。そのため牛に生まれ変わって、その償いをしている。

と僧侶に告白している。また中巻第三十二縁でも、牛が、

> 私は桜村にいた物部麿だが、以前に（薬王）寺の薬の基金の酒二斗を借用して、返済しないまま死亡した。その借りを返すために牛となって使われている。寺の人はいたわりの心がなく、背を打ってむごくこき使うので、たいへん苦痛だ。いま五年使われていて、債務はあと三年も残っている。

と涙ながらに話した、という。こうした因縁話は上巻二十縁や中巻九縁・十五縁などにもみられるから、債務不履行による役身折酬（身を使役して負債の報酬に充てる）の形は、牛のように酷使されるというのが一致した見方だったようだ。

牛が使役されるさいの仕事内容は、重い物資の運搬もときとしてあったろうが、村落で期待されていたのは農耕の田起しのさいに唐犂を輓く仕事だった。

古代日本の稲作は、基本的に水をはった田に苗を挿してゆく水田・田植え農法だった。稲は引いた灌漑用水のなかに含まれる栄養分によって生育するので、前年から放置されている稲茎の残骸や付近の雑草をすき込んで腐葉土としたり草木灰を掛ければよく、厩肥など特別な施肥は必要としなかった。

ついでながら、『播磨国風土記』（日本古典文学大系本）神前郡堲岡里条には、

> 堲岡と号くる所以は、昔、大汝命と小比古尼命と相争ひて、のりたまひしく、「堲の荷を担ひて遠く行くと、屎下らずして遠く行くと、此の二つの事、何れか能く為む」とのりたまひき。大汝命のりたまひしく、「我は屎下らずして行かむ」とのりたまひき。小比古尼命のりたまひしく、「我は堲の荷を持ちて行かむ」とのりたまひき。かく相争ひて行でましき。数日逕て、大汝命のりたまひしく、「我は行きあへず」とのりたまひて、即て坐て、屎下りたまひき。その時、小比古尼命、咲ひてのりたまひしく、「然苦し」とのりたまひて、亦、其の堲を此の岡に擲ちましき。故、堲岡と号く。又、屎下りたまひし時、小竹、其の屎を弾き上げて、衣に行ねき。故、波自賀の村と号く。其の堲と屎とは、石と成りて今に亡せず。（三二五〜六頁）

とあり、二柱の神が土の重荷を負って歩くのと大便をしないで歩くのとの我慢比べをして、同時に我慢しきれなくなった。土と屎が同時にそこらにまき散らされたわけだから、人糞を田の肥料としていた証拠となる、という解釈がある。これはそう読めるものでなく、人糞の施肥となれば、どんなに溯っても平安時代以前には例がない。人糞を撒くには糞尿を集めてから肥料として一定期間熟成させる必要があり、汲み取り式の便所の普及が大前提となる。その発生は鎌倉時代の寺院で、観応二年（一三五一）十月撰述の従覚著『慕帰絵詞』に足駄を履いた僧侶の画が描かれている。この方式の便所が

狩野探幽画「四季耕作図屏風」(東京国立博物館蔵　Image：TNM Image Archives)
右上は牛が犂を引く。中央は馬に引かせている

一般に普及するのは中世末頃になる、という。[1] 人糞施肥の発生時期は、推して知るべしである。

それはともあれ、稲作は放置していても勝手に育ってくれるわけではない。稔っても実が自然に落ちないなど人によって過保護に加工された植物なので、人がしなければならない仕事が多数ある。五月までに終えなければならない田植えに先立って、一方で植え付けるべき苗代(なわしろ)を作っておく必要があり、他方で植え付けられる方での田圃(たんぼ)の田打ち・代掻き(しろかき)がいる。

『万葉集』(日本古典文学全集本)には、

打つ田に　稗はしあまた　ありと言へど　選(え)らえし我そ　夜をひとり寝(ぬ)る　(巻十一―二四七六)

などとみえる。「選り除かれる稗」

云々の話はともあれ、冒頭の「打つ田」は耕した田という意味で、田起しは必須の農作業の一つである。

この作業の過程で田の土を深く掘り起こして空気を送り込み、土塊を砕いて平すのだが、人力では深く鍬を入れるのに尋常でない筋力か長時間の力作業が必要になる。それを容易にするための用具が唐犂で、中国または朝鮮半島から伝授された大型の鋤（鍬）である。十人力の耕具なのだが、大型過ぎるから人力で動かせない。土の中に鍬先を入れたら、もう動かない。だから、これを動かせる力を持っている牛に輓かせることになる。苗や収穫稲の運搬などにも使うが、唐犂を使うとなれば、どうしても牛は欠かせない。

だがせいぜい数週間の使用のために一年中飼うのでは、大層な物いりになる。

そうしたときには、頭を使う。いまでも高価なコンバイン（収穫・脱穀・選別用農機）を複数の農家で共同購入するように、余裕のある家が代表して飼っていてくれれば、その家と契約して必要なときに借りればよい。群馬県黒井峯遺跡（六世紀前半）にあった富裕な家には家畜小屋が見られ、脂肪酸分析の結果、そこには牛が飼われていたとわかった。[2] 知恵を働かせればほかにも思案はある。上野誠氏は、[3] 昭和三十年代まで奈良盆地の村々では、山間部の村が飼っている牛を平野部の村々が借り、貸し出し時には山菜・川魚も齎し、豆腐・草餅などを負わせて返していた。山人と里人の共存する一つの形が窺える、と貸し借りの習慣を記録されている。

これ以外にも、牛の登場する場面がある。

民間で行われていた、いまでは奇妙に思われる古代的風習である。それが殺牛祭祀である。

『日本書紀』皇極天皇元年（六四二）七月戊寅条に、

村村の祝部の所教の随に、或いは牛馬を殺して、諸の社の神を祭る。或いは頻りに市を移す。或いは河伯を祈る。

とある。『日本霊異記』でも中巻第五縁には「漢神の祟に依り牛を殺して祭り、又放生の善を修して、以て現に善悪の報を得し縁」として、

彼の家長、漢神の祟に依りて祈シ、祀るに七年を限りて、年毎に殺し祀るに牛一かしらを以ゐ、合せて七頭殺し、七年にして祭り畢りき。

とあり、中巻第二十四縁では楢磐嶋が、

我が家に斑なる牛二頭有り。以て進らむが故に、唯我を免せ。

と持ちかけて鬼の買収に成功している。これも牛を殺して捧げたと読めば、殺牛祭祀の形になる。

この殺牛祭祀の起源を中国とは決めがたいが、ともかく『漢書』には秦の始皇帝が五名山大川を祀るときに牛・犢各一頭を捧げ（郊祀志）、漢の武帝が后土神（土地の神）に牛の角を供えたとある。なにより犠牲の字が牛偏だから、背景に牛の供献習俗を窺い知ることができよう。

この風習は中国周縁の扶余（中国東北部）・宕昌 羌（甘粛省南部）・党項（中国北西部）に波及しており、その一部が日本にも影響していたというわけである。

この風習が新羅にもあったことが、一九八八～九年発見の石碑で判明した。「蔚珍鳳坪 碑」（六世紀初頭、法興王時代）には「新羅六部煞斑牛□□□事大人」とあり、「迎日冷水碑」（六世紀初頭、智証王時代）には「事煞牛祓誥故記」とあった。新羅では斑牛を用いており、先掲

の『日本霊異記』中巻二十四縁でも斑牛とあるから、斑牛を使った日本の殺牛信仰はどうやら新羅から学んだようである。というのは、中国では「犠、純色牛」(『玉篇』)といい祭祀用牛は単一の毛に限っており、斑牛は用いない。(4) 伝播(でんぱ)ルートがハッキリしてきたようだ。

農家にとって牛は頼りがいのある助っ人だが、貴重だったからこそ、もったいないからこそ、祈禱のさいの成否の決定打ともみなされたのであろう。惜しくもない代物(しろもの)だったら、神様だって要(い)らないはずだから。

【注】

(1) 小泉和子氏著『道具が語る生活史』(朝日新聞社、一九八九年)。I道具と暮らし、装う、足駄。一七七頁。

(2) 石井克己氏「『日本のポンペイ』出現　軽石の下から古代の農村」(筆者編『古代史はこう書き変えられる』所収、立風書房、一九八九年)。

(3) 上野誠氏著『万葉びとの生活空間』(はなわ新書、二〇〇〇年)。

(4) 門田誠一氏「東アジアにおける殺牛祭祀の系譜」(「佛教大学歴史学部論集」創刊号、二〇一一年三月)。

(「歴研よこはま」八十二号、二〇一二年五月)

吉成勇さんのご逝去を悼む

吉成勇氏は、昭和十五年（一九四〇）九月六日神奈川県厚木市生まれ。早稲田大学政経学部卒業後、昭和三十九年歴史図書出版業の人物往来社（昭和四十三年、社名を新人物往来社に変更）に入社。看板雑誌「歴史読本」の発行に携わり、「歴史読本・臨時増刊」「別冊歴史読本」の編集長を務めた。平成十二年（二〇〇〇）退職し、昭和三十四年に歴史読本の読者を中心として作られていた全国歴史研究会を分立させ、それを基盤にして同年七月合資会社［歴研］を創立。社長に就任し、歴史研究会全国大会を各地で開催するとともに、会誌「歴史研究」の主幹となり、在野の研究者・愛好家の育成に努めた。暦の会会員。令和三年（二〇二一）三月十九日、大腸癌により歿す。享年八十。

つゐにゆく道とはかねてき丶しかど　きのふ今日とは思はざりしを

とは、『伊勢物語』（日本古典文学大系本[(1)]、定家本）最末部一二五段に出てくる主人公在原業平の辞世の歌です。高校の古文講読のテキストでこの歌を読んだとき、自分もいつか同じ気持ちになる日が来るだろうと感じ、その日の到来を恐れる厭な思いとともに胸深く刻まれた一首でした。いま全国歴史研究会主幹・吉成勇さんをお送りするに当たり、吉成さんはいつでも、いつまでも私たちのそばにいて下さると思っていただけに、「きのふ今日とは思は」なかったという思いを、いまさらながら心の痛みを伴って切実に感じます。

吉成さんにお世話になりはじめたのは、一九九一年の「歴史読本臨時増刊」[2]の企画からです。

明治学院大学助教授の武光誠さんを介して「日本古代史の基礎知識」の原稿依頼があり、吉成さんはその企画に当たる新人物往来社の編集長[3]でした。以来「入門シリーズ」の続きや、フリーランスの編集者・内田光雄さんと東邦大学附属高校教諭の考古学者・山岸良二さんと組んで企画した「古代史最前線シリーズ」[4]などの企画を、編集長として纏めていただきました。

また歴史愛好者の投稿誌として長年輝いてきた「歴史研究」にはじめて原稿を載せたのは、一九九〇年一月からの「出雲特集」でした。部民・関所・国府などについて四回ほど連続で執筆しました[5]。少し間を置いて「欠史八代の基礎知識」[6]を書き、それをもとに「辞典にもない欠史八代とは」で歴研での講座デビューを果たしました[7]。それ以来、万葉古代塾・歴研大学〈松尾塾〉などつぎつぎと各種の講座を企画していただき、さらに奈良県立万葉文化館在職中には毎年ゴールデンウィーク直前の四月末に「大和・飛鳥古代史の旅」を五回ほど挙行させていただきました[8]。数々の場を与えていただき、まことに感謝の念に堪えません。

吉成勇氏（全国歴史研究会提供）

雑誌「歴史研究」は、人物往来社のもとでの一九五九年の創刊以来六九一号（二〇二一年五月）に至る現在まで、歴史好きな人たちの憧憬の場となってきました。私の高校時代は五十号発行の前後だと思いますが、史学部部員としてそれらを目にした覚えがあります。「歴史好きな人の書いた文が活字になる」という、夢を現実にしてくれる唯一の全国誌でした。大学進学にさいして私は、好きだという思いだけで志してよいか不安でしたが、目をつぶって史学科に入りました。当時は「史学科に進む」というと、友人たちからは「なんで人生から降りるんだ」「何を悲観して、ここで人生を捨てるんだ」とかいわれたものでした。職業としての歴史学を選んだので、歴史研究会には入りませんでした。ですが、気持ちは今もそのときと同じく、一歴史愛好者です。

私は「運動として行われる共同研究」がいまも好きじゃありません。共同研究は好きです。異分野の人が積み上げてきた研究成果がじかに聞けて楽しいです。ですが「運動」はその出発点で何らかの目的を持っており、目的があればそれに沿った好ましい結論があらかじめ設定されることになります。目的に沿った「～のためになる」「～に役立つ」研究が求められる。つまりはあらかじめ役に立たないと思われる研究は排除され、無用・不要（不急）ということにされてしまう。私は、そういう結論が制約されるような研究「運動」は嫌です。また「出発点は聖域であって、疑ってはならない」というような研究も、研究とは思えません。その研究の費用対効果を問われれば、何の約束もできませんとしかいえません。そんなことを問うのがおかしいのです。役に立つかどうかなど関心に置かない、どこからも自由で、どういう結論でも、いや結論が出なくて徒労であっても厭わない。「ありのままを見る、ありのままを記述する、あるべきものなどと甘い夢を幻想しない」[9]のです。何にも捕らわれないで、シミ一つない白紙から追究する。当然ですが、それが研究というものです。そもそも結論がわかっているのなら、研究しません。「無謀な」とか「ささいな」とか思われる研究でも、やらぬうちから否定しない。吉成さんはそういう無鉄砲な入り方を「道楽史学」という旗印にして掲げられましたが、それはこれから研究に取り組もうとする人にその肩の力を抜かせるための思いやりを込めた表現なのでしょう。ともあれどんな研究も幅広く大きく受け容れる、不偏不党・不撓不屈の研究姿勢は、在野を標榜されるこの歴史研究会にこそ残っています。だから私は、ここが好きなのです。

二〇〇〇年七月に合資会社［歴研］を作り、吉成さんが庇護者となって身を挺して守り抜き、また率先して導いてこられた歴史研究会は、そうした本源的で野性的な研究精神に満ちて輝いています。絶やしてはならない、引き継いでゆくべき大切な財産だと思います。

いつのころからか年二回、暑気払いと忘年会という名で、居酒屋「かあさん」[10]や歴研の事務室に内田さん・山岸さんが集まっての飲み会が恒例行事となっていました。出版・編集・執筆、それぞれの立場での楽しい会話でした。

ここで吉成さんは、いろいろな企画を出されました。

私が富山県の高岡市万葉歴史館（一九九五年四月）に行き、また奈良県立万葉文化館（二〇〇一年六月）に赴任すると、「万葉集で特集を組もう。万葉講座を開こう」。兵庫県の姫路文学館（一九九七年四月）に行くと、「播磨国風土記の故郷にいるんだから、風土記講座を開こう」。あるいは「思い込みの克服が最近の私の課題だ」というと、「じゃ、思い込みをテーマにして一〇〇回の連載を組もう。一〇年間できるし、やっているうちに本が五冊くらいできるよ」とつぎつぎ提案され、「いや、学説なんてものはすべて思い込みなんだから、思い込みを書いて貰えばいいんだ。ともかく思っていることを書いて、意見を纏めて出すことが大事なんだから」と、焼酎のお湯割りを片手に、ときにはうたた寝をしながら語っておられました。しかし企画はつぎつぎいただいても、残念ながら、私にはそれを実現するだけの力がありませんでした。

　そうした話題のなかで、しばしば語られていたのは、本へのあつい思いです。

　昨今は社会のデジタル化が急に進み、出版業界も紙の書籍から電子書籍へと移行しています。紙の雑誌は広告が取れずに廃刊となるものも多く、一方でデジタル図書がネット上に公開され、図書館からの貸本（かしほん）までもデジタル配信になろうとしています。借りるために出かけて行かなくても部屋までじかに配信されますし、返しにいかなくとも自動的に消去されてしまう、という便利な方式ではあります。しかし吉成さんは「紙の本の重みは手に快く、インクの薫（かお）る紙をめくる楽しさは電子書籍で味わえない。紙の本はずっと愛されて残る、とボクは思う」とおっしゃいました。「宇宙人のよう」（昭代夫人の言）に似つかわしくない、ロマンを感じました。時代はこのさきどう進むかわかりませんが、吉成さんの寄せる思いを継ぎ、私も大好きな紙の本を出して、その心地よい重みを皆様方のお手元にお届けしたいと思っています。

　いまは私たち歴史愛好者の保護者となって下さっていた吉成さんを失ったばかりで、その事実の前に呆然（ぼうぜん）と立ち竦（すく）んでいるだけです。しかも私の受け皿は小さすぎて、万分の一もその事績を継ぐことができません。それでもいつか気を取り直し、自分ができる自分の好きな研究を続け、紙の本に仕上げてゆく。それが吉成さんの望まれていることと信じ、その実現に日々努力したいと思います。

　心よりご冥福をお祈りします。

【注】

（1）松尾聰編『新註伊勢物語』（武蔵野書院、一九五二年）。

（2）「歴史読本臨時増刊」（入門シリーズ）三十七巻十二号（一九九二年六月）。

（3）前身の人物往来社は、八谷政行（やたかいまさゆき）がはじめた「人物往来」をもとに昭和二十七年に創業。「特集人物往来」の歴史特集を「歴史読本」と改題し、歴史図書専門の出版社となる。昭和四十三年に経営難となり、チェリオコーポレーション経営者の菅貞人が新人物往来社社長となって再建。菅英志社長を経て春貴社長のときふたたび経営難に陥って、平成二十年に中経出版の子会社となり、平成二十五年四月中経出版に合併されて解散した。その中経出版は同年十月、KADOKAWAに吸収合併されている。そのなかでも継続していた月刊・季刊の「歴史読本」は、平成二十五年十月発行の六十巻六号（通巻九一二号）「特集織田信長　天下布武の衝撃」で終刊となった。

（4）「日本古代史の［謎］の最前線」（「別冊歴史読本」二十巻五号、一九九五年二月）・「日本古代史［神話・伝説］の最前線」（「別冊歴史読本」二十一巻五号、一九九六年二月）・「日本古代史［王権］の最前線」（「別冊歴史読本」二十二巻六号、一九九七年二月）・「日本古代史［争乱］の最前線」（「別冊歴史読本」二十三巻六号、一九九八年二月）・「日本古代史［王城・都市］の最前線」（「別冊歴史読本」二十四巻五号、一九九九年二月）の五冊。

（5）「解体された出雲勢力」（「歴史研究」三四五号）・「『賑給歴名帳』にみる出雲」（同三四六号）・「『出雲国風土記』の剗」（同三四七号）・「八雲立つ出雲の国府」（同三四八号）の四話。

（6）「歴史研究」四七四号（二〇〇〇年十一月）。

（7）二〇〇〇年十一月二十日に、五反田文化会館（JR五反田駅前）で全国歴史研究会十一月例会として開催された。当日の出席者は二十人くらいだった。私の発表が終了したあと、吉成さんは役員を除く会場にいた全員に発表の感想を求められた。ニュアンスは人それぞれだったが、その全員が「発表は聴いたが、それでも八代の天皇は実在したと思う」との感想であった。私が発表した内容は、じつは根底的に否定されていたわけである。私としては大変に衝撃的な出来事であって、自分にとって自然に理解できる材料と論理で穏当な帰結として十分諒解できる結論であっても、多くの人が同じように聴けば同じように納得するものでもないことを身に沁みて教わった。聴く相手が納得できる材料と論理展開をより広くまた深く研究しなければいけないと、思い知らされた。いまもそうだが、自分が日常的に論文などを書いているからといって、書き方のプロフェッショナルになれているわけではないし、講座を受け持っているからといって、話し方のプロフェッショナルになったわけでもない。もともと研究論文は、あるていどの独りよがりを許容されているものである。そこを通過していても、それは俎上に載せるように求められただけである。発表したからといって、その論文の持ってゆき方や積み上げた根拠の正当性が認知されたわけではない。ここからさらに文筆業・講師業のプロフェッショナルとなろうとまで志すのならば、そのさいは読み手・聴き手が理解・納得するかどうかが合格の規準となる。そこでは読み手・聴き手を最高・最上の師とし、自覚して修業を積もうと心掛けなければなるまい。自分に向けた努力もしないで、「読み手・聴き手に理解力がない」と居直っていたのでは、もはやプロフェッショナルになれない。読み手・聴き手が得心がいくようにどこまでも工夫・努力し、どんな読み手・聴き手にも疑問を持たれずまた誤解されずに理解されてゆくような文章を作るべく、読み手・聴き手の理解の仕方・材料の吟味の仕方・話の持って行き方などをつねに研究する。それがプロフェッショナルであろう。考古学者・佐原眞氏は学術用語を使わずに説明することに徹し、NHKアナウンサーの松平定知氏は耳に届く一文をなるべく短くするよう努めた。それらも工夫だが、本質的でない。自身の網の目の粗さや見極め方を反省し、根拠不足、論理展開の不備などに目を向けるべきだ。読み手・聴き手の反応に対する謙虚で誠実な姿勢とそれに基づく修業が必要であることを、この会の出来事を通じて吉成さんから教えられた。いまも忘れがたい大事な記憶である。

（8）二〇〇三年四月は「南大和と飛鳥古代史の旅」、二〇〇四年四月は「聖徳太子・斑鳩と飛鳥の旅」、二〇〇五年四月は「大和路の旅」、二〇〇六年四月は「吉野と大宇陀の旅」、二〇〇七年四月は「生駒山麓周辺の旅」であった。

（9）池田亀鑑氏著『古典学入門』（岩波文庫、一九九一年）「五、古典はどのように読まれるべきか」、一八〇頁。この書は、『古典の読み方』（学生教養新書、至文堂、一九五二年）を底本として改題したもの。

（10）大協ポート株式会社の経営する居酒屋チェーン店。五反田駅前支店は品川区西五反田二丁目七一八／第二誠実ビルの九階にあったが、現在は閉鎖。合資会社歴研の事務所は品川区西五反田二丁目十四―十／五反田ハイム五〇四号室に置かれていたが、二〇二一年五月三十日本部移転に伴って閉鎖された。

（「吉成勇お別れの会」、日本教育会館、二〇二一年六月五日）

古代天皇系図

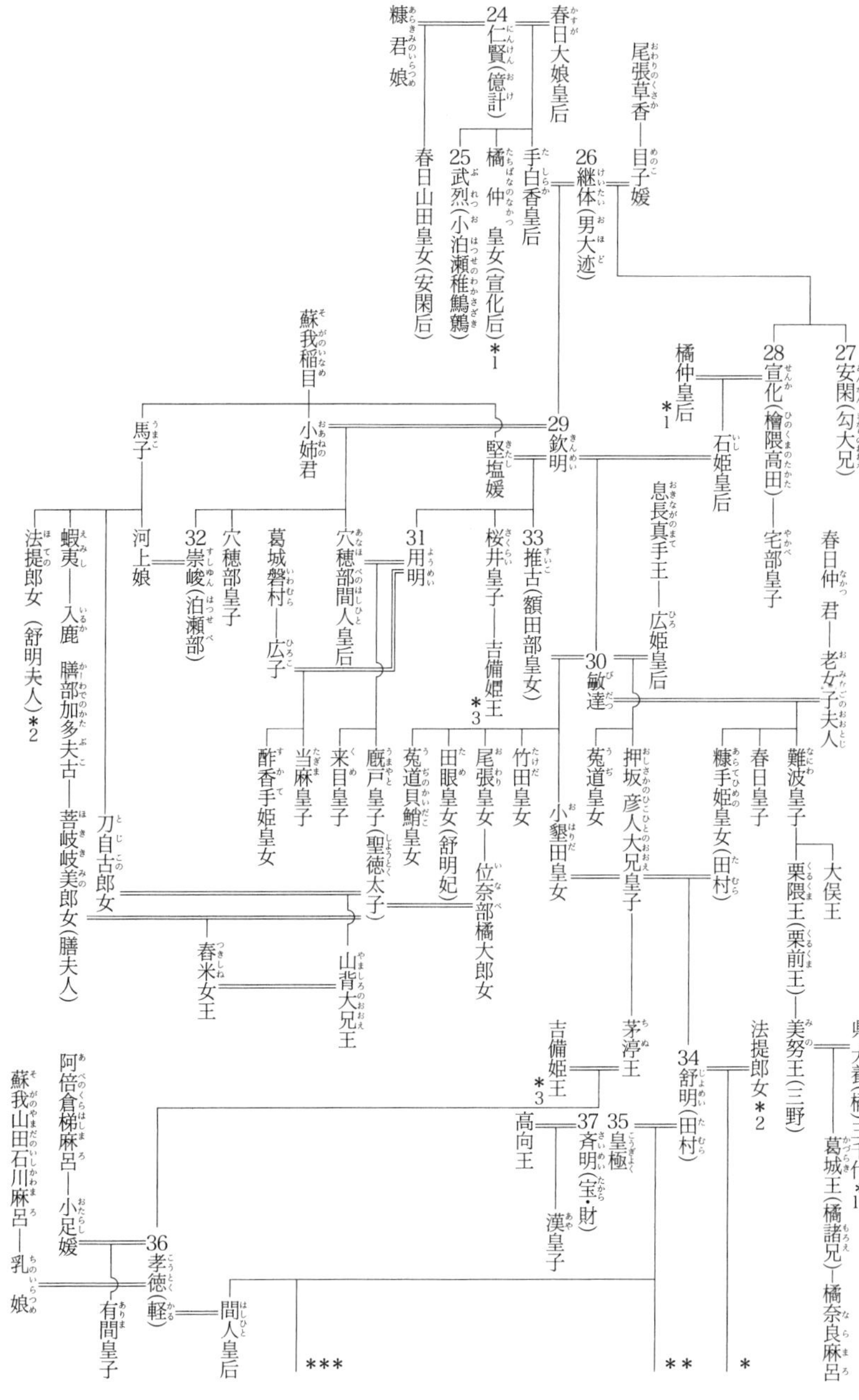

尾張草香—目子媛

春日大娘皇后

24 仁賢(億計)

糠君娘

26 継体(男大迹)

手白香皇后

橘仲皇女(宣化后)＊1

25 武烈(小泊瀬稚鷦鷯)

春日山田皇女(安閑后)

27 安閑(勾大兄)

28 宣化(檜隈高田)—宅部皇子

橘仲皇后＊1

石姫皇后

29 欽明

蘇我稲目

小姉君

堅塩媛

馬子

春日仲君—老女子夫人

息長真手王—広姫皇后

30 敏達

33 推古(額田部皇女)

桜井皇子—吉備姫王＊3

31 用明

穴穂部間人皇后

葛城磐村—広子

穴穂部皇子

32 崇峻(泊瀬部)

河上娘

蝦夷—入鹿

法提郎女(舒明夫人)＊2

膳部加多夫古—菩岐岐美郎女(膳夫人)

刀自古郎女

難波皇子

春日皇子

糠手姫皇女(田村)

押坂彦人大兄皇子

菟道皇女

小墾田皇女

竹田皇女

尾張皇女—位奈部橘大郎女

田眼皇女(舒明妃)

菟道貝鮹皇女

厩戸皇子(聖徳太子)

来目皇子

当麻皇子

酢香手姫皇女

大俣王

栗隈王(栗前王)—美努王(三野)

春米女王

山背大兄王

県犬養(橘)三千代＊11

葛城王(橘諸兄)—橘奈良麻呂

法提郎女＊2

34 舒明(田村)

茅渟王

吉備姫王＊3

35 皇極

37 斉明(宝・財)

高向王

漢皇子

阿倍倉梯麻呂—小足媛

36 孝徳(軽)

蘇我山田石川麻呂—乳娘

有間皇子

間人皇后

＊＊＊ ＊＊ ＊

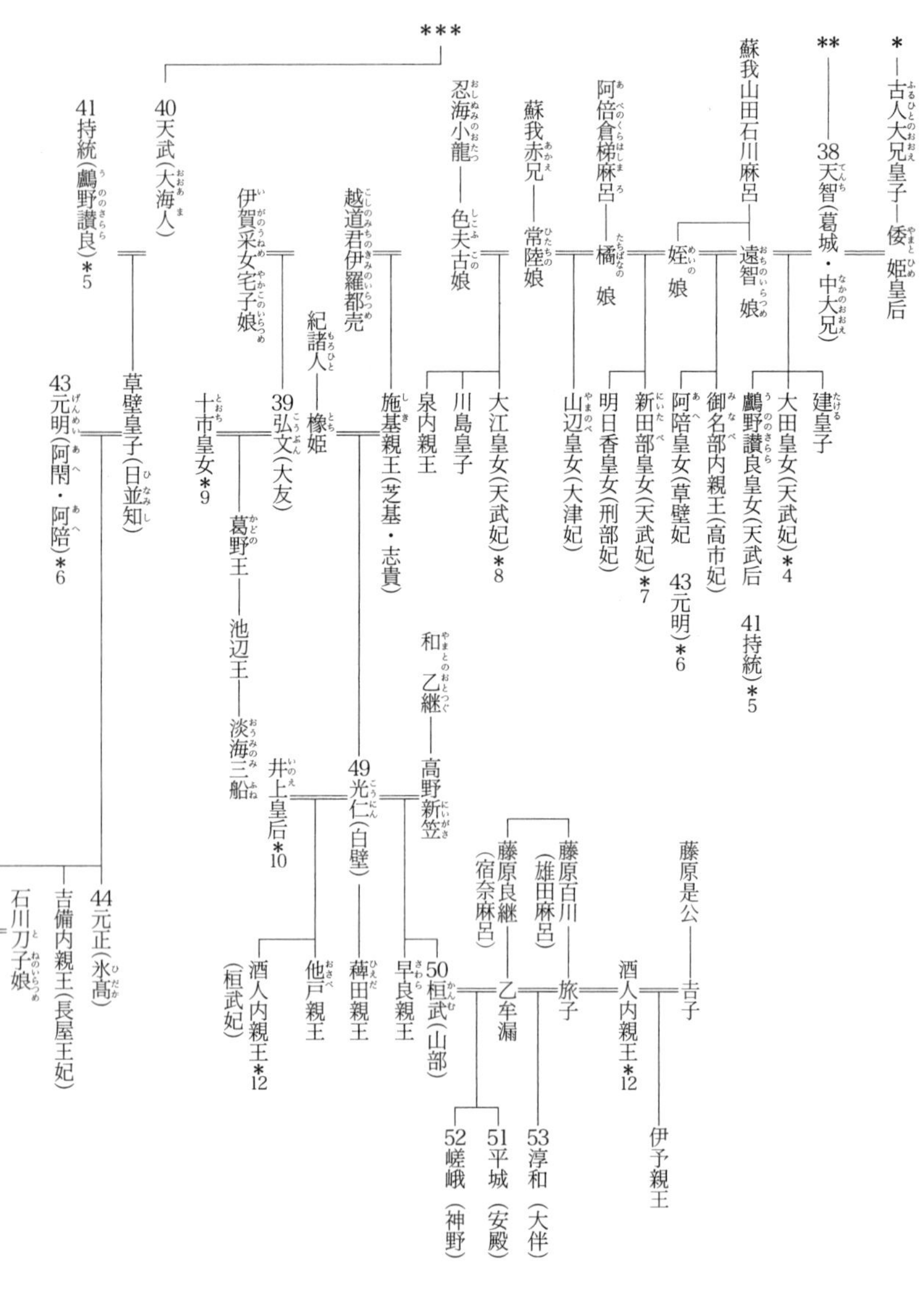

*
古人大兄皇子
倭姫皇后
**
38天智（葛城・中大兄）
蘇我山田石川麻呂
遠智娘
姪娘
阿倍倉梯麻呂
橘娘
蘇我赤兄
常陸娘
忍海小龍
色夫古娘
越道君伊羅都売
伊賀采女宅子娘
紀諸人
橡姫
***
40天武（大海人）
41持統（鸕野讃良）＊5
建皇子
大田皇女（天武妃）＊4
鸕野讃良皇女（天武后
41持統）＊5
御名部内親王（高市妃）
阿陪皇女（草壁妃
43元明）＊6
新田部皇女（天武妃）＊7
明日香皇女（刑部妃）
山辺皇女（大津妃）
大江皇女（天武妃）＊8
川島皇子
泉内親王
施基親王（芝基・志貴）
39弘文（大友）
十市皇女＊9
葛野王
池辺王
淡海三船
草壁皇子（日並知）
43元明（阿閇・阿陪）＊6
和乙継
高野新笠
49光仁（白壁）
井上皇后＊10
藤原是公
藤原百川（雄田麻呂）
藤原良継（宿奈麻呂）
44元正（氷高）
吉備内親王（長屋王妃）
石川刀子娘
酒人内親王（桓武妃）＊12
他戸親王
薭田親王
早良親王
50桓武（山部）
乙牟漏
旅子
酒人内親王＊12
吉子
52嵯峨（神野）
51平城（安殿）
53淳和（大伴）
伊予親王

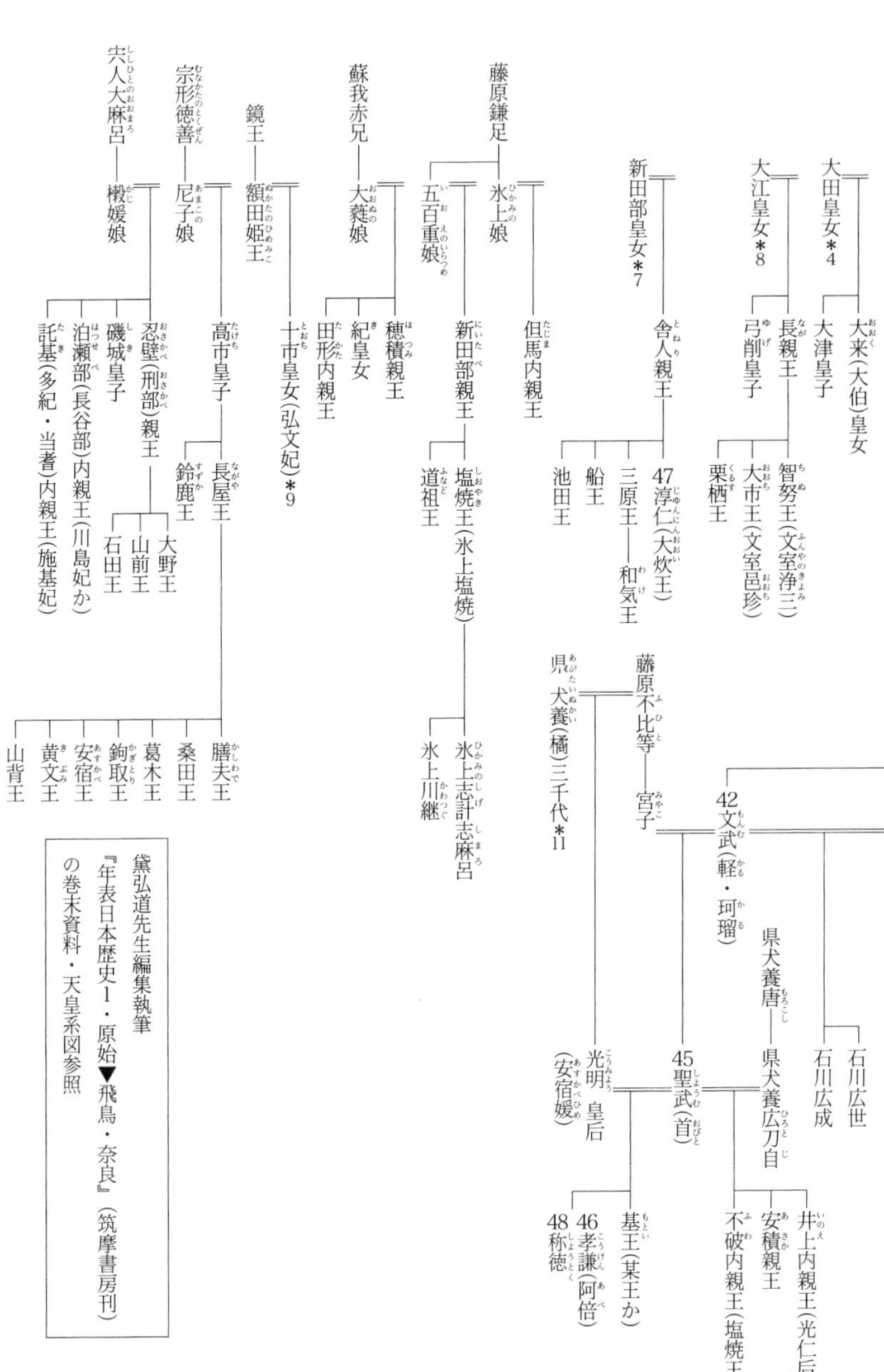

黛弘道先生編集執筆『年表日本歴史1・原始▼飛鳥・奈良』(筑摩書房刊)の巻末資料・天皇系図参照

あとがき

二〇一九年十一月ごろ中国湖北省の省都・武漢市でアウトブレイク（outbreak）したと思われる新型コロナウィルス感染症（covid-19）は国境を越え、二〇二〇年三月十一日には国際連合の専門機関・世界保健機構が世界中で同時流行するパンデミック（pandemic）と認める状態となった。本書を纏めているいまは、まさにそのさなかにある。街衢の脇道や家の周囲に死体がごろごろ転がっているわけではないが、「十月二日午後八時現在の本日の感染者は全国で一二四六人、亡くなった人は三十二人でした」と毎日の情報として当たり前に報道され、「今日は多かった」あるいは「先週より少なかった」とか論議されている。見えないものに不意に襲われ、数日で命を奪われていくことがある。そういう恐怖のなかで暮らしているのに、いまやそれが日常の風景となっている。

こんななかだから、いままで登壇してきた古代史講座も、ほぼ開かれなくなってしまった。早稲田大学エクステンションセンター中野校の「思い込みの日本史に挑むⅡ・後編」講座（六回）は令和二年三月にあと二回を残して閉鎖されてしまい、通史編・基礎講座として九年間続けてきた早稲田校の「日本の古代」（二十回）も募集を停止してしまった。三年目に入るはずだった『続日本紀』を読む」講座（十回）は、開講場所となっていた八丁堀校が閉鎖されたまま。早稲田大学と提携している本庄市市民総合大学の「ここまでわかった日本古代史」講座（四回）も四年続いたが、安全配慮のため二年も延期となっている。川崎市民アカデミー・東海道かわさき宿交流館協力「歴史から読み解く万葉集の謎」講座（六回）は平成のうちに完了していたからよかったが、朝日カルチャーセンター新宿教室の令和二年一月からの「万葉うたと古代史」講座（三回）が不成立となると、四月は講座募集もしなくなった。令和三年七月からＮＨＫ文化センター青山教室の「魅惑の古代史」講座（二十四回）をオンライン講座で復活させようとし、令和アカデミー倶楽部の「見落とされていた古代史」講座（十回）も令和三年四月に対面講座で募集したが、ともに応募者が不足した。

そんななか奈良県立万葉文化館では、雄略紀から引き継いでいた「『日本書紀』を読む」講座を令和二年六月までで完結させる計画を立てていた。延期されてしまった前年度三月の講座をふくめた五回分について、四月から六月にかけて一日二講座を行なう形にしても約束を果たしたいと思ってきた。だが「県を跨いだ移動はしないで」という地方自治体の繰り返しての要請のなかで、また神奈川県から京都府を経て奈良県までの長距離移動を重ねてこなすことに不安もあって、「一度口にした約束を果たさないなんて」と心の痛みを覚えたものの、館員に代講をお願いすることとなってしまった。

ほぼ一年半ぶりに登壇できたのは、早稲田大学エクステンションセンター中野校の「『現代語訳魏志倭人伝』を読む」講座（七回）である。令和三年四月からＺＯＯＭ（株式会社ズームが提供するサーヴィスで、ＰＣ・スマートフォンなどを介した非接触型のオンライン・リモート会議ツール）による映像配信を練習して準備していたが、これは希望者五名で不成立となった。しかし七月からの対面講座の募集では、十六名の受講者を得て成立。受講希望者の年代層に対するワクチン接種が広まって、受講できる人が増えてきたのだろう。まだまだ見通しの暗いなかだが、それでも一筋の光が射しはじめてきたような気がする。といっても、そう思いたいだけかもしれないが。

新型コロナウィルス感染症の蔓延というなかでも、次々と流れて出てくる情報のなかに興味をひかれた事柄もある。それはこのところ毎日発表されている感染者の数である。

筆者は関東地方に住んでいるので、関東地域の感染者数の多少を気にしている。たとえば「2020東京オリンピック」開催（二〇二一年七月二十三日～八月八日）の影響で第五波感染が蔓延するなかでの八月二十日の東京都の感染者数は五四〇五人、神奈川県は二八七八人、埼玉県は一八二四人、千葉県は一七七八人である。これに対して北関東の群馬県は三〇四人、栃木県は二六二人、茨城県は三五六人であった。また関東甲信越でくくられることもあるので調べておくと、山梨県は一〇三人、長野県は一三六人、新潟県は一〇七人であった（「Rakuten BLOG」八月二十日発表 新型コロナウィルス感染症 都道府県別新規感染者数 八月二十一日午前四時更新）。南関東四都県では通計一万一八八五人の感染者がいて北関東三県は九二二人、甲信越三県を加えた六県でも一二六八人であった。この差は、北関東と南関東の人的交流の濃淡の度合いが反映された結果でないか。

とはいえそもそもの居住人数に差があれば、当然、感染者数に差が出てくる。総務省統計局のホームページで「日本の統計2021」第2章人口・世帯／都道府県別人口と人口増減率（令和三年十月一日閲覧）を利用すると、東京都一三九二・一万人、神奈川県九一九・八万人、埼玉県七三五・〇万人、千葉県六二五・九万人（一都三県合計三六七二・八万人）に対して、茨城県二八六・〇万人、栃木県一九三・四万人、群馬県一九四・二万人（三県合計六七三・六万人）、山梨県八一・一万人、長野県二〇四・九万人、新潟県二二二・三万人（三県合計五〇八・三万人）となっている。感染者数を人口数で除して十万倍し、その数値を指標として比較すると、東京都三・八八二、神奈川県三・一二九、千葉県二・八四一、埼玉県二・四八二となり、南関東四都県平均は三・二三六である。これに対して北関東三県の平均は一・三六八。山梨県・長野県・新潟県の平均は〇・六八一となる。つまり人々は、南関東の四都県が一纏まりで動いており、三県の感染者は東京都並に連動している。これに対して、北関東や甲信越の動きは異なる。栃木県には東武鉄道日光線やＪＲ東日本の宇都宮線・湘南新宿ラインなど、群馬県には東武鉄道伊勢崎線やＪＲ東日本の高崎線・湘南新宿ラインと長野新幹線・上越新幹線など、茨城県にはＪＲ東日本の常磐線快速／特別快速、山梨県にはＪＲ東日本の中央本線などが走っているが、北関東と南関東の感染状況は巨視的に見て連動しておらず、その差は際だって鮮明である。ひとくくりに首都圏（関東地方一都六県と山梨県）とはいうものの北関東と南関東の交流は希薄で、山梨県とも別の人的交流圏をなしていることが感じ取れよう。

こうしたことは関西圏（大阪府・京都府・兵庫県・滋賀県・奈良県・和歌山県）にも窺える。筆者が姫路で勤務していたとき、京都府・大阪府・兵庫県はＪＲ西日本の新快速や阪急電鉄・阪神電鉄・山陽電鉄などによってベルト状に繋がっているという一体感を感じた。だがその後に勤務することとなった奈良県では京都線・奈良線・大阪線で近畿日本鉄道の特急によって結ばれているにも拘わらず、大阪・京都とはやや疎隔しているとの思いを懐いてきた。感染者も、大阪府と隣り合っている割にはたしかに連動していない。上記と同じ八月二十日の感染者数は、大阪府二五八六人（八八〇・九万人）、兵庫県九〇七人（五四六・六万人）・京都府五四八人（二五八・三万人）に対し、奈良県は一九〇人（一三三・〇万人）であった。前掲の指標では、大阪府二・九三六、京都府二・一二二、兵庫県一・六五九、奈良県一・四二九となる。この日のデータではかならずしも鮮明に看取れないが、昨二日の感染者は大阪府一八四人、兵庫県九十人、京都府三十三人で、奈良県は十人（『朝日新聞』令和三年十月三日付朝刊、二十四面）。兵庫県・京都府の感染比率は大阪府の八割弱から六割強とほぼ連動しているが、奈良県は三分の一ていどである。奈良県は関西地方の中心近くに位置しているものの、大阪府を中心とする緊密な人的交流圏からはやや距離を置いている。そうわかる。

もちろんこれは大雑把に立てた見通しであって、千葉県といっても北部と南部の感染状況は違うだろう。神奈川県も東京都に隣接しているかどうかや東部・西部で分ければもっと厳密に圏域を絞れようし、相関の大小・濃度も精確に物語れるだろう。あるいは各県の感染防止対策に差があるかもしれない。そもそも右の推測は証明されていない複数の前提条件を飛び越えた想定のもとで出されており、しかも粗削り（あらけず）なある一日か二日の比較に過ぎない。それでも毎日流されてかつ全国一斉という希有な調査データを見ていると、日ごろの違和感が数量化されて示されているようで、興味深い。

かつて明治政府は東北地方を地理的に近い六県の纏まりで設定しようとしたが、江戸時代の経済活動を通じた結びつきは、地元の人にまったく違う意識を育てていた。明治初期の青森県・秋田県は、西廻り航路の廻船活動を通じた函館県を含む渡島（おしま）・後志（しりべし）・石狩・天塩（てしお）・北見・胆振（いぶり）・日高・十勝（とかち）・釧路・根室・千島の十一州とが一つに結ばれた地域と感じていた（河西英通氏著『東北―つくられた異境』中公新書、二〇〇一年。七一頁）。太平洋側の岩手県・宮城県とは経済交流が密でなかったし、その上に弘前藩祖・津軽為信はのちに盛岡藩主となる南部氏の一族として配下に組み込まれていて主家からの独立を認められていなかったので、江戸幕府内で同格の外様大名・藩主となってもなお家来たちが大名家の直参同士か南部家の陪臣待遇かで対抗意識を剥き出しにして仲が悪かった。そうしたこともあって、東北地方として纏まる意識がなかなか育たなかったようだ。そうであれば「『首都圏』ニュース」とか「『関西圏』雇用労働情勢」などというが、地理上の纏まりや遠近でなく、そこに住んでいる人たちはどこに一体感を持って生活しているのか。社会生活の様態を真に理解するチャンスかもしれない。

閉門・蟄居かあるいは夜間外出なら許された逼塞か、いずれにせよ罪人のような不如意な生活を強いられているが、そんな暮らしのなかでも目の付けどころによっては、あらたな研究のいとぐちを摑むことができるかもしれない。探索の入り口はあちこちに開いている。首をすくめて耐え忍ぶ辛い毎日でも、意欲を持てる時間と場となるようにみずからを励ましたいと思う。

さて、本書は筆者十八冊目の単著であり、筆者の名を本の背に刻した書としては二十八冊目となる。今回も、前著『闘乱の日本古代史』『飛鳥奈良時代史の研究』に引き続き花鳥社に刊行をお願いした。橋本孝社長以下スタッフのみなさま、とくに編集の労をとって下さった大久保康雄氏のご尽力に感謝を申し上げる。

令和三年十月三日　著者識す

■著者紹介

松尾　光（まつお　ひかる）

略　歴　1948年、東京生まれ。学習院大学文学部史学科卒業後、学習院大学大学院人文科学研究科史学専攻博士課程満期退学。博士（史学）。神奈川学園中学高等学校教諭・高岡市万葉歴史館主任研究員・姫路文学館学芸課長・奈良県万葉文化振興財団万葉古代学研究所副所長を歴任し、その間、鶴見大学文学部・中央大学文学部・早稲田大学商学部非常勤講師を兼務。現在、奈良県立万葉文化館名誉研究員、早稲田大学エクステンションセンター講師。

著　書　単著に『白鳳天平時代の研究』（2004、笠間書院）『古代の神々と王権』『天平の木簡と文化』（1994、笠間書院）『天平の政治と争乱』（1995、笠間書院）『古代の王朝と人物』（1997、笠間書院）『古代史の異説と懐疑』（1999、笠間書院）『古代の豪族と社会』（2005、笠間書院）『万葉集とその時代』（2009、笠間書院）『古代史の謎を攻略する　古代・飛鳥時代篇／奈良時代篇』（2009、笠間書院）『古代の社会と人物』（2012、笠間書院）『日本史の謎を攻略する』（2014、笠間書院）『現代語訳魏志倭人伝』（2014、KADOKAWA）『思い込みの日本史に挑む』（2015、笠間書院）『古代史の思い込みに挑む』（2018、笠間書院）『闘乱の日本古代史』（2019、花鳥社）『飛鳥奈良時代史の研究』（2021、花鳥社）ほか。

古代政治史の死角

二〇二二年四月三十日　初版第一刷発行

著者……………松尾 光
装幀……………山元伸子
発行者…………橋本 孝
発行所…………株式会社花鳥社
https://kachosha.com/
〒一五三-〇〇六四 東京都目黒区下目黒四-十一-十八-四一〇
電話 〇三-六三〇三-二五〇五
ファクス 〇三-三七九二-二三二三
ISBN978-4-909832-51-1
組版……………キャップス
印刷・製本……モリモト印刷